本书出版得到两岸关系和平发展协同创新中心资助

海峡两岸新闻交流
30 年纪念文集

张铭清　季星星　主　编

李　安　阎立峰　副主编

九 州 出 版 社　JIUZHOUPRESS｜全国百佳图书出版单位

图书在版编目（CIP）数据

海峡两岸新闻交流 30 年纪念文集／张铭清，季星星
主编. --北京：九州出版社，2018.4
　ISBN 978 - 7 - 5108 - 6829 - 0

　Ⅰ.①海…　Ⅱ.①张…　②季…　Ⅲ.①海峡两岸 – 媒
体（新闻）- 新闻事业 - 纪念文集　Ⅳ.①G219.2 - 53

中国版本图书馆 CIP 数据核字（2018）第 061642 号

海峡两岸新闻交流 30 年纪念文集

作　　　者	张铭清　季星星 主编
出版发行	九州出版社
地　　　址	北京市西城区阜外大街甲 35 号（100037）
发行电话	（010）68992190/3/5/6
网　　　址	www. jiuzhoupress. com
电子信箱	jiuzhou@ jiuzhoupress. com
印　　　刷	三河市九洲财鑫印刷有限公司
开　　　本	720 毫米×1020 毫米　　16 开
印　　　张	20
字　　　数	323 千字
版　　　次	2018 年 8 月 1 版 1 次
印　　　次	2018 年 8 月 1 版 1 次印刷
书　　　号	ISBN 978 - 7 - 5108 - 6829 - 0
定　　　价	68.00 元

序

张铭清

1987 年 11 月 2 日，第一批探亲台胞经香港回到祖国大陆，至此，长达 38 年之久的两岸同胞隔绝状态终被打破。38 年的分隔，润湿了海峡两岸多少同胞的双眼。2017 年是两岸开放交流的第 30 个年头，30 年的交往与交流，又饱含了两岸民众多少欣喜与宽慰。30 年来，两岸交流从无到有、从少到多、从间接到直接、从单向到双向，不断扩大深化，形成全方位、多层次的格局，两岸人员往来和经济、文化、社会联系达到前所未有的水平，为两岸关系缓和改善与和平发展奠定了基础，提供了动力。

30 年前，两岸新闻交流的序幕开启，为两岸关系和平发展注入一股积极而重要的动力。30 年后，世易时移，两岸关系发展进入新的阶段，已然做出卓越贡献的两岸新闻交流事业，亦将面对新的征程。

两岸新闻交流诞生于两岸民间往来开启之初，收获于两岸关系和平发展之中。两岸新闻传媒界人士冲破藩篱，先试啼声，书写了两岸关系的一段佳话，体现了两岸交流媒体先行的历史担当和社会责任。在沟通情况、消除隔阂、增进了解、融洽感情、促进两岸各领域交流合作等诸多方面，两岸新闻传媒界人士都做出了积极贡献。

早在 1979 年 1 月 1 日，全国人大常委会发表《告台湾同胞书》，郑重宣示了争取和平统一的大政方针，随后大陆有关部门、民主党派、人民团体纷纷呼唤结束两岸隔绝状态。台湾社会各界表现出要求调整大陆政策，放松限制的强烈愿望。1987 年，台湾当局宣告台湾地区 7 月 15 日零时起"解严"，但两岸交流的大门并未立即打开，新闻交流亦是一段艰辛的历程。在两岸隔绝状态尚未打破的情况下，1987 年 9 月，台湾《自立晚报》的两位记者辗转来到祖国大陆，在大陆有关部门的热情接待下进行了新闻采访活动。而大陆记者直到 1991 年才得以赴台采访，这是 1949 年后祖国大陆记者第一次进入台湾，倍受瞩目，跨出了两岸新闻交流历史性的一步。

新闻交流是两岸加强交往的重要途径，两岸新闻交流能得以实现，乃民心所向。正因如此，虽受台湾政局影响有起有落，但始终不曾中断。对于两岸新闻交流，大陆有关主管部门一贯持以积极促进的立场。1987年11月1日，中华全国新闻工作者协会负责人受国务院办公厅委托发表谈话，欢迎台湾记者来大陆采访交流，正式开启了两岸新闻交流的大门。作为两岸新闻交流事务的主管部门，国务院台湾事务办公室不断推出方便台湾记者来大陆采访的便利化措施，并于1994年率先开放台湾媒体在大陆驻点采访。

2008年以后，随着两岸关系的改善，两岸新闻交流和媒体合作继续汇入两岸大交流的历史洪流，规模不断扩大，领域持续拓展，层次显著提升，形式日益多样，合作逐渐深入，呈现出良好的发展态势。两岸媒体在扩大自身交流与合作的同时，努力传递两岸关系改善与发展的正面信息，为增进两岸同胞的相互了解与感情融和发挥了不可替代的重要作用。当前，虽然再遇阻碍，但两岸新闻交流的历史车轮不会止歇。

新闻交流的开展反映了两岸同胞渴望相互了解的意愿，而新闻交流的跌宕又折射出两岸关系发展的变数。尽管不易，30年来，两岸新闻交流与合作仍然在频度与深度方面得到很大发展，对于增进两岸同胞彼此的了解与沟通，对于推进两岸关系的平稳发展发挥了重要促进作用。

祖国大陆地大物博，经济快速发展，社会不断进步。为满足台湾媒体报道需求，国台办会同有关部门和地方，每年组织多种形式的新闻采访交流活动。通过采访活动，台湾记者已经走遍祖国大陆的山山水水。同时，在台湾当局重重设限的情况下，大陆媒体也在台湾新闻团体帮助下，争取各种机会赴台采访。30年来，两岸关系发展过程中的件件大事，两岸民众交往中的点点滴滴，都在两岸新闻界人士的努力之下，被详细记录被广泛传播。

另一方面，两岸新闻交流发展中面临的困难是现实存在的。主要原因在于台湾当局的消极态度，阻挠之举远多于积极支持。2005年4月，台湾当局出于政治目的而以莫须有借口粗暴地中止人民日报、新华社记者赴台驻点采访。甚至公然对人民日报、新华社正常采访与报道进行无端指责。台湾当局不合时宜的限制政策和错误做法，严重影响了两岸新闻交流的正常开展，破坏了两岸新闻界的良性互动。两岸媒体互设常驻机构的愿望也因为台湾当局的抵制而迟迟未能实现。近年来与其他领域的交流合作快速发展的形势相比，两岸新闻交流的发展明显滞后。

推进两岸媒体新闻交流和合作，需要探索解决的问题还很多。可以先易后难、循序渐进，从两岸媒体要求最强烈同时也相对容易的事情做起。比如，两岸新闻界交流的权威性、常态化机制要及早搭建，两岸媒体互设常驻机构要尽早安排，两岸媒体各领域合作要持续深化。其他比较复杂的问题，双方可以共同努力，创造条件，逐步推进。

在两岸关系和平发展的伟大实践中，两岸主流媒体要做两岸同胞共同利益的维护者和促进者。两岸新闻传媒要进一步站在全民族整体利益的高度，相互尊重，求同存异，客观对待分歧，努力凝聚共识。要进一步引导两岸民众同心协力、共谋和平发展，为两岸民众多方呈现客观、真实的两岸资讯与社会生态。要进一步报道两岸关系和平发展给两岸同胞带来的实际利益，多反映两岸民众加强交流与合作的呼声和需求，多传递两岸双方采取的积极措施和诚意善意，共同为两岸关系和平发展营造良好的舆论环境，增强社会信心，筑牢民意基础。要进一步携手合作，共同应对世界媒体竞争，共同打造拥有中华文化特色的传媒产业，共同扩大两岸媒体的全球影响力与产业竞争力。

2015 年 11 月，中共中央总书记、国家主席习近平与时任台湾方面领导人马英九实现历史性会面，就坚持"九二共识"、进一步推动两岸关系和平发展达成积极共识。习近平总书记指出，海峡隔不断兄弟亲情，挡不住同胞对家乡故土的思念和对家人团聚的渴望。不管两岸同胞经历过多少风雨、有过多长时间的隔绝，没有任何力量能把我们分开。这次会面开创了两岸领导人直接对话沟通的先河，成为两岸关系发展进程中的重要里程碑，对两岸关系未来发展具有深远影响。

2016 年 11 月 1 日，中共中央总书记习近平在会见中国国民党主席洪秀柱时，就两岸关系发展提出了六点意见：坚持体现一个中国原则的"九二共识"；坚持反对"台独"分裂势力及其活动；推进两岸经济社会融合发展；共同弘扬中华文化；增加两岸同胞福祉；共同致力于实现中华民族伟大复兴。2016 年 11 月 11 日，在纪念孙中山先生诞辰 150 周年大会上，中共中央总书记、国家主席、中央军委主席习近平发表重要讲话。他指出："两岸同胞是血脉相连的骨肉兄弟。两岸是割舍不断的命运共同体。两岸关系和平发展是维护两岸和平、促进共同发展、造福两岸同胞的正确道路。两岸同胞前途命运同中华民族伟大复兴密不可分。两岸同胞以及海内外全体中华儿女要携起手来，共同反对'台独'分裂势力，共同为两岸关系和平发展、实现祖国完全统一而努力，共同创造所有中国人的幸福生活和美好未来。"习近平总书记同时强调："我们绝不允许任何人、任何组织、任何政党、在任何时候、以任何形式、把任何一块中国领土从中国分裂出去"。习近平总书记就两岸关系发表的系列重要讲话，充分体现了大陆方面对两岸关系的重视。讲话精神也对今后两岸新闻交流的发展提出了要求，指明了方向。

2016年以来，尽管两岸关系和平发展遭遇严重冲击，面临新的风险和挑战，但两岸交流已经站在新的历史起点上。大陆方面推进两岸民间交流合作、深化两岸经济社会融合发展、造福两岸同胞的决心和态度没有改变。两岸同胞大交流、大合作已然成为两岸关系发展不可逆转的历史潮流。这样的形势下，两岸新闻界人士应当有更强的使命感、责任感和紧迫感，两岸新闻界亦需担负起应有的重任，再接再厉，更加努力地致力于推进两岸民间交流、融合发展，深入传播"两岸一家亲"的理念，化解心结，弘扬中华文化，增强两岸同胞的精神纽带，实现心灵契合，建设共同精神家园，为推进两岸关系和平稳定发展，开辟中华民族伟大复兴的美好前景做出更大的贡献。

目　　录

第一章　开　篇

第三章　综　述

第一章

开　篇

两岸新闻交流的回顾与展望

张铭清

张铭清：厦门大学新闻传播学院首任院长、教授、博士生导师，国防大学兼职教授，北京联合大学兼职教授、顾问。两岸关系和平发展协同创新中心社会发展平台轮值主任。国台办原主任助理，海协会原副会长。曾任《人民日报》福建记者站记者、首席记者、站长，《人民日报》记者部副主任、高级记者。中央对台宣传领导小组成员、中央外宣办顾问、中新社新闻学术研究中心副主席。

两岸新闻交流是两岸交流中起步最早、影响最大、成效最显著的领域。从 1987 年算起，到 2017 年已经走过了 30 个年头。30 年来，两岸新闻交流伴随着两岸各个领域的交流，在营造两岸关系和平发展的良好的舆论环境方面，发挥了重要作用。两岸关系之所以有今天，两岸新闻界功不可没。与此同时，两岸新闻交流本身也经历了一个从无到有、从单向到双向的过程。正如两岸关系的发展一样，尽管经历曲折，但从总体来看还是不断发展的。

一、从个案的突破到双向交流的开启

1987 年 9 月，在台湾当局尚未对台湾地区人民赴大陆探亲"解禁"的情况下，（这个禁令一个月后的 10 月 14 日才"解禁"）台湾《自立晚报》记者徐璐、李永得冲破台湾当局的禁令，绕道日本到大陆采访，成为海峡两岸隔绝 38 年后，首次到大陆采访的台湾记者。以报道别人为己任的新闻人，这次自编、自导、自演了一出新闻事件，自身成了新闻人物。这个突破，成为两岸新闻交流的起点。

徐璐、李永得的到来，被台湾媒体称为两岸新闻界的"破冰之旅"。后来的事态发展证明：新闻界的"破冰之旅"，实际上也是两岸民众交流的"破冰之旅"。李、徐两人当时可能没有意识到他们正在书写两岸民众交流的历史。他们书写的正是两岸民众交流史的首页。他们像两只报春的燕子，报道了两岸隔绝的坚冰消融的春天的喜讯。"破冰之旅"由新闻界开始发生了连锁反应。新闻界的"破冰"，成了两岸民众交流坚冰消融的开始。他们的行动，对台湾当局开放岛内民众赴大陆探亲形成了强大的压力，促成了两岸民众交流的"破冰之旅"。迫使台湾当局开放岛内民众赴大陆探亲的时间（1987年11月2日）提前了两个月。

"破冰之旅"的实现与两岸关系的发展和互动呈因果关系。在大陆方面，早在1979年元旦，全国人大发表的《告台湾同胞书》就指出："为什么近在咫尺的大陆和台湾的同胞不能自由往来呢？我们认为，这种藩篱没有理由继续存在。我们希望双方尽快实现通航通邮，以利双方同胞直接接触，互通信息，探亲访友，旅游参观，进行学术文化体育观摩。"此后，两岸同胞要求打破隔绝、期盼交流的呼声日益高涨。但是，台湾当局以"不接触、不谈判、不投降"的"三不"拒绝。

直到1987年10月14日，蒋经国才做出开放台湾同胞赴大陆探亲的决定。当天，国务院有关方面负责人发表谈话，指出台湾当局采取这一措施对两岸人民的交往是有利的。热情欢迎台湾同胞到祖国大陆探亲旅游，保证来去自由，并将努力提供方便，给予照顾。同时希望台湾当局能允许大陆同胞到台湾探亲。10月16日，国务院办公厅发布《关于台湾同胞回祖国大陆探亲旅游接待办法的通知》，为台湾同胞来大陆探亲旅游提供方便和照顾做出规定。随后，大陆有关部门和团体纷纷发表谈话，表示热情欢迎广大台湾同胞来大陆探亲旅游，并就做好各项接待工作做出了一系列规定。

随着解除戒严、开放党禁、报禁，台湾的政治气氛日趋活跃。为了在竞争中拔得头筹，台湾新闻界秣马厉兵，不惜重金招兵买马，扩充改进设备，为抢滩大陆积极准备。台湾两大报系《联合报》和《中国时报》，早就暗中较劲，准备在抢滩大陆的竞赛中胜出。但是，因为两大报系的老板王惕五和余纪忠皆为国民党中常委，不敢贸然行事。这就使得《自立晚报》社长吴丰山有可乘之机。他则抓住时机，于1987年9月11日抢先派徐璐、李永得绕道日本到大陆采访。并于第二天宣布，已派记者赴大陆进行民间采访。

9月11日徐璐、李永得一到东京，就来到中国驻日本使馆，把他们赴大陆采访的意图告诉负责台胞签证的人员。这却使办理签证的人员为难了。因为他们此前没有办过台湾媒体的采访签证。他们说："你们的情况非常特殊，我们要和国内的领导同志联系才能决定。"同时又说"如果你们是以探亲旅游的名义申请入境，我现在就可以发签证给你们。"但是，徐李两人坚持在"台胞探亲旅游入境申请表"上写上记者的身份和采访的目的。经过使馆与国内32个小时的联系，负责台胞签证的人员告诉他们："你们的事，已获得国内的批准，而且是非常热烈地欢迎。"

9月13日徐璐、李永得到达北京国际机场，成为1949年以来首批来大陆采访的台湾记者。负责接待的中新社台港澳部主任陈佐洱，在首都机场见到徐璐、李永得的一句"我们已经等了你们38年了"的话，说出了两岸同胞对打破两岸隔绝期盼的心声，令人们感慨万千！这句话，既包含欣喜又令人心酸，正如一首歌的歌词形容冰糖葫芦"甜里裹着酸"。三个多月后的12月21日，台湾"外省人返乡探亲促进会"组织的赴大陆探亲团才途径香港来到大陆。徐、李两人的"破冰之旅"比他们早了98天。"破冰之旅"当之无愧。

1987年11月1日，中国记协负责人发表谈话，宣布受国务院办公厅委托，中国记协负责受理台湾记者来大陆采访事宜，欢迎台湾记者来大陆采访交流，两岸新闻交流从此启动。

为了给台湾记者来大陆采访提供方便，大陆方面先后出台了一系列文件。

1991年8月，新华社记者范丽青、中新社记者郭伟锋赴台采访"闽狮渔事件"善后处理情况，成为1949年以后，42年来首次赴台采访的大陆记者。两岸新闻交流从此开启了从单向到双向的历程。

1992年9月，应海基会的邀请，18位大陆记者首次组团赴台采访，打开了两岸新闻界双向交流的大门。实现了两岸新闻交流从个案到常态的转变。

二、在曲折中不断发展

30年来，两岸新闻交流虽然历经波折，但交流的脚步从未停止。欢迎台湾记者来大陆采访交流后的最初几年，每年只有十几位台湾记者来大陆采访。随着两岸关系的缓和、两岸人员往来的增加以及两岸经贸文化等各个领域交流的日益频繁和不断深入，两岸新闻交流加速发展，人数不断增加，规模不断扩大，层次不断提高，内容和形式不断丰富，领域不断拓展。

30 年来，大陆方面为积极推动两岸新闻交流采取了多种措施，不断为台湾记者在大陆采访创造方便、宽松的环境。

一是通过不断完善台湾记者来大陆采访办法和有关规定，多次简化台湾记者来大陆采访的审批手续，为台湾媒体和记者来大陆采访提供细致周到和专业化的服务。

台湾记者来大陆采访之初，由国务院台办统一审批。随着台湾记者来大陆采访的人数增加，集中到国台办审批，审批量太大，影响了工作效率。为了提高工作效率，国台办不断向台湾记者采访密集的省份下放审批权。

1. 从 1994 年起，国台办首批下放福建、上海、广东、海南四个省市台办的台湾记者来大陆采访的审批权。

2. 1997 年第二批下放了天津、辽宁、江苏、浙江、山东、湖北、四川、深圳八个省市台办的台湾记者来大陆采访的是审批权。至此，获得台湾记者来大陆采访的是审批权的省市已达 12 个。

3. 2003 年 1 月 1 日，国台办只审批来北京和跨省、市、自治区、直辖市的采访申请，除上述范围外，台湾记者来大陆采访的审批权全部下放到地方审批。

4. 遇到突发事件，可以特事特办。先采访，后补办审批手续。如，本人对台湾《联合报》记者赖锦宏张北地震的采访申请处理。

5. 2005 年 9 月 28 日，国台办公布《台湾记者在祖国大陆采访办法》，把原先规定的采访时间由一个月延长至三个月。如有需要，经批准还可以再延长一次，期限不超过三个月。驻点期间可多次往返。实际上由轮派的办法变成了常驻。

6. 2006 年 12 月 27 日，国台办颁布了《北京奥运会及其筹备期间台湾记者在祖国大陆采访规定》。按照这个规定，台湾记者来大陆采访，不再向国台办和各地台办报批，只要受访对象同意即可采访。《规定》还进一步方便了台湾记者自用采访器材入境通关、办理采访证件的手续。

7. 2008 年 11 月 1 日，国台办发布了《台湾记者来祖国大陆采访办法》。将奥运期间的开放政策延续为常态化的政策，如第七条"台湾记者采访只需征得被采访单位和个人的同意即可，不需经过任何批准。"第八条

"台湾记者可以聘用大陆居民从事辅助性的工作等。"《办法》体现了为台湾记者采访提供符合新闻作业要求的专业化、人性化服务精神。在措辞上也改变了以前硬邦邦的政治术语，如把"以探亲、旅游名义入境，未按规定办理采访手续和未领取《采访证》的台湾记者，不得进行任何形式的采访活动"。改为"应当遵守国家法律、法规和规章，不得进行与其机构性质或记者身份不符的活动。"把诸如"不得歪曲事实，制造谣言等不正当手段"之类的负面表述代之以"遵守职业道德，客观公正地进行采访报道"的正面表述。这些改动，不但改变了以意识形态区隔的政治术语，体现了大陆对台湾媒体和台湾同胞的友善态度和同胞情谊，也更具有普适性。同时，在实际工作中，对台湾媒体也不以政见不同、意识形态差异画线，在组织联合采访重大活动时一视同仁。

二是为台湾记者采访创造条件。

1. 举办月度台湾记者采访联谊活动。这是从我在国台办新闻局工作的1993年起就举办的活动。每个月都举办月度台湾记者采访联谊活动，主要内容是：向台湾记者吹风，向他们提供新闻线索；听取他们的意见建议，为他们采访牵线搭桥、排忧解难。

2. 积极推动大陆新闻媒体与台湾媒体开展多种形式的交流合作。

3. 支持各地、各部门、各行业邀请台湾媒体采访，促进他们与台湾媒体、记者联系，向他们提供采访信息，为他们采访提供方便。

4. 在两岸重大交流活动的采访和报道组织中，直接与台湾媒体沟通、协作，安排他们的采访活动。

这些措施，为台湾媒体的采访创造了便利条件，提供了很大的空间，使台湾记者的采访活动得以顺利开展，受到了他们的普遍欢迎。

三是开放台湾媒体在北京、上海、福州、成都、广州、昆明等地驻点采访。

自1996年批准台湾媒体在大陆驻点采访以来，已先后有《联合报》《中国时报》《明日报》、"中央通讯社""中国广播公司"、无线卫星电视台（TVBS）、东森电视台、中天电视台、年代电视台、真相电视台、台湾电视公司、三立电视台等13家媒体在北京、上海、福州、成都、广州等地驻点采访。来大陆采访的台湾记者累计超过两万人次。

在批准台湾媒体在大陆驻点采访后，国台办在广泛征求台湾驻点媒体负责人和记者来大陆采访意见的基础上，采取一系列措施，为台湾记者驻点提供高效、周到的服务。从 2005 年 9 月起，台湾媒体记者驻点采访的时间由每次一个月延长到三个月，其间还可以多次往返大陆。

目前，台湾当局也先后开放大陆五家中央媒体和五家地方媒体派记者到台湾驻点采访。至今，大陆记者赴台采访达四千人次。从媒体的家数和人数看，两岸的交流是不平等的。

四是加强两岸新闻界人士的交流合作。

为了推进两岸新闻界的交流合作，大陆方面每年都邀请台湾媒体负责人和记者来大陆采访，同时组织大陆新闻界赴台交流。从 1997 年起，中国记协每年组织大陆记者赴台采访和海峡两岸记者联合采访活动。从 2003 年起，每年在两岸和港澳轮流举办"海峡两岸暨港澳地区新闻研讨会"，从 2004 年起，每年在两岸举办大学生新闻营活动。这些活动，已经成为两岸新闻交流的品牌项目。在新闻业务方面，两岸媒体还开展协作采访、合作直播、节目交换等多种形式的合作。

两岸新闻界频繁的互访，各种形式的新闻研讨会，新闻媒体之间的业务往来与合作，从无到有，由浅入深，形成了密切的工作关系，这不仅使两岸的媒体人增进了了解，加深了友谊，而且开通了两岸同胞互相获取信息的渠道。就像当年新闻界的"破冰"，消融了两岸民众交流的坚冰一样，两岸新闻交流更是成为两岸同胞增进彼此了解，消除相互误解，密切同胞感情，积累彼此互信的重要渠道，成为推动两岸和平发展的信心和力量的源泉。不断深化的两岸新闻交流，是两岸各项交流的重要组成部分。

20 多年来，两岸新闻交流从单向到双向，从非正式到正式，从单一的内容和形式到多种内容和形式，两岸新闻交流的脚步不但从未停止，而且人数不断增加，规模不断扩大，层次不断提高，内容和形式不断丰富，领域不断拓展，呈现加速发展的局面。

与大陆方面积极推动两岸新闻交流的举措相比，台湾当局对两岸新闻交流，特别是对大陆记者赴台采访，则设置了许多障碍。譬如，根据台湾当局的有关法规，大陆具有共产党员身份的记者入台，如果被举报具有共产党员身份，将被以"预备内乱罪"起诉。据此，1992 年，在首个大陆记者采访团赴台筹备期间，1 月 14 日，海协会致函海基会："考虑到记者中有中共党员，我们认为，他们在抵离台湾和在台期间，绝不应因为他们的政治身份而受到干扰和歧视。对此，希望得到台湾有关当局明确具体的说明。"对此，海基会副秘书长陈荣杰表示，为避免遭人举报等不必要的困扰，希望大陆方面尽量派不具有共产党员身份的记者来台访问。"陆委会"则表示，大陆记者中的共产党员入台后，若遭检举告发，法院将会受理。对于海协会的函，海基会于1月25日复函表示，共产党员身份问题，无法做出具体说明。希望海协会避免推荐身份可能引起法律争议之人选。海基会对此，不做明确具体的说明和承诺，只能隐晦说明大陆记者入台后不会发生被"起诉"和中途被强制离台的情况。

在采访证问题上，海协会致函海基会，表示大陆记者无法接受出现"中华民国"字样的记者证。希望转告有关方面进行修改。由于台湾当局不同意修改，最后，新闻局长胡志强表示，"记者证是为让大陆记者来台现场采访的方便，并不强迫领取或挂用。"实际上，采用了台湾接待媒体"代领"的办法，大陆记者把记者证放在口袋里，不挂在外面的做法。

可见，两岸新闻交流每走一步，都遇到意想不到的障碍，可以说，举步维艰，困难重重。其结果是两岸新闻交流存在不平衡状态。直到2001年，台湾当局才迫于压力，开放大陆中央媒体赴台驻点采访。（大陆是1987年开放）。到2001年才开放大陆中央级媒体赴台驻点采访，2008年才开放大陆地方媒体赴台驻点采访。（大陆是1996年开放）。在陈水扁当政的2005年4月，新华社、人民日报驻点记者因为客观报道了台湾社会与民进党当局不同的舆论观点，被无理中断了在台采访。直到2008年7月，国民党重新执政后才恢复其驻点采访。大陆方面提出两岸媒体互设常驻机构的要求，由于台湾当局设置障碍，至今无法实现。台湾当局这些为两岸新闻交流设置障碍的错误做法，直接影响了两岸新闻交流的深入发展。

2008年下半年以来，台湾方面也采取了一些有利于两岸新闻交流的措施。如，7月恢复了新华社、人民日报驻点采访，并将大陆媒体记者在台驻点期限由一个月延长到三个月。在大陆记者赴台采访大陆居民赴台旅游首发团、陈云林会长率海协会协商代表团赴台访问、大陆赠送台湾同胞大熊猫抵达台湾等两岸重大交流活动时，台湾方面为大陆媒体的采访提供了协助和便利，也受到了大陆新闻界的肯定。

三、关于进一步深化两岸新闻交流的思考

目前两岸新闻交流的形式主要还是驻点、专题采访和组团参访等形式。两岸新闻交流的品牌项目也大多集中在大陆，例如两岸记者联合采访活动，

多在大陆举办。如，由国台办和中国记协举办的两岸记者联合采访活动，从1992年起，20多年来，已经成为一年一度的两岸新闻交流的重要项目。这一活动为促进两岸的新闻交流和沟通发挥了重要作用，成为两岸新闻界欢迎的名牌交流项目。相比之下，台湾方面还没有这样的名牌项目。实际上，类似的交流项目还可逐步增加，如，开放两岸媒体记者到对方媒体实习，两岸媒体交换稿件、版面，互相委托采访等。两岸新闻交流向两岸的中小媒体、如大陆都市类报纸、台湾南部媒体倾斜，以更加贴近受众。

另外两岸新闻交流的重点都在报业和电视媒体。随着网络时代的到来，其多媒体、实时性、交互式传播信息的优势，将在融合各种传统媒介的基础上，成为新闻传播的主要形式，对传统媒体形成了强劲的挑战。两岸传统媒体都面临生存困境，有的甚至面临生存危机。两岸传统媒体对两岸民众信息的获取份额在萎缩，增进两岸民众了解的作用在削弱，已经成为不争的现实。两岸的传统媒体的报道都面临如何抵达终端用户——民众的问题。

汉字是中华民族智慧和文明的结晶，是中华文化的重要组成部分、重要载体和鲜明标志。以汉字组成的汉语是世界语言中使用人数最多，最赋有魅力的语言。汉语是世界各种语言中承载信息量最丰富、最具艺术含量的、拉丁字母无法比拟的独一无二的语言。华人应该以使用汉字、汉语自豪。但是，汉字、汉语的优势远远没有被开发利用。如何适应网络时代，联合开发、相互利用互联网资源，借助新媒体，开发利用汉字、汉语的潜力，使之成为华人的文化平台和掌握华人话语权的有力工具，是两岸媒体人义不容辞的使命和责任。可以在两岸的新闻交流中，增加新型的网络媒体和手机平台，拓展有华人特色的丰富的内容与形式。

写下两岸新闻交流30年特别的一页

——访问杨尚昆前主席的回顾与省思

黄肇松

黄肇松：现任台湾《中华日报》董事长，台湾世新大学新闻传播学院客座教授，中华文创发展协会理事长，台湾"中国新闻学会"副理事长，台湾政治大学校务发展基金会董事，台湾《国语日报》社论主笔。曾任台湾《中国时报》驻纽约分社主任、副总编辑、总编辑、社长，中国时报集团总经理（执行长），"中央通讯社"董事长。

在20世纪80年代中期之前，两岸在政治上没有接触，两岸媒体在各自领域工作，也就没有接触交流的可能性。然而，时光推移，环境变迁，两岸媒体关系随之变化。随着蒋经国先生在1987年生命最后时光，宣布台湾解除"戒严"、开放"报禁"、开放老兵赴大陆探亲，两岸逐渐冰融。"春江水暖鸭先知"，媒体也从1988年起开始接触交流，起先是台湾记者到大陆采访的单线进行；1991年8月12日大陆记者郭伟峰和范丽青首度来台采访"闽狮渔"号船难事件新闻，两岸媒体双向采访具体落实，媒体交流在其后三年相当热络。

尽管经历1994年"千岛湖事件"以及其后一连串的政治事件，尤其是2000年台湾政坛首度政党轮替，两岸关系起伏不定，所幸新闻交流总在艰困中持续推动，未曾中断。台湾媒体派赴大陆采访的记者人数和次数已难以计数，在未能长驻的情况下，多家媒体以轮流派驻的形式，在北京及上海等大城市进行长期的采访；大陆记者来台也由"专题采访"发展到"驻点采访"，媒体类型更从中央媒体扩及地方媒体。两岸新闻交流与两岸其他方面的交流息息相关，新闻交流顺利与否也反映其他方面的交流情况，其间过程相当辛苦。但是，如果不这么辛苦，不走过这一段的话，两岸关系会更辛苦，更缺乏"触媒"。

笔者是一位有40多年经验的报纸工作者，堪称"老报人"，与大陆新闻媒体的接触也算是"先行者"。早在20世纪80年代中期，担任台湾《中国时报》驻纽约分社主任期间，就与中国新闻社（中新社）纽约分社主任诸有钧有新闻方面的接触交流。1987年返台担任《中国时报》总编辑之后，适逢两岸新闻交流开启的大时代，其间的大事，参与不少。譬如前述新华社记者范丽青和中新社记者郭伟锋首度来台采访，就是由《中国时报》出面邀请并代办手续。1991年8月12日他们抵达桃园机场，笔者与副总编辑俞雨霖到停机坪通道口接机，陪他们走到海关，短短500米花了一个多小时，因为有100多位记者寸步不离地对他们进行"记者采访记者"，让郭、范两人"寸步难行"。

访问杨尚昆开创新闻交流新页

这当然是大陆记者首度来台执行采访任务的创举，揭开两岸媒体记者双向采访的交流新页，但在前一年，《中国时报》特派采访团就开创了两岸新闻交流特别的一页——1990年9月24日下午，在人民大会堂访问当时的国家主席杨尚昆先生。这已经是27年前的往事，杨主席也已经在1999年9月14日过世。老成调谢是自然的定律，但走过的常留下痕迹，笔者过去20多年到中国大陆采访或参加学术、文化交流活动，常有人提到此一往事，有时还会加上一句"那次专访很重要"，总不免勾起一些记忆的涟漪。

2017年适逢两岸新闻交流30周年，厦门大学新闻传播学院规划出版专书，做回顾与前瞻。承蒙主持编务的阎立峰教授嘱笔者撰文评述当年此项专访计划的来龙去脉，俾留下两岸新闻交流的历史纪录。先说"去脉"，专访全文在访问结束之后的五个小时之内，即由访问团成员分工完成整理工作，传回《中国时报》台北编辑部进行编排，于翌日（1990年9月25日）做了完整的报道。关于"去脉"中很重要的此项专访产生的多元面向"影响"，容笔者留到后头再论述。

至于"来龙"，事实上很单纯。是当时《中国时报》编辑部同仁严肃而慎重讨论的结果，更是一次纯粹新闻专业的采访规划。笔者记忆所及，1990

年8月中旬，大陆证实，台湾的"长期老友"日本前副首相金丸信将率团前往北京访问，日本新闻界传出金丸信将担任"两岸桥梁"居间传话的说法。就在金丸信传话风波愈演愈烈之际，笔者邀请编辑部主管同仁开了个会，集思广益达成了一个共识：两岸之间的事，何需靠外人"传话"，何不到北京直接申请安排专访大陆领导人，就两岸关系及双边交流问题做一次完整而彻底的采访？

两岸之间何需外人带信传话

我们认为，自从台湾方面于1987年底宣布开放老兵赴大陆探亲之后，应验了西人所谓"One thing leads to another"（水到渠成），由探亲发展到观光、贸易、投资、通邮通话……民间交往已颇全面，也衍生不少问题，值得采访探讨；当然较为敏感的两岸政治议题，更为各方所关切，领导人如能同意接受我们的访问，我们当然也会提出相关问题请益。

总之，我们规划此次专访的"来龙"，或者更精确地说，规划的"初衷"，一如1990年9月25日《中国时报》社论"两岸问题应先在具体行动上表现诚意——我们对杨尚昆谈话的看法与建议"所指出的："我们此次访问中共对台政策的最高领导人，完全是基于民间舆论的立场，关心整个中华民族的未来发展，既未预设立场，也绝无丝毫官方的色彩，只是尽一分传播媒体的职责而已。尤其是两岸都选择以'和解'手段作为解决僵持了40年的困局之际，媒体所能尽力之处，就是尽量以凌空的视野，一方面去发掘双方在此一和解过程中所坚持的底线，另一方面，我们也必须尽舆论之责，检讨此一底线是否有化解的可能，以及提出可行的建议。"

《中国时报》特派采访团访问大陆领导人规划既商定妥当，并获得中国时报董事长余纪忠先生的同意，我们乃着手研拟访问重点并组织特派采访团。笔者稍早已决定在九月初前往北京协调《中国时报》亚运采访事宜及拜会大陆主要新闻机构，所以"数案并办"，也就权充采访团领队。成员包括副总编辑黄辉珍、大陆新闻中心主任俞雨霖及副主任张所鹏。

根据新闻专业原则接洽安排

一直到那个年代，大陆领导人都还很少接受西方或日本媒体的专访，台湾媒体访问大陆领导人更属创举，不可能从台北直接向北京接洽安排，同时笔者一向认为，作为一个讲究事实的新闻媒体，在大陆接洽相关新闻采访事宜应采透明化、公开化原则，所以先请俞雨霖主任于1990年8月中旬前往北京，与国务院台湾事务办公室负责人士接洽。我们并未指定访问的对象，仅表示希望能见到在对台政策上能够有决策发言的领导人。对方了解此项建议的严肃性和重要性之后，也认为有推动的必要，乃请采访团先提出成员简历及计划访问的重点，由其汇报上级单位。俞主任密切观察安排的进度，于9月5日通知我和黄辉珍副总编辑准备起程，四天之后的傍晚时分，我们抵达北京，这也是笔者第一次到大陆访问。

我们抵达北京之后，国务院台办对于安排专访大陆领导人一直持续不辍，但是客观因素导致会见时间难以确定。我们一方面等候，一方面也观察在北京从事采访工作的经验与心得。此时碰巧香港英文《南华早报》于9月19日以头版头条的位置，刊出当时尚健在的大陆领导人邓小平提出所谓"五年统一台湾计划"的报道。由于该报的大陆新闻素称灵通，此一报道在台湾自然引起一定程度的震撼，我们当天下午在居停的北京首都宾馆，与当时的国务院台办副主任孙晓郁进行长达三小时的座谈，孙氏以"三个否定"，否认了《南华早报》的报道。这项对谈内容，经台北《中国时报》于翌日以显著篇幅刊出，传闻遂告平息。《南华早报》也在21日报道此一座谈要点，间接否认它自己的报道。此一事例，虽在我们的访问规划中属于"插花"性质，却也益发印证我们的看法：有关两岸的问题，宜由媒体做直接的采访报道，避免"二手传播"导致真相的扭曲。

杨尚昆亲切开场舒解了紧张

9月24日上午，国台办孙副主任约请我们到他的办公室，当面告诉我们，国家主席兼中共中央对台工作领导小组负责人杨尚昆下午四时在人民大会堂会见本报特派采访团，时间约40分钟。下午四时，我们采访团四人准时到达人民大会堂西侧118室，杨尚昆迎我们就座，新华社和中央电视台记者在场摄影，在座的还有国台办副主任孙晓郁、副局长张晓布等。

访问时间80分钟，超出原定时间一倍，杨尚昆首先致欢迎词。他是这么说的："我很高兴见到《中国时报》的各位朋友，我对贵报有一些了解，近几年来，贵报对两岸往来情况做了不少报道，这次亚运会台湾新闻媒体派了很多记者来采访，实况转播了亚运会开幕式，这就很好，这就是沟通。"

在赴北京采访之前的几年中，笔者访问过若干国家的领袖人物，像是新加坡资政李光耀、菲律宾总统罗慕斯等，累积了一些经验，但在当时还是第一次面对大陆国家领导人，内心是有一些紧张，但杨主席相当亲切的开场白，还问笔者祖先是不是从广东梅县移居台湾的客家人，让笔者的紧张舒解不少。

笔者定定心，发言首先感谢主席在亚运期间百忙之中拨冗约见我们《中国时报》采访团。其次，说明此次亚运，是中华台北代表队 20 年来首度重回亚洲体坛竞技场，台湾的新闻媒介都很注意报道，《中国时报》也派出近 40 人的记者团进行各项报道。末了，表达希望透过这次的会见，就台湾各界普遍关心的两岸关系及双边交流问题，向主席有所请益，让台湾同胞对大陆的两岸政策，有进一步的了解。杨主席当时注视笔者，一面听、一面点头。

乐谈健谈不以问题尖锐为意

问答开始，杨尚昆首先针对我们提出的十个问题做了 50 分钟的综合答复，然后又回答了我和黄辉珍兄个别提出的几个问题。在综合答复中，他对我们提出的问题均有所触及，只是有些答得多，有些答得少；有些详细些，有些简单些。总的印象是：他很能顺应谈话的气氛，乐谈健谈而不以我们所提的较为尖锐的问题为意。

我们所提的几个比较"尖锐"的问题，以现在来看，可能已经不那么"尖锐"，但在访问当时，两岸进行交流只有两年多的时空环境而论，其中有三个问答，仍值得抄录如后提供参考。

第一个问题是笔者所提，问题全文："刚刚主席提到，对两岸统一进展缓慢感到着急，作为一位新闻工作者，容我提出台湾方面一个普遍的看法，因历史因素两岸隔绝 40 年，目前在政经体制与生活方式上均有重大差异，一时尚难顺利自然地统一，体认此一事实，宜从彼此彻底解除敌意，扩大交流合作，侯两岸政经体制与生活方式相近时，再顺应自然完成统一，这个过程需要耐心，请问主席对此一看法有何评价？"

杨尚昆答："我所说的对统一问题有些着急，是因为蒋经国先生在世时，传出一些信息，似乎要解决两岸统一问题，所以我们比较乐观。但现在却拖了下来，所以有些急。如果再拖下去，就有些人不知道过去国共两党的一些历史问题了。邓小平先生就曾提出，最好在国共两党老一辈人物在世时双方进行沟通，这是我说有些急的意思。"

"李登辉先生也可以发挥作用，因为没有这些的历史包袱。江泽民总书记在谈话时还是希望李登辉先生能够推动两岸统一。现在这个问题虽然急不得，但也拖不得。像我这样的年纪看不到统一是完全可能的。你们（指《中国时报》采访团）如果还看不到，就不应该了。"

"中国有句俗话说'夜长梦多'，像台湾就有少数人不希望统一，主张'台独'，这就很不好。中国还有句话说'水到渠成'，我们总希望水流得快些，最好能加上水泵，把坡度加大，让水能够流得更快，更顺畅，总不能慢慢流个几千年吧！"

安全有保证杨尚昆愿意访台

第二个问题是黄辉珍先生所提："台湾由于发展民主化，并已形成政党政治的关系，包括两岸统一问题在内的一切政府决策，并不是一个领导人或一个党派所能径自决定，民意是很重要的考虑依据，请问中共制定两岸政策是否已注意到台湾社会的民意因素？"

杨尚昆答："我曾对台湾提出两个'寄希望'——寄希望于台湾当局；寄希望于台湾民众。两方面都要来往，都要多沟通。现在大陆同台湾当局的沟通不应只是泛泛地进行，而是要有权威、有代表性的人来做。我们也欢迎台湾民众团体来大陆，这也是沟通。可以来旅游、探亲，包括民进党在内，我们都欢迎他们来大陆，其他30多个党都可以来，可以分头谈，把各方意见收集起来，取得共识。我们觉得台湾高层怕我们以大吃小，还怕我们搞特务，但这些在我们决定和平统一之初就已完全禁止，台湾不必有这层疑虑。"

"我还可以提出一点，李登辉如果下定决心请我去台湾，只要保证安全，我就愿意去，蒋经国在世时，我就捎过这样的话。从共识到互信，这需要沟通、交流。就像我们今天见面一样。"

接下来，笔者提问："主席身兼中共中央对台工作领导小组负责人，而这个组织又是中共制定对台政策的核心。请问中共中央对台工作领导小组制定对台政策的过程如何，你是否能做一说明？"

专门学术机构提供台湾舆情资料

杨尚昆答："我们经常性的注意台湾舆论动向与当局的措施与讲话，还有专门机构与人员研究台湾问题，这些信息汇整后向政治局常委会提出，再由政治局常委会提出对应方针，再付诸推动。国务院台办只是执行政策的一个机构，其他如侨联、台联等都负责推动。我们在福建厦门大学还有一个台湾研究所，经常阅读台湾的报章杂志，也提供决策参考。因此，对台政策的决策是一个集体的决策，如邓小平当时所提出的'一国两制'就是集体决策。这一切过程没有什么秘密可言。"

总结杨尚昆的综合谈话和答问，其坚持"一国两制"的统一方式；主张"党对党"谈判；宣告不放弃武力解放台湾，是担心分裂主义和"外国势力"干预等等，当然都是遵循当时中共中央政策的基调。然而，透过面对面、较有系统的问答过程，也透露他个人某些想法。譬如，他表示"在我这一代看不到统一是可能的""同胞不会打自己同胞""两岸应透过交流建立共识""你（台湾）实行你的三民主义，我（指中国大陆）实行我的社会主义"等等，在当时都是很有新意的说法。访问全文在《中国时报》刊出，对照台湾的大陆政策，应有助于了解双方在当时的"和解"过程中所坚持的底线。

访谈受台湾各界注意与研究

访问过程中，笔者还有一个印象，杨尚昆除了对台湾的情况有颇为深入的了解之外，对福建方面的事、物也抓得很紧，举凡福建偷渡客的问题，乃至厦门大学台湾研究所的动态等，在即席谈话中，都了如指掌，颇能凸显当时他作为中共对台工作最高决策人的身份和地位。

访问过程中比较"轻松"的是，笔者在最后问到他，在他接受访问之前不久，曾因盲肠炎住院，很短时间内即恢复健康，故请他谈谈养生之道。杨主席先是哈哈一笑，然后回答说："我的养生之道没有什么秘密，竹下登（按：日本前首相）来的时候也问过我这个问题。我保持健康的方法很简单，第一是多运动，我从小就喜欢运动，像两万五千里的'长征'我都走过来了，现在虽然没有什么运动，但每个礼拜都还散步、爬山，像我这个年纪了，都还能爬长城呢！第二，我不喝酒，抽了 60 多年的烟也戒了。第三，我从来精神上都是乐观的，事情虽然多，但愁眉不展的事却不多，我曾在'文革'时被关了 11 年，我还是乐观，只要不死，就还会放出来。前些日子因为盲肠炎住院，这应该是十五六岁小孩子得的毛病，但我从发现到割除只花了三个小时，毫不犹豫。"这段话很生动，也的确显示他的乐观。

两岸新闻媒体交流届满 30 年，在交流之初就进行的这次专访，确实写下两岸新闻关系特别的一页，对当时的台湾媒体生态及舆情氛围；对当时大陆的媒体反应；对两岸新闻交流的走向；对境外、海外有关两岸关系的注意，都有一定程度的影响。当然也影响我个人新闻工作的重点。

对台湾的影响方面，由于杨尚昆主席当时身兼中共中央对台工作领导小组负责人，即使他在访谈中明白指出"对台政策的决策是一个集体的决策"，但当时台湾"朝野"相信，他对有关台湾事务的大政方针，具有很大的决策影响力，尤其是首度接受台湾媒体的访问，其谈话内容非仅代表中共中央未来两岸政策的走向，也隐约透露了中共领导人某些基本的想法和看法，所以此项访问受到台湾民众广泛的注意和相关部门深入的研究，事所必然，因而也产生颇受重视的影响作用。

媒体相关传播遍及大陆

对大陆的影响方面，在杨尚昆主席 1990 年 9 月接受《中国时报》访问之后的三四年间，两岸关系大致是在和平交流的基调上进行，由于兹事体大，而且事关两岸最高层的最高决策，无从判断杨主席专访所发挥的媒体"触媒"作用有多大，但杨主席在专访中强调"希望两岸有直接沟通的渠道加强交流"，就是和平交流政策的宣示，而在此时期两岸成立的海协会及海基会，也是政策落实的一部分，建立杨尚昆所说的"机构相互沟通"的初始阶段。

当时大陆的媒体对此项访问相当重视。中央电视台当天晚间七点钟新闻联播节目就以第二条新闻播出。2006 年央视制作"杨尚昆八集文献纪录片"期间，制作小组还找到正在北京参加两岸开放观光讨论会的笔者，回忆当年专访印象，并在第七集"国务重任"中播出。其间相隔 16 年，但央视并未淡忘。

新华社、《人民日报》及中国新闻社等媒体都做了报道。其后省级报纸陆续全文刊登，《解放军报》也在 1990 年 11 月 10 日全文发表，各地重要电视台随之。笔者在《中国时报》的老同事、印务部总经理张兆洛 1990 年底回陕西省亲，在潼关的出租车上就听到访问全文的广播。张总经理还告诉出租车师傅："这是我们报纸做的访问"。由此可见，访谈的传播遍及大陆。

要辨明事实媒体需直接采访

对两岸新闻交流走向的影响方面，杨主席在当时的访谈中指出，为避免中介者政治投机，两岸负责人或机构最好直接谈。他还举日本自民党大佬、前副首相金丸信于 1990 年 8 月到北京访问，与他会面时表示，此行主要是为了了解中共的对台政策，但是"我们（按：指大陆领导人）并没有请金丸信给台湾的领导人传口信"。杨尚昆这些谈话，让以往盛行的外国政客号称为两岸带信、传话的风气，从此几乎绝迹；而两岸号称受托带信传话的人士，"事实上其中有些人是在做政治投机或欺骗"（杨尚昆原句），也大为减少。此一事例给两岸新闻交流的启发是，要辨明真伪，需直接采访；要全盘理解，需兼听则明，最好能对领导人做直接、第一手的专访，只是这种机会安排不易，并不常见。目前两岸记者虽还不能长期派驻，但发展到现今的驻点采访，至少可做现场的直接采访，对帮助阅听人了解事实、以明真伪，仍有很大的帮助，值得珍惜，并继续往前推进。

对境外、海外关注两岸关系的影响方面，因杨尚昆以国家主席的地位，首度接受台湾媒体访问，实属创举，且访问主题就是两岸关系的敏感议题，自然引发境外、海外及国际媒体及相关人士的高度注意。当时尚未回归的香港地区的媒体，关注程度特别高，也对访问安排的"成局"和其经过表现高度的好奇，做了不少分析。如香港媒体朋友读到本文，了解当年访问的安排，只是一次纯粹新闻专业的采访规划，回忆起当年的"好奇"，可能会哑然失笑。虽然"滚滚长江东逝水，浪花淘尽英雄"，但也不尽然，"古今多少事，都付笑谈中"（按：均为明代杨慎词句），27 年前的这次访问，迄今仍留下省思的空间。

布什指访问助了解两岸关系

譬如，美国政府高层对此访问的重视，就透露其外交及新闻工作的仔细和深入。1994 年春，美国前总统乔治·布什（任期 1989—1992）接受《中国时报》和花旗银行台北分公司联合邀请访问台湾，《中国时报》安排他在台北世贸大楼发表专题演讲，开始之前，《中国时报》董事长余纪忠率包括笔者在内的报社主管，在贵宾室接待他。在向布什总统介绍笔者时，余先生说："黄总编辑曾专访中国国家主席杨尚昆"，布什"露出一丝"似曾相识的表情说："我知道，国务院当时有将访问全文翻译之后送给我看，那是对了解当时海峡两岸关系很重要的文件（document）"。话虽简短，已足以显示曾在 20 世纪 70 年代担任美国驻北京联络办事处主任的布什总统，对中国问题和两岸关系的高度关注，以及杨主席访谈全文传播的辽广。

养成习惯带读者到新闻现场

最后，身为当年的《中国时报》采访团的团长，这次专业采访任务，对笔者新闻专业工作有何影响？首先，是专业视野的拓展——作为台湾的媒体工作者，看两岸关系，当然是夜以继日的从台北 101 高楼的高度做观察。但要做到探讨的鞭辟入里和观察的无微不至，最好也能到大陆理解、探讨北京的角度，并从长城的长度做全面的观察。

从 1990 年 9 月首度到大陆进行个人的"破冰之旅"，一直到现在，笔者累积到大陆各地采访超过 120 次，"台胞证"都忘了用了几本。以此种采访经验的累积，来拓展新闻专业视野，就是从访问杨主席开始的。

其次，拓展自我新闻专业之余，如何帮助阅听人也能拓展新闻视野，最好是通过现场实地采访和领导人面对面的专访，把阅听人带到新闻现场。笔者在堪称漫长的新闻生涯中，曾面对面访问过国家级领导人物近 30 人——包括 1997 年 6、7 月间率《中国时报》报系采访团 60 人，在香港采访回归新闻，笔者密集遍访相关新闻人物包括英国驻港"末代总督"彭定康及前来出席典礼的海基会董事长辜振甫等，并曾偕副总编辑俞雨霖专程赴上海专访海协会董事长汪道涵，谈对香港回归的看法。

在大陆对领导人的访问，在历经对杨主席的采访之后，也成为笔者当时新闻工作的"新重点"，以增进台湾读者对大陆人、事、物及政纲政策的了解。访问杨尚昆翌年（1991 年）7 月，曾循着邓小平先生"南巡之路"，由北到南访问当时的山东省委书记姜春云、江苏省委书记陈焕友、上海市委书记吴邦国、浙江省委书记李泽民、福建省委书记陈光毅等，他们都分别就各省市与台湾的关系，做了广泛深入的说明，并对加强两岸关系表达期待。

曾访问福州市委书记习近平

记忆犹新的是，在福建省会福州市停留期间，曾访问当时福州市委书记习近平，他以稳健的语调详细说明福州和台湾关系的密切。同时在两岸经贸交流迈向新阶段的当时，习书记希望有更多的台商到福州投资，指出福州不仅将完成改善自身的投资环境，也计划提供更优惠的吸引外资政策与条件，不失时机地在大陆迈向改革的另一波高潮之际，把台商赴福州投资作为未来经贸工作的一个主要重点。回忆采访印象，习书记描刻的似乎不只是一个省会城市的发展愿景；而近距离的观察，他的沉稳似乎超过他的年纪，习书记当年不到 40 岁。

笔者从 1971 年开始接触新闻界，其后入行新闻业，1987 年接任台湾《中国时报》总编辑之后，时时走出编辑部，尤其在大陆从事对领导人的访问，居然形成笔者新闻工作的一个重点，访问杨尚昆前主席，当然是我对领导人专访的一个高峰。时至今日，遇有适当的新闻对象，笔者动心起念，还会代表现在服务的报社，着手进行专访的安排。把阅听人带到面对面访问的新闻现场，帮助他们能更贴近新闻，真是让人乐此不疲，不知老之将至！

共尽衷怀、携手互利

——继续加强海峡两岸暨香港、澳门新闻交流

楚崧秋

楚崧秋：曾任台湾"中央通讯社"社长、《中央日报》社长、"中国电视公司"董事长、"中国新闻学会"理事长，是海峡两岸及港澳新闻研讨会最先发起人。

时间过得很快，世局变化甚剧；尤其台海两岸关系，基于互利共进之中华民族大目标，近14亿同胞，绝大多数都期待和平发展，坚实进步，向历史性的世界领域，展现我中国人在未来世纪的最大潜力于荣光。

本人年迈九三，自许为一道地的书生，誓为国族克尽一份天职。因缘时会，特拜故乡慈亲关爱，先后自国内外大学及研究院所完成学业，然后进入新闻传播这一行业。由于正合志趣，更增加了我毕献全部心力的热忱。

在此一大方向启示之下，乃于1993年两岸进入改革开放之秋，毅然应时前往上海、北京等要枢，与当地报业及其他传讯业者会晤。其中志望极为投合的海协会会长汪道涵、中华全国新闻工作者协会负责人邵华泽诸先生等，曾就究竟如何务实交流，坦诚交换意见，曾获致不少具体可行的方式与方法，付诸行动。

此行被视为两岸与港澳新闻界展开交流的起步，彼此从业人员会商交往，从此开辟了一个正当途径。最具体的一件事，就是中国记协、香港新闻行政人员协会、台北"中国新闻学会"三方面，欣然商定于当年（1993）十一月，在港举行"第一届海峡两岸暨港澳新闻研讨会"。明（2013）岁欣

逢20周年，将由大陆主办第十三届。个人忝为原始推动者之一，多项媒体曾以两岸"新闻大使"相誉，自省我不过做了一件分内事，岂敢居此！

中国记协感于前述重大意义，计划出刊纪念专辑，借资互识共进。个人身为一分子，诚邀约赴会，并撰述专文，于往事历历、百感交集之余，自属义不容辞，唯有全力以赴。

所可惜者，因年迈体衰，行旅不济，未能赴会。只得书陈短文浅见，敬祈四地同仁友好，赐予原谅和指教。于我有生之年，奉献一己心力，切盼携手共进，竭诚尽力，使伟大中华全民受益，国族永荣。

二〇一二年十月二十日于台北

（楚先生已过世，刊此文以作纪念。）

任重道远　砥砺前行

——两岸新闻交流 30 年回顾

李　安

李安： 中国记协台港澳工作部原主任。长期从事两岸及港澳新闻交流工作，策划并参与了多项两岸及港澳地区新闻媒体交流活动。

对海峡两岸新闻界来说，1987 年是不寻常的一年。这一年 9 月，台湾《自立晚报》两位记者绕道东京到大陆采访，历时 13 天，在海峡两岸产生了很大的影响。这是 1949 年以来首次到大陆采访的台湾记者。11 月 1 日，中国记协负责人发表谈话，欢迎台湾记者到大陆采访，就此拉开了两岸新闻交流的帷幕。

自那以后，台湾各大媒体纷纷派记者来大陆采访，足迹遍布大江南北，采访项目无所不包。1990 年 9 月 24 日，台湾《中国时报》采访组在北京采访了时任国家主席、中共中央对台工作领导小组组长杨尚昆。采访中，杨尚昆主席阐述了大陆的对台方针、政策，特别指出两岸交流不平等，台湾到大陆完全没有限制，而大陆到台湾则限制重重。据不完全统计，至 1992 年，到大陆采访的台湾记者累计超过 2000 人次。而由于台湾方面各种不合理规定的限制，到 1991 年 8 月份为止，大陆记者却没有一人能够入岛采访。1991 年 8 月，为采访"闽狮渔事件"，新华社、中新社两位记者随中国红十字总会人员赴台，成为 1949 年以后第一次进入台湾采访的大陆记者。但这只是个案，并不意味着两岸新闻双向交流的实现。

1992 年 9 月，经过各方的努力，排除种种障碍，首批"大陆记者赴台采访团"一行 18 人赴台湾采访，正式开启了两岸新闻界双向交流的大门。

在这次采访中，大陆记者充分感受到了台湾同胞的深情厚谊，也感受到了台湾新闻界与大陆深入了解的愿望，达成了共同促进两岸新闻交流的共识。

但是，两岸新闻交流仍旧不对等。大陆方面在促进两岸新闻交流方面有着最大诚意，为台湾记者在大陆采访提供了最大的便利。1994 年，大陆方面审批同意台湾新闻单位不间断派记者到大陆采访（俗称"驻点"）。台湾各大报纸、电台、电视台均争相派驻记者在北京、上海等地驻点，极大方便了台湾记者在大陆的采访活动。六年后的 2000 年 11 月，台湾方面宣布开放人民日报、新华社、中央人民广播电台和中央电视台四家大陆媒体到台湾驻点采访。2001 年 2 月，新华社两名记者首批赴台驻点采访。2005 年 4 月，台湾当局无故停止人民日报、新华社在台驻点采访资格，影响了两岸新闻交流的气氛。尽管如此，大陆方面仍旧在同年 9 月实施了进一步开放台湾媒体在大陆采访的措施，将台湾记者驻点时间单次由一个月延长至三个月。其间，记者可多次往返两岸。同时，驻点记者人数不受限制，并欢迎台湾媒体到大陆各地驻点采访。

2000 年 8 月 24 日，时任国务院副总理、中共中央对台工作领导小组副组长钱其琛会见了正在北京访问的台湾联合报系大陆访问团，就两岸关系首度提出了一个中国原则新的表述，即"世界上只有一个中国，大陆和台湾同属一个中国，中国的主权和领土完整不容分割"，既再次阐明了一个中国的原则，也向台湾释放了善意。

2008 年 5 月以后，随着两岸关系的改善，两岸新闻交流加速发展。两岸新闻界交流互访的规模不断扩大，人数大幅增加，层次显著提升。6 月，台湾方面恢复了人民日报、新华社在台驻点采访资格。同时宣布放宽大陆媒体驻点记者在台停留时间从一个月延至三个月，必要时可延期一次。并再开放五家大陆地方媒体在台驻点采访。2009 年 10 月，又宣布放宽大陆媒体在台驻点人数，每家增至五人，取消驻点记者赴台北以外地点采访需事先报备的规定。除此之外，两岸媒体之间相互协助采访、交换稿件、合作制作节目以及电视节目连线等交流领域持续扩大，交流形式也日益多样化。两岸的新闻交流进入了一个新的阶段。

大陆方面在促进两岸新闻交流方面始终是积极的。有关方面除了应台湾记者要求，为他们联系采访外，还多次组织两岸记者联合采访活动，不仅仅采访发达地区，还让他们到西部经济发展相对落后的地区采访，使他们了解一个真实的、完整的大陆。1992 年 4 月，在全国人大通过修建三峡大坝的决议后，根据台湾记者的需求，国务院台办、中国记协共同组织了两岸记者三峡工程联合采访活动。采访活动历时11天，横跨四川、湖北、湖南三省。两岸记者在采访中同吃、同住、同采访，既采发了大量稿件，也由刚一见面的拘谨，到分别时的难舍难分，结下了深厚的友情。这是首次两岸记者联合采访活动，参加活动的两岸记者后来被称为"三峡帮"。2000年9月，为使台湾记者了解西藏的真实情况，国台办、中国记协再度组织了"海峡两岸记者西藏联合采访活动"。在采访中，西藏民主改革40年，特别是改革开放以来，社会、经济各方面发生的翻天覆地的变化给两岸记者留下了深刻印象。至今，两岸记者联合采访活动已成功组织了17届，成为每年两岸新闻交流的重点项目之一。

1987年11月1日，中国记协负责人发表欢迎台湾记者来大陆采访的讲话之后，中国记协发挥了新闻界民间团体的优势，加强与台湾新闻界的联系、交流，与台湾各新闻社团及媒体建立了广泛的联系，并共同组织了团组互访、联合采访、新闻研讨、体育比赛等多种多样的交流活动。

1993年11月，为落实18位大陆记者访问台湾时达成的深化新闻交流的共识，由中国记协、台湾"中国新闻学会"和香港新闻行政人员协会共同主办的第一届"海峡两岸及香港新闻研讨会"在香港召开。1997年在香港举办第四届研讨会时，澳门新闻界派人参加，会议改名为"海峡两岸及港澳新闻研讨会"。研讨会原定为一年举办一次，2001年11月第七届研讨会在澳门举行时，改为每两年举办一次，并一直延续至今，大陆及港澳台新闻业界、学界已有近700人次参加了研讨会。2017年还将在澳门举办第十五届研讨会。举办研讨会最初考虑更多的是为两岸及港澳新闻同行提供接触的机会，而随着交流的深入，研讨会逐渐成为务实探讨媒体发展问题的平台，也被台湾媒体人称为"持续最久、最有成效的两岸及港澳新闻界盛会"。

多年来，中国记协对台新闻交流工作涵盖了媒体高层负责人、媒体中层负责人、基层记者以及新闻社团等各个方面。为加强两岸未来新闻人的沟通和了解，2004年，中国记协和台湾"中国新闻学会"共同组织了"两岸大学生新闻营"，将交流范围扩展至两岸未来新闻工作者。新闻营由两岸大学新闻院系的师生组成，每年举办两次，寒假在台湾，暑假在大陆。至今已成功举办了25届，共有约2000左右人次的两岸师生参加新闻营。通过新闻营活动，两岸年轻人增进了相互了解，加深了彼此的感情，一些早期参加新闻营活动的老营员至今仍旧保持着联系。

　　2017 年是海峡两岸新闻交流 30 年。30 年间，虽然两岸关系出现多次波折，新闻交流也因此受到一定影响，但在总体上，两岸新闻交流没有中断，并且取得了长足的发展。30 年的实践告诉我们，两岸新闻交流在促进两岸关系发展方面功不可没，没有两岸新闻界的交流，就不可能有两岸民众的相互了解。新闻媒体是促进两岸沟通的桥梁，在海峡两岸的各种交流中，新闻交流起着先行官的作用。在未来的两岸关系发展中，两岸新闻工作者任重道远，仍需砥砺前行。

两岸沟通需要交流

——30 年的回顾与前瞻

成嘉玲

成嘉玲：祖籍湖南，美国夏威夷大学博士，现任台湾世新大学董事长，台湾"中国新闻学会"理事长，公共关系企业咨询基金会董事长，传记文学出版社社长。

两岸交流现契机

转眼间，两岸交流又即将迈入 30 个年头，回首想起 1988 年，台湾在蒋经国先生睿智的解除"戒严"后，两岸一笑泯恩仇，为两岸的交流、融合开启了一片天。在彼此相互敞开交流的大门后，经由初期犹如婴儿学步跌跌撞撞的过程，继之不断地试探、摸索与相互释放善意，终而在 2008 年有了柳暗花明、春暖花开的新局。不过，2016 年蔡英文上台后，让我们又看到了两岸交流面临了停滞的状态。

1992 年，两岸交流的新局刚刚初始，在本会前名誉理事长楚崧秋先生与大陆柏亢宾先生等人的努力下，两岸暨港澳新闻人士的重要集会——"海峡两岸暨港澳新闻研讨会"于焉展开。而 18 位大陆记者的来访，则进一步开启了两岸新闻交流的契机。

研讨平台具远见

说起研讨会的历程，不得不令人缅怀研讨会的创建者，以及感念后继者的承先启后。由于创建者的远见和决心，让两岸暨港澳新闻工作者得以透过这样的交流平台，敞开心怀，知无不言，言无不尽的交流、交心；而后继也让我们壮大了研讨会的规模，深化与广化探讨的主题，可说见证了现代两岸新闻发展史。

"海峡两岸暨港澳新闻研讨会"历经 20 多个寒暑，已成功举办了 14 届。这个交流平台从无到有，由浅入深，终而形成常态性的交流平台，让两岸暨港澳的新闻人士得以亲身体验分隔超过半个世纪的两岸，在政治、经济、社会等各个层面究竟有什么样的不同与变化。同时透过新闻人特有的敏感度，为两岸的关系与交流，开启了一扇又一扇互动的机会之窗。

由于研讨会是大陆及港澳台轮流主办，使得每一届的研讨会都有其特色，尤其是主题的议定，不仅始终如一的坚守媒体社会责任的主轴，时时自我期许、自我反省、自我努力的探讨，可说充分实践了媒体的社会责任，对提升两岸新闻专业的水平起到了极大化的作用。

同时，历届大会中更针对两岸及港澳新闻传播事业的发展，设定许多前瞻性的主题，例如，一贯的探讨新科技对媒体的影响，均为两岸暨港澳的媒体提供许多宝贵的建言与参考。

子曰："有朋自远方来，不亦乐乎"，每届研讨会都在在体现了这句话的真谛。研讨会的功能不仅表现在专业议题的交流与探讨，尤其重要的是为两岸暨港澳新闻人搭起友谊、沟通的桥梁，让两岸暨港澳的新闻人不分彼此，心连心建构起浓厚的"兄弟情谊"。

新闻参访常态化

1999 年，在会员们的支持下，我自楚崧秋名誉理事长的手中接任第七届"中国新闻学会"理事长的职务，赓续前人的努力，更积极地推动两岸新闻交流活动，并与中华全国新闻工作者协会议定，将两岸新闻交流活动常态化。

当时，学会一方面认为新闻交流可为两岸同胞增广见闻、增加了解、增进感情、增强互信，发挥不可替代的纽带作用。但又鉴于大陆是以新闻领导舆论的前提下，相信唯有邀请大陆新闻工作者来台亲身体验与了解基层社会民众的想法，以及政治、经济、社会的发展等现状，才能有利于两岸关系之改善和发展。

因此，新闻交流推动之初，是以邀请大陆各省市记协领导，以及中央媒体负责人组团来台交流为主。目的就是希望由中央至地方，由点而面的来扩散两岸新闻交流与互动，进一步促进两岸关系的发展。

经由这些年的努力，从中央至地方，由点而面，在两会的努力推动下，确已获致显著的成效。特别是办理邀请大陆各省市记协领导层组团来访之活动，除了让大陆、台湾双方的新闻媒体界人士面对面沟通，交换彼此的媒体经营与管理经验，以及媒合双方合作的可行性之外；从旅游参访的行程中，亦使来访的大陆人士亲身体验台湾秀丽的风景，并对台湾社会的发展有了具体而真切的认识，尤能为两岸的新闻交流与互动奠定良好深厚的基础，更有助于改善两岸关系。

更值得欣慰的是，在两会的努力下，也让我们看到了两岸新闻交流的一些标志性发展。例如：2002年邀请大陆记协理事团来访，突破了台湾本岛地区的参访限制，安排访问团一行至澎湖离岛访问，团员中的国台办新闻局李维一局长并因此而接受了一位澎湖籍台商的陈情。

其次，2010年邀请大陆中央媒体负责人访问团来访，首次邀请具有军职身份的《解放军报》主管来台参访。2012年邀请大陆省市记协负责人访问团来访，亦是首次邀请西藏自治区的记协领导来访。

除此之外，学会也曾多次邀请国内的媒体负责人组团前往大陆访问，透过双方"面对面"的接触沟通，使大陆领导阶层对台湾社会的发展现状、民众对两岸关系发展的看法能有比较正确的认知。再者，则是期待能与大陆各地方媒体有更密集的接触与交流，落实学会作为交流桥梁纽带的角色。

为了深化与广化两岸的新闻交流活动，"中国新闻学会"和中国记协更关心新世代媒体人的交流与沟通，进而自2004年起联合主办"海峡两岸大学生新闻营"活动，让两岸未来的新闻工作者能提早接触、相互了解。延续至今已办理了24届，参加总人数超过千人。

两岸交流重沟通

两岸在经过30年的交往后，的确让我们看到新闻交流在沟通两岸民意，增进两岸了解与情感方面发挥了重要作用。两岸新闻交流始终走在两岸关系发展的最前沿，成为两岸沟通民意、消除误解、融洽感情的桥梁纽带。

虽然，由于政治和历史的原因，两岸在经济、社会、文化等方面仍然存

成嘉玲理事长致赠纪念品给"2002 年大陆记协理事
访问团"团员国台办新闻局李维一局长。

成嘉玲理事长与"第六届海峡两岸暨港澳新闻研讨会"
大陆、香港和澳门团长合影。

"第七届海峡两岸暨港澳新闻研讨会"揭幕前,成嘉玲
理事长陪同大陆萧东升团长与叶明勋董事长见面。

成嘉玲理事长与大陆、香港和澳门共同主持
"第七届海峡两岸暨港澳新闻研讨会"揭幕式。

成嘉玲理事长于"第十三届海峡两岸暨港澳
新闻研讨会"开幕式致辞。

在着巨大差异，间接造成两岸人民思想意识的隔阂。前瞻未来，两岸关系依旧面临严峻的考验。特别是面对融媒体时代的来临，我们深信，理顺两岸关系的关键，还是要有接触、多交流，而沟通则是两岸交流的基石。期许两岸及港澳的新闻人能一本研讨会创建之初心："求同存异、化异趋同"，在向融媒体时代前行的过程中，互信、互助与互谅，共同为两岸创造美好的未来。

《自立晚报》历史性跨海采访的回顾

陈国祥

陈国祥：1987 年时任《自立晚报》总编辑，后来担任过《中国时报》总编辑，现任"中央社"董事长。

《自立晚报》记者李永得和徐璐突破政治禁忌，赴大陆采访，迄今已届 30 年。这项壮举开启了两岸新闻采访的新世纪，也为两岸人民之间的访问交往与相互了解添增了强大的动能，缔造了历史性的功绩。身为主要推手之一，我清晰记得 1987 年 9 月 11 日上午，《自立晚报》员工一如往常，进行紧凑的新闻编采作业。在平静的表面下，一个震撼两岸的爆炸性壮举正隐秘进行。社长吴丰山护送记者李永得、徐璐奔赴机场，准备搭乘飞往东京的班机；当时担任总编辑的我，藏身在密室中撰写新闻稿，制作标题，准备丢出一个震撼弹。

12 点 20 分，徐璐、李永得二人通过机场关卡，登上机舱。下午 1 点，飞机舱门关上，发动引擎起飞。吴丰山悬着的一颗心稍稍放下，随即通知在社坐镇的总编辑："两位记者已经顺利上机，请照预定计划发稿换版。"当时的自立晚报分三次时间截稿，依序上市发行。第一次版上午 11 时截稿，运往较远地区发行。第三次版则报道当天股市行情，于中午一点截稿后赶印发行。为了避免记者受阻上不了飞机，所以特意等到记者上机后才于 1 点以后上市发行的第三次版宣告。头版斗大标题写着：《本报特派记者李永得、徐璐，自日本进入大陆采访》。

当晚 8 点 50 分，李永得、徐璐在《自立晚报》驻东京特派员陈世昌引领下，到达位于日本东京都港区元麻中国大使馆，当时大门已关，三位记者按响门铃，通过对讲机通报姓名与来意之后，使馆大门旁边的小门随后打开了。经短暂沟通以及通报后，他们获准进入大使馆。这是38年来头一次有来自台湾的记者向大陆敲大门。

这时在台湾，他们的突破性行动震撼社会，舆论为之沸腾起来。"新闻局局长"邵玉铭严厉谴责《自立晚报》采访行动违法，要求社方立即召回记者。新闻同业反应呈两极化，称道者居多，但台湾主要两家报社的老板，即《中国时报》的余纪中以及《联合报》的王惕吾，都是国民党中常委。他们眼看着《自立晚报》出了大风头，抢到"头香"，乃在几天后的国民党中央常委会议中都强烈要求当局"依法处理"。时任"中央社"董事长的曹圣芬更语气强硬地主张要"严办"。国民党的《中央日报》则以《何必急抢滩》为题发表评论抨击此举。

事后得知，中国大使馆接待《自立晚报》三位记者的是负责台胞签证的二等书记马连印与另一位职员，对于徐李二人的采访要求，马连印的答复是："你们的情况非常特殊，我们要和国内的领导同志联系才能做决定。"又说："大使也做不了决定，如果你们是以探亲旅游的名义申请，我现在就可以发签证给你。"但李永得和徐璐接过申请表后仍坚持写下记者的身份和采访目的，这让大使馆人员感到棘手。他们提出申请，等了32个小时。9月14日上午9点，李永得、徐璐应约来到中国大使馆，马连印告诉徐李二人，采访申请的事已经获得国内的批准，而且是非常热烈欢迎。不到半小时他们就拿到旅行证。

1987年之前的38年之间，海峡两岸处于阻隔与敌对的状态中，台湾岛内媒体囿于两岸政府筑起的围篱，几乎无人动过前往大陆采访的念头。而《自立晚报》社长吴丰山根据种种迹象做出政治判断，认为时机已经到来，可以一搏，谋取跨越海峡的第一次采访。最早的计划是搭乘渔船到厦门外海，转搭当时进行海上贸易的大陆渔船登陆采访，但考虑风险太大才改为堂而皇之搭机经第三地前往采访。

当时台湾已经民主抗争风潮渐起，各项社会运动蓄势待发，其中包括老兵要求返乡探亲的吁求。我们知悉蒋经国正在研拟、准备开放老兵返乡探亲。而一旦开放，势必带动两岸后续的文化与交流，所以当时是基于媒体的社会责任，基于媒体先行的概念；毕竟两岸互相隔离的社会要开始进行交流，媒体应要先行探路，把大陆的信息、状况告知台湾民众。

在法律责任的分析上，我们认为两岸快要打开交流大门，司法将会跟着社会脉动而松动，所以认为后果应不致太严重。何况在当时已届蒋经国执政后期，台湾的自由化与民主化已经启动，对大陆的开放是在这个政策转型中的一个环节，其他还包括党外人士向党禁、戒严体制挑战；老兵要求开放探亲等民间社会向社会运动挑战；媒体也在向威权挑战，而且还与其他力量联结，构成一个更大的挑战。这些状况加以综合考虑后，吴丰山社长和我们分析解除戒严与开放大陆探亲是政治全面松动的作为，开放应是全面性的，因此对政治威权的恐惧就觉得没那么可怕。

同时，大陆方面基于拉近台湾民众的考虑，不但十分尊重我们记者的立场，也尽量配合记着的采访计划。徐璐、李永得拿到了旅行证，班机也有了着落，在出发前往大陆之前，向中国大使馆方面人员表达了三个原则：不接受官方招待、自由采访，以及所有费用自理，大陆方面则是一一接受，并且指定由中国新闻社全程协助。

根据中评网报道，当时负责接待的中新社福建分社社长兼总社港台部主任陈佐洱（后来任国务院港澳事务办公室常务副主任）回忆，"能够这么快批下来，实际上是中央最高领导层拍了板"。徐、李获被同意入境后，陈佐洱作为中新社的代表，带着几名助手接待李永得和徐璐。而具体指导他的工作的，是中央台办主任杨斯德和乐美真。公安部的一位张处长与他配合，一起负责两位台湾记者在大陆的采访活动和人身安全。当时杨斯德、乐美真对陈佐洱有两项指示，一是自由采访，台湾记者想采访谁，到什么地方采访，都要尽量满足、开放；二是确保安全。展开采访行程前，徐、李交给陈佐洱一份计划采访名单，里面包括张春男、王锡爵、陈鼓应、黄顺兴、李大维等从台湾逃到大陆的人。陈佐洱等人只负责联络，不陪同采访，以免滋生困扰。

这趟采访任务，从9月15日到27日，为期14天。李永得、徐璐采访了北京、杭州、广州、深圳、厦门等地，还包括一些驾驶飞机到大陆的台湾人士。只是当时，台湾才刚解除戒严令，两岸敌意消弭得还不是那么快，互相之间仍存有戒心。接待人员一直高度戒备，当时要防止台湾特务制造事端嫁祸于人，所以确保两位记者的安全格外重要。而徐李二人的戒心也是特别高，就连在饭店门口，两位记者伸手叫出租车，但是过来的第一辆出租车，他们不上，而是多走几步坐上第二辆。采访过程大体顺利，采访计划基本落实，于9月27日返台。晚间，吴丰山特别举办庆功宴公开表扬徐李二人。不料当天的电视新闻头条报道，吴丰山、李永得、徐璐被台湾新闻主管部门以伪造文书罪提起公诉，移送地检处法办。台湾当局称《自立晚报》社长吴丰山与徐李二人，申请到日本采访却进入大陆，明显以不实之文书欺骗申请离开台湾，已违反法令。官司在法庭纠缠整整一年半，最后检察官上诉被驳回，吴丰山和李永得无罪确定。

李永得、徐璐的历史性大陆行，敲开两岸之间闭锁38年的大门，引发了激烈的大陆热效应，许多人乘着风潮走访大陆，两岸之间的新闻交流益趋热络。两岸新闻交流至今已届30年，对于增进两岸人民之间的相互了解，起了极其宏大的正面效益。不过，总的来讲进展仍嫌缓慢，原因有二，一是台湾方面希望把媒体相互登陆与采访活动的开放政策以及信息自由流通捆绑在一起，想以开放采访、驻点、设办事处，成为官方的一种政策杠杆，敲开大陆对台湾媒体开放进入的程度。例如要求全面开放台湾的新闻网站、报纸可以在大陆发行、电视台可以落地等等。一是大陆的因素。因为大陆体制、政策没有开放，对于境外媒体采管制措施；对台湾媒体亦复如此，大陆方面似乎是全面性的考虑，不可能只对台湾网开一面。

至于当前应如何深化两岸新闻交流？我认为彼此都要展现自信心，不必整天把防止统战或宣传当作重要考虑，现在两岸人民对自身的社会体制都有相当信心，主政者也不能把新闻采访、设媒体办事处与媒体开放捆绑在一起，否则长时间得不到解决，反而妨碍两岸新闻交流的进展，甚至影响期望透过媒体对大陆产生影响的进程。二是两岸媒体相互落地、发行，现阶段在实务上有困难，但可考虑先合办媒体，例如合办刊物、合办电视台、制作新闻节目等；网站也可共同经营，或成立网络两岸论坛等。其实新闻交流是很单纯的问题，不管哪一个社会，都应以告知、让人民有知悉权为第一要务，告知人民关心的事务，若人民关心对岸事务，媒体自然会做大量报道；如果不能让记者充分判断、去进行采访工作，就是官方对媒体的干扰，也是对人民知悉权满足的干扰，所以两边把问题复杂化是不利于新闻交流的，双方都应该有所节制，以尊重媒体告知人民所关心的事务的心态推动两岸新闻交流。

往事 30 年：成全破冰之旅

陈佐洱

陈佐洱：国务院港澳事务办公室原常务副主任，十一届全国政协常委、港澳台侨委员会副主任，全国港澳研究会创会会长；曾任中英联合联络小组中方代表，中国新闻社福建分社社长兼总社港台新闻部主任。北京大学、厦门大学、福建师范大学、澳门大学兼职教授，香港公开大学荣誉博士。

"三十年河东三十年河西"。30 年前，台湾《自立晚报》二位记者曾以非凡的勇气公开来大陆采访，破冰两岸新闻交流，轰动一时。这家曾经颇有影响的台湾第三大报虽已在 21 世纪初停刊，但是 1987 年 9 月的那段往事依然没有被人淡忘。

顺势而上的勇敢之举

那年秋天，台湾岛上风传实行 38 年之久的"戒严令"可能出现突破，原籍大陆省份的民众有望获准回到阔别了半辈子的家乡探亲。台湾新闻界当然反应敏感，各家传媒都在摩拳擦掌。《自立晚报》年富力强的老板吴丰山脑子灵活，处事果断，抢先出手了一个秘密计划：派记者抢滩大陆，公开采访！于是，9 月 1 日下午，当新闻以头条赫然刊出《本报特派记者李永得、徐璐由东京赴大陆采访》的《自立晚报》出现在台湾街头时，报摊上立马"洛阳纸贵"，报纸被怀着各种目的的读者抢购一空——当时人类还没有发明网络，更无电子版。

晚报是午后开印发行的。二位担当重任的记者则早已在午前登上了飞往日本的航班。李永得和徐璐都是《自立晚报》吴社长的爱将，资深又年轻。李——男，34 岁，祖籍客家，生于高雄美浓，台湾政治大学政治系毕业，报社政治经济研究室主任；徐——女，31 岁，祖籍上海，生于基隆，毕业于台湾淡江大学英文系，政治研究室研究员。李做事较为稳重，有心计；徐比较活泼，快手快嘴，俩人相得益彰。他们在东京成田机场降落后，即和吴老板通电话报平安，得知他俩"冒天下之大不韪"的消息已传遍台湾，就直奔中国驻日本大使馆。

这是中国驻日使馆首次面对面接待台湾记者。签证官员迅速上报请示并与国内有关方面联系，以加急程序为他们办理了相关手续，叮嘱他们一定要注意安全，并告北京的新闻同行将接待他们，会提供一切必要协助，成全他们的公开采访。

意外受命　成全破冰

我做梦也没想到，这一"必要协助"的任务会落在我的肩上。

当时，我正在中国新闻社总社工作，以福建分社社长任上兼任总社港澳台部主任，一面做好部门工作，一面熟悉总社的运作情况，准备奉派去一家驻外分社履新。

9 月中旬的一天，中新社王士谷社长通知我去他的办公室，郑重其事地对我说，有两位台湾记者要来大陆公开采访，中央十分重视，此事由中央对台工作领导小组办公室直接领导。考虑到台湾《自立晚报》是民间媒体，中国新闻社也是大陆民间性质的媒体，实行对等接待。王社长告诉我，《自立晚报》来的是一位部门主任，而我正好是负责对台新闻的部门主任，所以由我作为中国新闻社的代表，与几位同事一起接待李永得和徐璐。

具体指导我工作的是中央台办主任杨斯德，还有乐美真同志。公安部的一位姓张的处长和我搭档，相互配合，全程负责协助两位台湾记者在大陆的采访活动和人身安全。

我立即着手准备，重温了有关方针政策、注意事项，拟定了几种情况的预案；然后到中台办向杨主任和乐美真同志当面汇报和领命。我谨记中央确定的两条原则：一是自由采访，李、徐想采访谁，到什么地方采访，都要尽量满足；二是确保人身安全。后来我才知道，是小平同志定下了以上原则。接着，国务院侨办廖晖主任又接见了我，指示一定要认真做好这次接待工作，不能出现任何差错。

"等你们 38 年了" 被拍板 "讲得好"

9 月 14 日下午 3 点 50 分，李永得、徐璐在日本东京踏进了中国民航 CA930 的舱门，途经上海飞向北京。为确保机上重要旅客的安全，这个航班在上海多做了一次客货安检，所以延误至 15 日凌晨 0 点 56 分才抵达北京首都机场。

我和张处长于当日傍晚就来到了首都机场现在 1 号航站楼的位置，那时只有这一座航站楼。一进候机大厅，就见到一群中央新闻媒体和境外、国外媒体的同行，他们都是带着第一时间攫取一手猛料的目的，来迎接台湾同行的。

时间一小时一小时地缓慢过去，我在大厅里顺着自动滚梯栏杆的外延来回踱步，少年时生活在与台湾一水相隔的厦门的许多情景、许多与台湾相关的闽南歌谣接连不断地在脑子里回旋。终于，子夜时分，我和中新社的二位同事得到了航班降落的通知，率先走向廊桥口。

1987 年 9 月 15 日凌晨在北京首都机场迎接李永得、徐璐。

机舱门一打开，首先步出的李永得和徐璐与我握手，歉意地说："让你们久等了。"我迎上前脱口而出："欢迎，欢迎。等你们 38 年了！"

这是我见到台湾记者时说的第一句话，并未深思熟虑，却是真情流露，在首都机场苦等的 4 个小时，加深了这种期待。没想到两位台湾同行到达北京发出的第一条消息就称，我说的第一句话竟是"统战语言"，一时间，成了世界多家通讯社援引和多种报刊以显著版位报道和评论的热点，国内的各大媒体在内部也炒得很热，有的说我，"阶级立场不对头，怎么38年等台湾人？"有的说我说得巧妙，莫衷一是。后来据说又是小平同志拍板说"讲得好"，我那颗忐忑的心才算定下来。

其实，两位台湾同行在自己报道中说的话也挺意味深长。李永得说，"我们终于迈出了艰难的一步啊！"徐璐补充道，"其实路程很近，但周折了快40年！"

全力协助　山水不露

两位记者离开台湾时，吴社长曾交代他们，"只要进入大陆就算成功"。可是他们从那一刻起的半个月采访，效应远超《自立晚报》的预期。

我一面引路往机场卫星厅外走，一面征询颇为激动的李永得和徐璐："外面有50多名中外记者在等候，要不要见一见？"

"他们苦等了4小时，不见成吗？"两位台湾记者不约而同地说。

我把他们领进早已准备好的休息室，他们立刻就被"与台北相比，毫不逊色"的中外记者包围住了。我也是"老记"了，但在改革开放还不太久的1987年，还从未见过同行间这样互相热烈采访的场面。从此时起，两名台湾同行的身份便成为采访者与被采访的新闻对象混合体，一夜名闻世界。他们称在大陆的13天，一直是在中外记者追逐的"天罗地网"中进行采访的。

首都机场的"互访"活动结束后，我送他俩去北京屈指可数的五星级酒店，东三环路旁的长城饭店。路上，我及时切入正题，问他们此行准备采访什么，有何要求，我会尽一切努力来协助他们。到了饭店，给他们安排好房间离开时，天已破晓。

回到宿舍，我顾不上休息，立刻根据两位台湾记者提出的要求，与助手们分头一一联系采访对象的所在单位或本人。有通过电话的，有登门预约的。当天中午，在全聚德烤鸭店，中新社社长和总编辑宴请的尾声，我把一份按他俩要求初拟的日程表以及采访对象们的电话、地址等联络办法送上，两位同行又惊又喜，按常规，记者得自己去联系采访对象，何曾受过如此待遇？要不，怎么叫"跑新闻"呢？我出生在上海，在福建长大，既会用上海话和徐璐交谈，又可以用闽南话和李永得沟通，家乡话把彼此的距离缩短

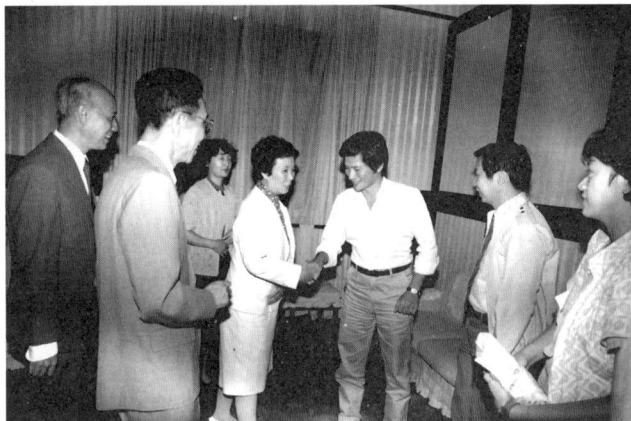

当日中午中新社社长、总编辑会见二位台湾记者。

了许多。

台湾记者的谨慎程度有些出乎人意料。他们在长城饭店门口招手搭出租车，按排队顺序过来第一辆，他们没有上，却多走几步上了第二辆出租车，可能猜疑第一辆是有意安排的"特别出租"。

台湾记者的敬业精神值得赞赏。他们得到中新社提供的"联络图"后，一分钟也不耽误，立即与采访对象们接上了头。我则只联系，不陪同，一概不送他们去任何一个采访点，但是和张处长时刻关注着进程是否顺利。

数千里真切感受　牵动两岸思考

从 9 月 15 日开始到 27 日，他们马不停蹄，一路南下，先后走访了北京、杭州、广州、深圳和厦门 5 座城市。在北京，参观了故宫、天安门、王府井，采访了张春男、王锡爵、陈鼓应、黄顺兴、李大维等被称之为"走上不归路的流亡者"。在杭州，他们游览了"像古诗一样美的"西湖，品尝了地道的龙井茶，徐璐第一次见到由上海赶来相见的姑母和表弟，姑侄二人抱头大哭，徐璐为此写了篇文情并茂、很是感人的自述通讯。在广州，他们采访了孙逸仙纪念医院和中山大学，参观了孙中山故居及黄埔军校旧址，还突然租车去了中山市翠亨村，探访了孙中山诞生地。在深圳，他们参观了国际贸易大楼、沙头角的中英街、海关及深港出入境口岸等。在厦门，他们访问了厦门大学台湾研究所的学者们，徜徉在与台湾风情一同的中山路骑楼下，用望远镜隔海眺望大小金门岛多时，又突然租车，沿海岸线直奔 200 公里，采访了曾在 1953 年被国民党军偷袭、掳走了成百上千壮丁的福建第二大岛东山县，与凄苦守望 33 年的"寡妇村"的老村民们动情叙谈。

对于两位在台湾出生的"新生代"，这是第一次在祖国广袤的山河大地上，用自己的五官真切感受海峡对岸伟大而丰富的存在，举目都是和自己长着同一类体型肤色、说着读着同一种语言文字的中国人、中国情，"一切都仿佛那么熟悉，却又是那么陌生和遥远"。"虽然只是这么短暂而且片面的一个搜寻，但对于从小只在课本上看过'大陆'的我们来说，却仍具有无比的震撼"，"我们感受到了大陆的真实存在"。他们认为，"大陆 14 天的见闻只能算是对大陆的惊鸿一瞥，连走马看花都谈不上。"但不管怎样，"是一个真实的捕捉，一个完完全全透过台湾记者的双眼所做的直接捕捉，而不是透过外国记者的笔和镜头的折射"。

海峡两岸都关注着二位记者的历史性大陆行，台湾《自立晚报》每天都有他俩大量的独家报道，所见所闻所感。台湾的街头巷尾，民众普遍"叫好"，38 年来第一次读到了由台湾记者亲历记述的大陆，心里更跃跃欲试，热切渴望自己也能赶快踏上那片同属一国的故乡土地。李、徐笔下有引起共鸣的深刻反省："透过我们不同的成长背景，在大陆之行的冲击下，'台湾经验'和政治理念必会有激荡、投射、甚至沉淀的反应。""亲眼看到真实的大陆之后，不禁令我们感到过去几十年中，台湾当局所做的反共宣传是多么的僵化。就一般老百姓的生活水准而言，大陆确实仍是落后的，但是我们却不能对它的试图改革视若无睹。……统治大陆 40 年的共产党虽曾一度因'文化大革命'和'四人帮'事件而使老百姓陷入绝望。但如今，它以各项经济改革重新赢得了人民的好感和信任，如果中共的经济改革不失败，无疑地，人民对它的支持亦将增强。""台湾的民众到了大陆，除了可以强烈感受到大陆的老百姓对台湾的好奇、热情和关心，还会发现和大陆的老百姓之间正若有若无地展开一种不可名状的竞争。民族的尊严，在大陆就像空气一样，到处都可以呼吸得到。因此，'统一'在他们而言，不但是理所当然的，同时，也深植在他们的内心，成为他们对台湾感情中极为重要的一部分……"

大陆的社会各界也都怀着新鲜、好奇的心情，想看看两位台湾记者怎样来描述海峡对岸，新华社《参考消息》等传媒时有隔日转载。平时看惯了大陆记者文风的读者在读"台湾味道"的报道时，感觉新鲜。我也在天天研读这些文字，思考着一个问题，作为以海外华侨华人和港澳台同胞为主要受众的中新社，该如何从中取其养分，去其糟粕呢？

归程掀起赴大陆探亲潮

除了在北京和李、徐接触几次外，我们再未谋过面，但是始终保持着电话或通过所在地宣文机构间接沟通，一如既往地满足他们在任何一个城市提出的要求。其实，我和公安部张处长每天都"隐身"鞍前马后，"形影相随"着，以确保他们充分享有境外旅行者权益和不影响自由采访的前提下，更加确保人身安全，当时确有威胁的迹象来自对岸，绝不让"江南事件"在祖国大地上重演。

9 月 27 日，中国新闻社福建分社副社长、代社长李捷在厦门为李永得和徐璐送行。李捷告诉我，临登机时他俩心情复杂甚至相当悲壮，眼里闪着泪花。按照台湾当局"戒严令"规定，回去后将至少坐牢两年。

不料刚回到台湾，李、徐就受到英雄式的欢迎。同时，台湾当局宣布要"依法处置"他俩和《自立晚报》。随即，各界反对处置和声援《自立》的函电纷至沓来，舆论越来越趋高涨。在 1 个月后，当局正式开放了民众赴大陆探亲，此事也就不了了之。面对隔绝了 38 年的骨肉同胞在全岛掀起汹涌澎湃的探亲潮，《自立晚报》总编辑陈国祥说"我们创造了历史"。其实，应该是顺应了历史的潮流。9 月的破冰之旅，不仅使《自立晚报》在台湾报业竞争中一度夺取优势，而且也在两岸关系史上写入了浓墨的一笔。

注：感谢《两岸关系》记者李立 2003 年对我的采访，成就了此篇许多回忆内容。

海峡两岸早期新闻交流的回顾与思考

乐美真

乐美真：浙江宁波人，第十、十一届全国政协委员。1947年9月生于山东惠民。毕业于山东省实验中学、北京国际关系学院。曾从事教师、外贸工作，1978年起在中央对台工作领导小组办公室、国务院台湾事务办公室工作，1991年在新华社香港分社台湾事务部工作，1994年在全国政协港澳台侨委员会办公室工作。

海峡两岸新闻交流已经30年了。回顾早期走过的道路，觉得很有认真总结的必要。我们要认识新闻交流在两岸关系发展的重要性，以更好地有序地自觉地开展交流。两岸新闻交流，既要客观公正地将两岸关系的重要新闻传播出去，又要促进两岸新闻从业人员正常的交往，根据形势发展的大局，共同为促进和平统一做出贡献。

1987年，我在中央对台工作领导小组办公室工作，负责与各部委和社会团体保持密切的联系。1988年，鉴于台湾被迫开放民众探亲，涉及政府职能部门大量的工作，中央决定成立国务院台湾事务办公室，我与我所工作的局（组）整建制调到国务院台办，负责人员交往工作。除协调公安、海关、民航、旅行社、红十字会等各部门接待好大批涌进前来探亲的台湾民众外，也与中国记协保持联系，协调台湾记者的依规采访。在当时的形势下，突破台湾当局"三不"的封锁，探索有效的台湾记者新闻采访的管理办法，引导他们通过采访，在各自的媒体上传播大陆对台政策和改革开放的变化，为两岸双向新闻交流开辟道路，是那时新闻交流的主要内容。据回顾，主要做了这样几件事：

一

自从《告台湾同胞书》后，海峡两岸逐渐恢复了联系，但在新闻领域里，还只有两岸的广播电台在隔空喊话。在台湾开放民众来大陆探亲紧锣密鼓的酝酿期间，台湾媒体记者一直通过各种渠道来大陆，企图抢先实现破冰之旅。早期就有台湾《自立晚报》记者黄德北和"环球通讯社"记者皮介行到大陆观光、访问。在台湾当局拟在1987年11月开放民众来大陆探亲之前，台湾《自立晚报》在当年9月，就派徐璐、李永得两位记者经过日本来大陆，表达采访的意愿，企图首度突破台湾媒体赴大陆采访的禁令。我驻日使馆报告后，很快就得到中央的批准，决定由民间性质的专门面向港澳台侨的中国新闻社负责联系。我与有关方面在中新社开了协调会，强调他们首次来，对以后有很大的影响。在他们到中国记协办理采访手续后，对他们一是自由采访，采取开放的态度，要采访什么人，到什么地方都要尽量满足；二是确保安全，防止有人制造事端，嫁祸于人。陈佐洱当时是中新社港台部主任，长期在福建工作，会讲闽南话，他带了几个人从两位记者一下飞机就热情接待，对他们提出的采访名单，只联系，不陪同采访。陈佐洱从南到北在各地都向有关部门传达了中央台办的精神，强调要实事求是，接待取得了很好的反映，他们出色地完成了任务。李永得对采访他的记者说，来到大陆，他们"一点也没感到自己是外国人，强烈意识到自己是中国人"。从轰动一时的各媒体的报道中，可以看出大陆对新闻采访是开放的自信的，解除了台湾同胞对大陆的许多顾虑和误解，虽然两岸有很大差异，但逐步认识到大陆的对台政策是真诚的。

另一个例子就是凌峰拍摄《八千里路云和月》。由于两岸的长期隔绝，台湾民众通过国民党的喉舌和台湾的电视台，不可能了解真实的大陆。凌峰决意发挥电视传播的优势，联结海峡两岸民众的骨肉之情，他说，取名《八千里路云和月》，"就是受中国文化影响，八千里路云和月是抽象的意念，是山河、故土、传统、历史，体现了悲壮之美，希望给台湾民众新的大陆观"。但他在中国驻日本大使馆接洽时，消息被新加坡的报纸走漏，回到台湾就被软禁，不准他上电视、不准表演，甚至不允许出岛。凌峰是青岛人，台湾当局被迫开放探亲后，他就以探亲的名义到大陆，撞开两岸近40年的封冻，成为第一个到大陆拍片的台湾艺人。对这件以电视媒体的采访交流，我们一直持支持赞同的态度，通过国务院侨办和中新社派人给他们提供了联系和帮助。凌峰拍成的片子在回台湾时被没收并禁播，他机智地调包，通过各种途径带进岛内，并进行了长达两年的抗争。他在台湾举办群众说明会和立法机构的听证会，质问："两岸同样是炎黄子孙，只有一个中国，为什么日本人可以到大陆拍摄丝绸之路，唯独台湾的中国人不能呢？为什么全世界的记者可以到大陆采访，唯独台湾的中国人不能呢？"最后逼得台湾当局修法，取消了赴大陆制作电视节目的禁令。该片同意播出后，大陆的山河之美、故乡之思，引起全岛轰动，很多台湾同胞一边看一边流泪。

两岸之事，媒体先行，两岸的新闻交流是挡不住、封锁不了的，虽然在初期是单向的、不平等的，但我们因势利导，采取开放的做法，争得了人心，赢得了主动，也为今后进一步的交流做好了铺垫，打开了大门。

二

1987 年 11 月 1 日，就在台湾当局开放民众来大陆探亲的当天，中国记协的负责人迅即发表谈话，宣布中国记协受国务院办公厅委托，负责受理台湾记者来大陆采访事宜，欢迎台湾记者来大陆采访交流。门一打开，台湾记者蜂拥而至，他们的采访报道，打破了几十年的隔离，沟通了两岸人民的联系，冲垮了台湾的反共宣传，传播了大陆改革开放的实情。那时国务院台办没有新闻局，与记者的日常联系都是由记协港澳台处穆东平、雷渝平与我在做。在早期的交流中，可以说大部分台湾记者均能按规定采访，但也有少部分记者未办理采访手续，或者办理了却做采访内容以外的事情。由于大开放，一时间有些措施跟不上。如何放而不乱，采访依规有序，是大陆对台部门和记协所面临的问题。中国记协及时制定了《关于台湾记者在大陆采访的管理办法》，为保证正常的采访，我们提醒他们要遵守大陆的规章法令，提醒他们不要做与申请采访内容不符的事情。台湾新闻媒体互相之间竞争十分激烈，漏掉重要新闻是要丢饭碗的。风闻两岸的活动，他们就集体在会议室门口等。我们也发现台湾某媒体为了抢得独家，在中央电视台转发时，就把另一个媒体的参访录像带丢到卫生间的水箱里。1989 年春夏之交，台湾记者采访更是脱序，到处乱闯。后来发生的"黄德北事件"就是一例。遇到两岸的突发事件，如，"台湾货机事件""闽狮渔遭返事件""劫机事件""白云机场事件"，以及后来的"三保警事件""千岛湖事件"等，台湾记者往往急于抢新闻，不择手段赶去现场。有的还违规租房，变相常驻。有的部门也不愿意接受采访，遇事也无新闻发布，造成猜测消息满天飞，场面混乱。在违规采访的记者中，有记者竟持两个"台湾居民来大陆通行证"。经查，是我们香港一个发证单位未按规定核查、盲目发证所致。对此我们请示后，在内部进行严肃批评，加强整顿。为了便于工作，中国记协聘任我为记协理事，但我又是国台办干部，与台湾记者的接触较多，介绍和解释一些背景和政策。他们有时采访无门，就把我的片言只语都拿去放大，断章取义，写成猜测性新闻，造成了我的苦恼。以上种种，说明在两岸新闻交流初期，暴露和存在不少问题，需要我们在开放的实践中，不断摸索行之有效的管理办法。正是由于这一段的实践，对台湾媒体的倾向和人员有了摸清了解，使我们逐步完善了对记者的有效管理。

三

1990年秋，正值北京亚运会，台湾借机先后派出近200名记者来北京采访。那时我被任命为亚运会组委会新闻部副部长，与中国记协及国务院港澳办的同志共同接待和协调港澳台记者的采访。我们知道台湾记者中，采访体育的记者只是少数，大部分是来采访两岸政治新闻的。《中国时报》派出了以黄肇松总编辑为首的采访团队，要求采访大陆的高层领导和对台政策。经研究，我们觉得主动接受采访，有利于对台湾同胞解疑释惑，有利于将我们的政策全面地入岛。于是国务院台办积极联系请示，促成了杨尚昆会见黄肇松，《中国时报》全文发表了杨尚昆的谈话，取得了很好的效果。我也安排了《中国时报》记者王美玉采访了国务院台办唐树备副主任。亚运会前夕，我受命随中国红十字会秘书长等赴厦门，从那里乘渔船到金门，与台湾红十字会的代表就遣返问题进行了两天工作商谈，双方达成一致，草签协议后，约定分别经双方高层批准后发布新闻。回北京后，我即到亚运会组委会新闻部上班。在北京采访的台湾记者全然不知此事。当我得知协议已经批准并在某天上午10点同时发布时，台湾晚报的记者可当天刊登，而广播记者和通讯社记者却要漏即时新闻。于是我告台湾"中广"记者，10点钟赶紧与新华社联系，有重要新闻发布，并及时安排了红十字会秘书长随后的采访，这虽然是个细节，但台湾记者却十分感谢我们考虑周到，急他们所急。

一位领导人曾说，外交官在回答问题的时候，尽量少说"无可奉告"，

安排采访唐树备后与《中国时报》记者王美玉合影。

亚运会新闻部工作人员，左一为记协柏亢宾。

这句话根本解决不了问题。因此，主动发布新闻，尊重新闻规律，帮助两岸记者顺利采访，让两岸人民客观公正真实地获得信息和资讯，才是两岸新闻交流应该努力做的事情。

四

两岸新闻交流热络地开展，台湾记者来大陆采访顺畅，但初期的交流却是单向的，大陆记者不能赴台湾采访，或者说仍存有各种障碍。截止到1991 年，大陆已接待台湾记者 2000 余人，而当年只有郭伟峰、范丽青随红十字会代表曲折看望被台湾当局扣押的大陆渔民，并进行采访，他们是以个案处理，尚不是正式以记者身份进行的正式采访。对于这种不正常不合理的单向交流，两岸媒体均呼吁和推动实现双向交流。大陆记协负责人在1991年7月发表谈话，呼吁尽快修改带有政治歧视的不合情理的规定，扫除障碍，尽快实现双向交流。那时我也用笔名发表文章，抨击台湾当局以政治身份作为新闻采访的先决条件的做法，促使尽快修订这种悖常理、逆人心的规定。连台湾媒体也评论这是一种"不文明的做法"。台湾新闻学会楚崧秋到全国记协商谈，两岸新闻学术也已连续在台湾、香港和大陆举办研讨会。在各方的促使下，终于在1992年，我18位大陆记者实现了赴台采访。（后来我又促成中央人民广播电台台播部主管应邀访台）他们在台湾采访了30多个单位，并成功访问了张学良、陈立夫等知名人士。当时我已经调香港新华社工作，在香港接待了他们。在回程的欢迎会上，每一位记者都讲了一件在台湾采访中难忘的事情，两岸双向新闻交流从此开启了新的一页。

五

在早期与台湾记者接触中，大陆记协和各媒体都与台湾记者建立了联系。我也特别注意关心他们。除了一些资深的台湾记者外，大部分是刚从学校毕业的年轻人，他们社会阅历少，工作压力大，气候不习惯，虽然很敬业，但往往采访无门，写无头绪。记得有一次，两岸民航业界在北京研讨，台湾跑交通的记者在门外蹲了几个小时，又饥又渴，出于关心，我让饭店给他们送了点水和馒头，他们十分感谢。还有一次，《联合报》记者感冒发烧，我专门去宾馆看了他。更多的场合是与他们吃饭聊天，介绍大陆的风土人情和有关采访线索，介绍大陆的同行与他们认识，被他们认为有"亲和力"，也愿意吐露他们的心声。多次来往，我与许多台湾记者相识，成了很好的朋友。30年过去了，他们有的离开了新闻界，进入了政界、商界，有的在台湾媒体成了主管和骨干，后来我几次到台湾，也都去看望他们及家人。大陆媒体记者后来在台湾驻点采访中，得到了许多台湾记者的帮助。这些都是早期接触相识中建立的友谊。

两岸新闻交流和其他各项交流一样，走过了一段漫长的道路，就如两岸发展的大势，也是"两岸晴雨三十年，艰辛曲折总向前"。如今，进入新世纪的两岸新闻交流已今非昔比，两岸直通和驻点双向采访已经实现，台办新闻局已建立了定期新闻发布会，记协已成功地组织了若干次大陆中央和地方

与台湾记者合影。

台湾记者在香港采访即将赴台的中国红十字会副秘书长曲折。

《中国时报》总编辑黄肇松采访杨尚昆后在酒店对记录稿。

新闻媒体赴台交流和两岸联合主题采访，网络媒体已迅猛发展，"两会"新闻中心已将记者采访规范化。看到这些，作为早期新闻交流的一个参与者，我由衷地高兴。回顾过去，也引发我对新闻交流的几点思考：一、两岸对新闻的理念有差异，但都要尊重客观存在的新闻规律，那就是新闻本身要客观公正真实，这是衡量是非的标准。新闻姓"新"，不姓"旧"，我们的一些新闻，往往早发人家全文照登，晚发可能就不用了。早发先入为主，晚发炒冷饭。要十分重视新闻的时效性。再如，我们有时重大新闻政策往往放在除夕发布，但港台一些地方假日不出报，反而错过了时效。二、加强对新闻的主动性，在现有新闻发布会的基础上，可主动接受专题采访，及时解答民众关心的问题。三、两岸由于立场和意识形态不同，对同一新闻有不同的解读和评论。我认为大陆应加强时评，培养一支专业的评论队伍，加强新闻的导引和舆论的多层次多角度分析。四、不要见事不见人，要多做交朋友的工作，记协要创造条件，让同行之间接触交流，相识相知，互相帮助，建立友谊。在"两岸一家亲"的理念下，希望两岸媒体多报道两岸在各方面的交流活动新闻，在两岸交集点上下功夫，在共同性上做文章，继续促进两岸和平统一的发展。

　　以上几点不成熟的意见，也借纪念两岸新闻交流 30 年的机会讲出来，供有关方面参考。

一位两岸新闻老兵的人生价值所在

郭伟峰

郭伟峰: 毕业于武汉大学中文系，中国人民大学修读研究生，中国评论通讯社社长兼总编辑，中评智库基金会董事长。曾任中国新闻社副总编辑。1997年赴香港创办《中国评论》月刊。长期从事两岸关系及香港问题研究。1991年作为两岸相隔42年后首次访问台湾的大陆记者，他与新华社记者范丽青共同载入了两岸关系史册。

26年前发生的"闽狮渔事件"缔造了两岸新闻双向交流乃至两岸关系融冰解冻的一个新时代，也彻底改变了我这个新闻人的人生轨迹。

1991年8月12日至24日，时任中国新闻社港台海外部主任的我与新华社主任记者范丽青，因"闽狮渔事件"赴台湾采访。此次采访活动之所以轰动两岸及港澳，并引起国际传媒舆论的高度关注，特别之处在于：台湾海峡两岸分隔42年来，第一次有大陆记者因公赴台湾采访，更是两岸新闻双向交流乃至两岸关系双向交流的起始。作为亲历者，现在回顾当时的盛况，仍觉回肠荡气，心中充满自豪感。

一、两位大陆记者是这样成为历史主角的

"闽狮渔事件"原本只是闽台渔民的海上纠纷，本不是大事情。但是在台方的操作下竟然成了借此凸显"法律主权"的大问题。因此，大陆高层决定派出由中国红十字会副秘书长曲折、政策理论研究室副主任庄仲希、福建省红十字分会副秘书长苏志硕、新华社记者范丽青及我组成的专项小组赴

台湾探视被拘押的福建渔民，了解其详情，还原真相。

此外，如何抓住机遇突破两岸双向交流的瓶颈？也是多年来大陆方面思考的重点。能否利用今次事件，打开两岸双向交流的大门，这是中央高层的期待。

于是乎，大陆记者在两岸相隔 42 年之后的第一次赴台湾采访，就不可避免的被赋予了前所未有的沉重的历史使命！

台湾方面以防守为主，对大陆的要求当然不予以积极配合。台方先是拒绝了福建省红十字分会副秘书长苏志硕赴台湾，后来又采取手段阻隔曲、庄二人入岛，导致他们在香港滞留八日之久。但对于新华社记者范丽青与我，台方则予以放行。这些措施，导致两岸新闻交流的作用与意义成为了全球舆论焦点，我与范丽青两位新闻记者首访台湾的意义被极大程度地放大，甚至演进成了两岸关系中具有历史指标意义的事件。

因为形势变化，我与范丽青的作用就从原本的跟随曲、庄二人活动，及时准确报道相关言行，转变为以我为主，通过记者的言行，争取台湾民心民意，促使台方改变态度，及早同意曲、庄二人赴台，以还原事实，妥善解决"闽狮渔事件"。

对于当时为何大陆高层选择我与范丽青赴台，两岸猜测颇多，事实上是，我们两人长期从事台湾问题与两岸关系报道工作，尤其我们都曾在香港进行过数年采访工作，对港台情况很熟悉。我是客家人，范丽青是闽南人，我们的方言都十分流畅。此外，我们与台湾媒体朋友都有比较多的交往，关系很好。同时，因工作关系，我们与中央台办的联系也很多，时任中台办主任王兆国等相关领导对我们都非常熟悉。我们还是本单位当仁不让的业务骨干。此外，新华社与中新社都是通讯社，能够最全面地为国内国外各类媒体提供内容。诸如此类的原因汇聚在一起，我与范丽青就成为首次赴台记者的必然人选。

我当时任中新社港台部主任，负责全社的对台报道工作。因应两岸交流的形势变化，我很早就确定了中新社对台报道的原则，即"三要三不"。三要：一、要全面认识台湾；二、要有利两岸关系；三、要促进人民感情。三不：一、不抱强烈敌意；二、不希经济动荡；三、不贬生活方式。这个基本原则，在入岛之前已经全中新社全社落实执行，"三要三不"作为学术研究成果，后来收录在1995年1月武汉大学出版的《两岸交流与传播》学术论丛中。

也因此，我在台湾 12 天中的采访言行，是本色的表露，没有什么矫饰。动之以情，才能获得台湾最大的民心民意支持，也是时隔 26 年之后再次回顾首次赴台采访之时，我最大的感慨！

二、用本色赢得台湾民众的认同与支持

8 月 12 日，我们抵达台湾桃园机场，二三百个台湾及港澳、国际记者在走廊通道及出口把我们包围得水泄不通，各种问题铺天盖地而来，为了争夺摄影位置，记者们甚至互相殴斗，有人受伤。瞬间从配角逆转为主角，是我与范丽青都没有完全意料到的突发情况。而此后在台湾 12 天的行程中，每天都有数十位或上百位台湾记者同行包围跟随，我们的一言一行统统被报道、被放大审视。采访者成为被采访者，这个时候，想要如何可以巧妙装饰自己是非常困难的，不靠本色是不可能的。那么。我们的本色又是什么呢？

本色之一：我们也是专业的记者！

因为在行前，台湾媒体记者对大陆记者即将抵达台湾实在太好奇，不断炒作新闻。而台湾官方对大陆记者即将来台也是心有余悸的，不断通过媒体来"训示"我和范丽青，如《中央日报》刊文说，中共媒体一向只报道台湾社会黑暗面，所以难望范、郭对台采取平衡报道。《台湾时报》的大标题赫然是《记者随访探望船员，丑化居心昭然若揭》。更有意思的是，台湾官方公开指责我们的专业素质，专家也说大陆记者没有时间概念，不会写新闻。诸如此类的说法把我们塑造成为不是记者的记者，是新闻界类。在我们抵达台湾之前，台湾的社会舆论是非常混沌的，甚至是十分不利的。

面对台湾舆论乃至民众的不理解，我们没有任何担心，因为我们有决心要用自己的实际行动，来证明大陆记者的良知与公信力。首先，我们及时发稿，数量很多。同时认真采访"闽狮渔事件"新闻，特别重视法律意见，报道非常严谨，基本上无可挑剔。到了台湾两三天之后，台湾舆论已经没有一点质疑我们不是记者的声音了。

与此同时，我抽出很多时间，用近乎散文的笔法，描写和抒发对台湾的所见所闻所感。这些文章是很动感情、发乎真情的，它们的作用很大，打动了台湾千千万万的读者。当时因台方一再阻挠，大陆高层已经在考虑撤回曲折、庄仲希赴台任务。但是中央领导从我的报道中，看到了台湾民众的热情与真情，于是决定再等下去，八天之后，终于成行。

回到北京之后，我根据掌握的材料和实地的观察，撰写了一批介绍台湾风土人情的文章，对于台湾保持中华文化的特色，以及台湾民众对大陆的友好情怀，予以不吝的赞扬，并与范丽青合作撰写《四十年间第一步——大陆记者首次台湾行》一书。据说，台湾各界人士从我们的文章中体会到了大陆记者对台湾的真心实意的情感。这样的情感通过媒体的传播扩散，大陆记者来台湾采访不会敌视与污蔑台湾，台湾应当开放，很快就成了台湾社会的共识。

我们采访归来之后，两岸新闻双向交流的大门立即打开了，1992 年 9 月 3 日，第一批由 18 位大陆记者组成的记者团正式启程参访台湾，这次活动是海峡两岸分隔 43 年后，大陆记者首次正式组团赴台采访。此后，两岸新闻交流的历史大潮滚滚而来，不可阻挡。

本色之二：我们是同声同气的宗亲！

在台湾采访之时，我们与台湾民众的情感互动在 8 月 17 日达到了高潮。这一天，我们专程到全台湾客家人的信仰中心——新竹的义民庙上香，我用客家话为台湾客家人的幸福安康做祈祷。台湾几家电视台在直播。本来，在得知我是客家人之后，台湾的客家乡亲已经非常兴奋，我收到了很多来自客家乡亲的鼓励信函。而在义民庙上香的举动，更是让台湾客家乡亲感动。上香后，我与范丽青都捐了香火钱。义民庙主任委员林光华给我们送上了6000 元台币的两个大红包，也给范丽青送了一个范氏宗亲的大红包，我们全部转捐给义民庙了。

这样的情感举动没有任何预案，完全是发乎本心，但是效果却震动全台湾。台湾民众万万想不到，两位大陆记者如此虔诚地在义民庙上香。不要多说什么，一柱香火，就能把台湾民众心中的所有疑惑烧光！这就如王安石诗句中描述的那样："浓绿万枝红一点，动人春色不须多。"在宗教信仰、民间信仰如此发达的台湾岛，有什么比到庙里上炷香更能表明情感呢？

加上我不时在讲客家话、范丽青讲闽南话，更使得台湾民众真切感受到，大陆记者与他们没有什么不同，大家都是同声同气的宗亲！结果，形势大逆转，我们成了走到任何地方都受民众欢迎的人物，求握手、求签名的人很多，大批的礼品寄往、送往我们下榻的酒店。乃至台湾《中华时报》用这样的大标题来呼吁："对范郭勿需明星化过度反应！"

台湾著名作家柏杨当时接受采访说：范丽青、郭伟峰日来访台的表现很有分寸，"毕竟他们是大陆方面从千军万马中挑选出来的将军"。著名诗人余光中也明确表态支持两岸新闻交流。中国时报系董事长余纪忠在会见我与范丽青时高度评价此行，他指出，今后两岸要在善意的基础上，开启两岸交流的门户。一时间，台湾各界都发出了强大的支持大陆记者赴台采访的声音，这是两岸相隔42年来，台湾岛内发出的最为强大的要求对大陆开放、要求两岸双向交流的声音。

本色之三：我们是传播善意的种子！

我深知，40年间的第一步，虽然是一小步，但是这一步一定要稳稳地走出去，因为在我们身后，是滚滚而来的两岸大交流时代。不能因为我们的个人步伐而延误阻碍了时代的进程！所以，我们这一次赴台采访，不单纯是一次新闻事件的采访，更不是个人出风头的时刻。我们是代表整个大陆记者的精神风貌，要让台湾民众产生好感，支持两岸新闻双向交流。所以，在坚持原则的基础上，力求客观包容，以获得台湾民众的认同，是我们在12天里努力目标。现在回顾，我觉得做到了，无愧历史潮流！

记得当时我们在台湾采访的时候正遇到华东水灾，台湾民众非常踊跃地向大陆灾区捐赠。这个时候，台湾舆论在炒作捐赠大陆的大米是发霉的新闻。结果我们也被带到了台中码头采访大米事件，了解之后才知道，统共只有七包大米是发霉的，然而捐送大陆的大米有二十几万包。于是我当即向台湾媒体指出，你们这样的报道不负责任，这不是真相，会伤害两岸人民的感情。这个表态被报道之后，受到了台湾各界的好评。

关于大米事件，还有一件事情必须在这里做一个公开的记录，这是过去我从来没有讲过的。当时，台湾媒体记者还问过我一个问题：北京某大报"社论说台湾赈济华东灾区是因为台湾人民心向共产党，你是这样看的吗?"我回答说：某大报"怎样讲我没有看到，不知道，但是我认为，台湾同胞积极赈济华东灾区是出自血浓于水的同胞之情"。结果，我从台湾回到北京，才知道该大报当时的负责人早已经把我告到了中央核心领导那里，说我公然与党报对着干。我非常惊愕，但没有任何畏惧，立即着手写申辩书。

在此，我永远感激新华社社长穆青和中国新闻社社长诸有钧，穆青为此写报告驳斥那位大报负责人的指控，诸有钧旗帜鲜明地表态支持我，结果，我没有受到任何政治负面影响。两岸新闻双向交流起始之难，不仅仅是难在台湾方面，大陆方面的极"左"思潮以及对台湾的僵硬认知也是重大的障碍。作为破冰者，需要敢于跨越。对此，我理解，没有任何怨言，只觉得责任更加重，今后更需努力做好两岸新闻交流合作的工作。后来，我在全国各地进行了数十次的演讲，全力介绍台湾见闻以及和平统一的方针策略。

我们的第一步，外人看到了风光，又何尝知道其艰险并存啊！

三、我是两岸新闻交流合作的在岗老兵

无论如何，只要以和平统一为大政方针，两岸关系的基础就必须是以民心为基础。以心比心，对台湾民众要有真情实意，要对之以善，这是我的初心，也是我的本色。此后26年，我在两岸新闻交流合作的道路上越走越远，但是无时无刻不提醒自己：勿忘初心，保持本色！

我当年赴台采访之时为34岁，已经内定为中国新闻社的副总编辑，主管港澳台新闻采编的业务，所以，我把这一次的采访当作是中新社在今后全面入岛的第一步。事实上也做到了。我参与策划了1992年9月的18位大陆记者首次赴台的活动。1992年12月，我率领周景洛、陆珺珺组成的中新社采访组抵达台湾，在台北、台中、高雄进行了20多天的采访，甚至抵达澎湖岛，这是有史以来第一个大陆记者组在台湾的专项采访。1994年8月，我与范丽青、周建闽赴台湾采访了国民党"十四全"，这是两岸分隔之后，第一次由大陆记者采访国民党高层政治活动。1995年，我任团长的大陆经贸代表团访问台湾，这是两岸历史上第一次在台北举办的大型经贸研讨会。"忽如一夜春风来，千树万树梨花开。"两岸交流的形势越来越好，让我激动、让我义无反顾投身其中，以促进两岸关系发展为一辈子的志愿。

实话实说，经过第一次访台的磨合，台湾各界对我都予以了高度认同和大力支持，这为我终生从事两岸新闻交流合作奠定了坚实的基础。

为了更好地从事两岸新闻交流工作，1997年年底，我辞去北京的公职，在海协会会长汪道涵的指导下，到香港创办沟通两岸智库的《中国评论》月刊，并且着手两岸关系的理论创新，20年过去，中国评论已经发展成为集通讯社、新闻网、智库、出版社、杂志、大数据分析为一体的两岸之间最大的资讯沟通渠道。其政治影响力，穿透两岸红蓝绿政党。中国评论通讯社已经成为两岸共同媒体，既可以采访习近平的外事活动，也可以随台湾地区历任领导人上专机外访，这是一个两岸媒体的奇迹。现在有30位台湾媒体同仁与大陆、香港的同事在一个采编平台上工作、亲如兄弟姐妹。当年在台湾负责接待我与范丽青的中国时报副总编辑俞雨霖，成为台湾中评社社长已经达十年之久了。遥忆26年前，两岸新闻交流尚处在破冰瞬间，26年之

后，两岸媒体人已经如手足一般在共同奋斗，不禁感慨不已。

回顾26年来所留下的两岸新闻交流足迹，从最初的单纯的打破人为障碍推开两岸关系双向交流大门的行动，到后来的努力促进与构建和平发展理论体系，率先提出两岸关系和解期，推动和平论与统合论的系统化。今天，又为习近平对台思想中最重要的顶层设计——融合发展鼓与呼。扪心自问，我没有忘记26年前立下的初心，没有丢弃当年的本色。这是最值得自己自豪与骄傲的人生亮点！《华严经》中有一句话："不忘初心，方得始终。"我以此为座右铭！

26年过去，今天，我还是两岸新闻交流合作的一位在岗老兵，每天晚上都要值班，没有任何节假日，一天也没有！每天晚上我都要亲自编辑处理台湾新闻与两岸关系的新闻。当前，台湾问题依然严峻，两岸关系面临新的巨变，老兵没有退出新闻舆论阵地的权利。我知道，促进两岸关系和平与融合发展，为中华民族伟大复兴奠定基础，不仅仅是我的信念，更是我作为一位两岸新闻老兵的人生价值所在。

记得时任国家主席、对台领导小组组长的杨尚昆评价我们的台湾破冰之行时是这样讲的："这两个娃不错喔！"今天，我这个"娃"已经满头白发，但是祈愿两岸融合、民族复兴的纯真心态，一如当年！

首批大陆记者赴台采访交涉始末

杨　毅

历史会记住这一刻：1992 年 9 月 5 日 12 时 10 分。台湾"中华航空公司" CI602 航班徐徐降落在台北桃园国际机场。18 位大陆记者的身影出现在机舱舷梯口。在闪烁明灭的镁光灯影里和人声鼎沸的欢呼声中，两岸新闻双向交流轰轰烈烈地翻开了新的一页。

这是一次不寻常的采访，一次难忘的宝岛之行。虽然正式的采访只有短短的七天，但为安排这次采访却花了整整九个月的时间。

2000：2，在悬殊的比例数字背后

有人说，新闻是沟通人类心灵的桥梁。对海峡两岸的中国人来说，在隔绝了 40 年后，更迫切需要新闻媒介来沟通彼此的感情和思想。

大陆方面一向主张，两岸新闻应当尽早实现双向交流和记者互访，以增加了解和沟通，增进互信。但是，由于台湾当局人为设置了一些政治敌视性、歧视性措施，致使大陆记者迟迟不能正常入岛采访。因此形成台湾记者能来，而大陆记者不能去的非正常局面。两岸新闻交流长期处在单向状态。

1987 年 9 月，在台湾当局开放民众赴大陆采访之前，台湾《自立晚报》记者李永得、徐璐冲破阻挠，转道日本东京来大陆采访，解开了两岸新闻交流的序幕。自那时起到现在，据中国记协的不完全统计，台湾记者来大陆采访的累计已超过 2000 人次。台湾记者的足迹遍布大江南北，采访项目从政治、经济、社会到体育、科技、文化、医药、风土人情，可谓无所不包。然而，与此形成鲜明对照的是，到 1991 年 8 月为止，大陆记者却没有一个能够入岛采访。同年 8 月 12 日，由于发生了"7·21 闽狮渔事件"，经与台湾

当局交涉，新华社记者范丽青、中新社记者郭伟峰以个案方式随中国红十字会总会人员入岛采访，迈出了两岸新闻界互访的第一步。

但是，范丽青、郭伟峰入台采访仅是个案，此行并不意味着两岸新闻双向交流的实现。为推动大陆记者赴台采访，1991年6月23日和7月21日，中国记协负责人两次向中新社记者发表谈话，抨击台湾当局在大陆记者赴台采访方面人为设置政治敌视性、歧视性措施和种种不合理规定，呼吁两岸新闻界尽早实现双向交流和记者互访。这位负责人表示，只要台湾当局诚心实意、口惠实至，取消不合理规定，大陆记者随时准备赴台采访。中国记协的谈话引起了岛内外舆论的广泛共鸣，给台湾当局形成了很大压力。在这种情况下，台湾当局被迫逐渐修正不合理规定，先后决定：取消大陆人士入台填写脱离共产党宣告书、取消担保人规定、大陆记者入台不必填写党籍并逐渐简化了一些繁琐手续。但是，由于拟议中的"两岸关系条例"尚未经"立法院"通过，台"刑法"第一百条仍规定：共产党员"涉嫌预备内乱罪"，一旦有人检举、告发，台"司法机关"将"依法"受理。这一政治敌视性规定依然严重阻碍了两岸新闻双向交流的实现。

海基会来函

大陆记者不能正常入岛采访，也引起了台湾新闻界和社会舆论的强烈不满，给当局造成了极大压力。面对困境，台湾当局不得不寻求因应之道。

1991年11月23日，李登辉在"国统会"会议上讲话，表示按照"国统纲领"的要求，"两岸交流以文教为先"。台湾海峡交流基金会在11月底提出"邀请大陆地区新闻从业人员访台"计划，拟邀请大陆25名包括通讯社、广播、电视、报纸及记协的人员访台。名单则由大陆方面推荐，但希望以资深记者为优先。时间定在1992年1月20日左右，为期一周。计划安排大陆记者在台参访文化、经济和农业建设，并与台湾新闻界举行座谈。

海基会此计划经该会董事长、国民党中常委辜振甫核准后，报"行政院大陆委员会"审批。未料"陆委会"对此计划"颇有意见"。他们认为此一计划由海基会提出"似乎不太适宜"，希望海基会在大陆相应民间机构成立及"两岸关系条例"通过之后至少半年再作考虑。"陆委会"文教处长龚鹏程表示，海基会此计划"抵触现行法令规定"，按现阶段办法，"大陆媒体来台采访的申请方式，应由台传播媒体出面，或向我驻外单位代为申请，否则无法受理。"台湾新闻主管部门负责人胡志强也表示，按现阶段"大陆新闻从业人员来台采访申请作业要点"，此计划"海基会似不宜出面申请"。

在此情况下，海基会与"陆委会"紧急沟通，一方面表示海基会不坚持要出面申请，同时解释在"邀请大陆记者来台采访的企划案中，是表明由海基会主办，如果将来原则及可行性确定后，一定会找'国内'传播媒体出面协办"。由于海基会表示要以台湾新闻单位名义出面申请，加之12月16日，大陆民间机构"海峡两岸关系协会"也正式成立，台"陆委会"同意了海基会的计划。2017年1月6日，台海基会副董事长兼秘书长陈长文正式致函海峡两岸关系协会常务副会长唐树备，邀请《人民日报》等11家新闻单位的资深记者及中国记协人员约15人于3月上旬去台作为期一周的"参访"，并表示"机票及当地食宿、交通概由海基会负担"。

"比曲折之行还要曲折"

从海基会1月6日来函，到9月3日记者团成行，其间海协会与海基会双方往来函电多达20余封，并于3月26日在北京举行了一次非正式商谈，整个交涉过程长达八个月之久。台湾新闻界形象地称之为"比曲折之行还要曲折"。

双方交涉主要围绕四个问题进行：

共产党员问题　1月14日，海协会常务副会长唐树备回函台海基会副董事长兼秘书长陈长文，一方面肯定海基会此举为"有意义之举"，表示海协会"自当玉成其事"；同时，将阻碍两岸新闻双向交流的最大障碍——共产党员问题公开提出来。"考虑到记者中有中共党员，我们认为他们在抵离台湾和在台期间，决不应因他们的政治身份而受到干扰和歧视。对此，希望得到台湾有关当局明确具体的说明"。此函在电传海基会后，中新社作了报道。

唐树备致陈长文函在岛内产生强烈反响，引起一连串的反应，台"刑法"一百条有关共产党员身份问题规定的不合理性、荒谬性马上凸现出来。海基会和"陆委会"在接到函件的当天（14日）即发表谈话，表示"有关共（产）党身份的问题，不应成为这次交流活动的阻碍因素"，"核准大陆人士来台的关键，并非以其是否是共产党员为考量"。15日，海基会副秘书长兼发言人陈荣杰说，关于共产党员可能被检举以"预备内乱罪"起诉问题"是法律问题",不管是民间的海基会或官方的"陆委会",都无法做出具体保证。为避免遭人举发等不必要困扰,希望大陆方面尽量派不具共产党员身份的记者来台访问。"陆委会"则表示,大陆记者中的中共党员入台后,"若遭检举、告发,法院还是会受理,但可能以不起诉结案"。两面的话都讲到了,却难以自圆其说。

1月25日,经过审慎研究,台湾方面海基会致函海协会。除重提共产党员问题"系一法律问题",无论是海基会、"陆委会"或台"司法机关"均无法做出具体明确说明外,正式希望海协会"避免推荐身份可能引起法律争议之人选"。换句话说,就是不要派中共党员记者来。

为了突破僵局,2月26日,海协会再次致函海基会,邀请该会"派人来京面商,就相关事项充分交换意见"。虽然措辞相当隐晦,但海基会对此问题既未能恢复,也未敢对外公布。

一个月以后,3月26日,利用海基会来京与海协会举行工作会谈的机会,海协会、国台办新闻局有关人士与海基会法律服务处处长许惠祐就大陆记者赴台采访一事进行了半天的非正式商谈。商谈的主要问题仍是记者中的中共党员问题。海基会的态度有所改进,不再提要求我方不派中共党员记者去台,表示要"善尽主人的义务,不会给自己为难",并反复举例隐晦说明记者入台后不会发生被起诉、中途强制离台等情况。但仍强调这是法律问题,拒绝做出承诺。至此,有关共产党员的问题的交涉告一段落,暂时搁置起来。

7月16日,台"立法院"三读通过了"两岸关系条例",对"刑法"第一百条的规定作了重大修改,赴台记者中的中共党员身份问题获得最后解决。

受邀新闻单位名单的确定问题　在3月26日的非正式商谈中,海协会将我方经充分协调,稍作调整后的受邀新闻单位名单及记者个人资料交给许惠祐,请海基会考虑决定。这份名单共有新闻单位13家,记者14名,比海基会1月6日所提名单单位增加一家,记者减少一名。4月10日,海基会来函提出希望将《光明日报》等四家新闻单位列入邀访名单,海协会于4月15日回函表示同意。这样,应"海基会"邀请赴台采访的大陆新闻单位增至17家,共18名记者,分别是:《人民日报》翟象乾、新华社端木来娣、中央人民广播电台王求、中央电视台张长明和景春寒、中新社周建闽、《瞭望》周刊杨远虎、《经济日报》赵兹、《光明日报》翟惠生、《工人日报》董玉琴、《中国青年报》吴苾雯、《半月谈》杂志林双全、海峡之声电台刘武、《现代中国》杂志魏秀堂、《台声》杂志汪舟、《团结报》卜林龙、《福建日报》庄战成和中国记协柏亢宾。

采访证问题　在赴台采访记者名单基本确定之后，原先并没有引起人们注意的"采访证"问题突然浮上桌面。

台湾记者来大陆采访，均持用中国记协核发的采访证。该证只加盖中国记协的公章，除此之外，并没有任何政治性的字眼。3月28日，台《中央日报》刊登台"行政院新闻局"制作的、准备发给赴台采访的大陆记者佩戴的采访证——"大陆地区传播媒体参观访问证"证样。该证两处印有"中华民国"的字样。台湾当局在本来极为平常的记者证上大做政治手脚，给大陆记者赴台采访再增变数。

4月15日，中国记协书记处书记王哲人在接受台湾《联合报》记者采访时表示：台湾当局制发的大陆记者在台采访证两次出现"中华民国"字样，大陆新闻界不能接受此一证件。对王哲人的谈话，台湾新闻界大多持赞成的态度，认为当局此举实在是"太小气"，完全没有必要。但台湾当局却态度强硬，"新闻局长"胡志强表示，"新闻局不会更改采访证上的'中华民国'字样，除非大陆记者来台纯粹参观，只当客人，不进行采访，就可以不要持采访证，否则如果要采访，就必须持用该证。"一时岛内舆论鹊起，纷纷推测"大陆记者能否来台难以预料"。

针对胡志强的谈话，海协会于6月2日致函台海基会，明确指出"'大陆地区传播媒体参观访问证'两度出现所谓'中华民国'字样，大陆记者均表示此证他们不能接受"，请海基会转告台湾有关方面，希望能对该证做出修改，以便大陆记者早日成行。面对来自大陆和台湾岛内的压力，台湾当局不得不做出一些让步。6月11日，胡志强称："记者证是为了让大陆记者来台现场采访的方便，并不强迫领取或挂用"。根据台湾《联合报》的这一报道，海协会6月23日致函台海基会，告知"现经与相关新闻单位协商，大陆记者赴台采访，将不领取或挂用'大陆地区传播媒体参观访问证'"。实际上等于"采访证"作废，形同虚设。

7月13日，台海基会回函传来"大陆地区人民来台旅行证申请书"和"委托书"让记者填写，对海协会提出的不领、不挂采访证未持异议。据台湾报纸报道，海基会此一立场是经"新闻局"研究后决定的。同时，台"新闻局"表示胡志强的态度不变。这样，经过近三个月的交涉，采访证问题得到一个双方都可以接受的解决。

采访日程安排问题　3 月 26 日非正式商谈中，海协会代表即向海基会转达了受邀新闻单位的建议，希望在一周的访问时间内，能给记者留出一至两天的自由采访时间，以便使记者有机会接触到台湾各阶层人士。另外，大陆记者在台期间是否拜会台湾官方机构和官员，应尊重记者的意见。

8 月 20 日，海基会传来"大陆记者来台参访行程表"（草案），只安排 9 月 9 日下午半天自由采访时间，另外安排 9 月 10 日上午"参访国民党、参访民进党"，并在来函中提出想"将大陆委员会亦列入参访对象"，征求大陆方面意见。

根据记者团讨论的意见，海协会在 8 月 22 日回函海基会，对行程表做了一些小的调整，建议挤出一天半的时间自由采访，不再"参访国民党和民进党"，对海基会提出的想安排记者"参访陆委会"，也认为"不便叨扰"，婉言谢辞。

8 月 26 日，海基会再次来函，传来经修订后的行程表。该行程表基本采纳了海协会 22 日函的意见，将自由采访时间安排为两个半天，提出在不拜会"陆委会"的情形下，"可否改为拜会新闻局"。

28 日，海协会最后复函台海基会，表示基本认可修订后的行程安排，对其中"拜会'新闻局'"再次以"不便打扰"为由婉谢。并随函传去记者团自由采访项目，请海基会"费心尽量安排"。

至此，围绕海基会邀请大陆记者赴台采访的整个安排、交涉全部结束。按照海基会建议的时间，9 月 3 日上午，"大陆记者赴台采访团"一行 18 人在团长翟象乾的带领下，离开北京踏上了前往台湾采访的路程。

结　语

"首批大陆记者赴台采访团"于 9 月 5 日中午抵达台北，在经过七天的紧张采访后，于 12 日上午离开台北转道香港顺利返回北京。在台期间，记者团所到之处，受到台湾新闻界和各界人士的热烈欢迎，大陆记者在台采访成为这一时期台湾报纸、电视、广播争相报道的热点。连 92 岁高龄的张学良将军，也不顾年迈体弱，亲自接受大陆记者的采访，执手送至屋外。此情此景，实在令人感动，发人深思。

两岸新闻双向交流的大门已经打开。我们有理由相信，已经打开的大门永远也不会再关闭。

　　海峡两岸的中国人都有理由相信。

（原刊《台湾工作通讯》1992 年第一期）

30 年一觉飘花梦

韩剑华

韩剑华：《联合报》大陆新闻中心记者、主任、《联合报》编辑部编务委员、美国《世界日报》撰述委员。

30 年，能让呱呱坠地的新生儿，成为英姿焕发的壮年，也能让青春年少迈入垂暮之年。30 年一觉飘花梦，当年踏入职场进入台湾新闻界，一头栽进大陆新闻领域，坚守岗位，始终如一。

时光荏苒，回想第一次踏上大陆，不过 30 出头，走南闯北，历历在目，记忆犹新；如今已过耳顺之年，抚今追昔，感慨万千。

20 世纪 80 年代初，进入台湾联合报编辑部大陆研究室，由报社处理大陆新闻的单位名称变化，即可看出台湾媒体因应两岸变化而与时俱进地做出调整。笔者初进报社的单位是大陆研究室，当时台湾处于戒严时期，《联合报》是少数能够进口大陆报纸期刊的媒体，需要定期接受有关单位检查这些限阅数据保管情形，因此大陆研究室在编辑部辟有专室，门上还挂着"特种数据"牌子，以符合有关单位的管理规范，一般同事看到牌子大多却步，相熟同事戏称我们为"特区""匪区"。大陆研究室时期的记者，就从这些大陆报刊中寻找题材撰写稿件，那时谈不上采访新闻。

台湾开放报禁及开放大陆探亲政策之后，《联合报》出版张数由三大张增至六大张，大陆研究室改名"大陆新闻室"，并新辟大陆新闻版，成为提供大陆新闻专版的第一家台湾媒体，彩色版面，曾是《联合报》读者高阅读率版面。随着大陆新闻逐渐吃重，单位更名为"大陆新闻中心"，后为配合推行联合报系资源整合，再次更名为"联合报系大陆新闻中心"，为全报系提供大陆新闻稿件。

记者的生命在采访在线，1987 年 7 月台湾宣布解严，11 月开放大陆探亲，笔者随即赶搭上报社第一波赴大陆采访的机会，当时是以探亲为由，向台湾红十字会提出申请赴南京探亲，从而展开第一次到大陆"采访"，走遍北京、天津、上海、南京、成都、重庆，期间当然也探视了家父在南京的亲人，以符合申请理由。

《联合报》在 20 世纪 90 年代初期固定安排记者在北京蹲点，当时都是向记协提出申请并委请安排采访；到了地方，则由地方记协安排，记得头一回见面时，采访对象多以协会身份出面受访，强调民间身份、隐去党政官职，后来孰识之后话说开了，双方相视一笑，"这你懂的"，其他勿需多言。

回顾大陆采访初体验，在上海、天津关注开发区建设，在北京采访了福利工厂、西藏中学，在重庆、成都则以环保为主题。盱衡当时采访的经济发展、社会福利、民族团结、生态环保等等，30 年之后，依然是大陆新闻中的主要议题。

1988 年初到上海，由于行前已知浦东是上海开发重点，提出希望跨江到浦东看看时，上海记协接待的范大姐面有难色，直说没什么好看的；禁不住再三要求总算陪同搭车过江到了浦东。下了车，环顾四周，鲜见人车，眺望远方，更是荒芜一片，难怪当时流传着："宁要浦西一张床，不要浦东一套房。"这是 1988 年的浦东写照。

随后曾经数次再访上海，陆家嘴等开发区小有规模，市区高架、地下交通建设如火如荼全面铺展开来，上海成了大工地，马路上堵车相当严重，偌大城区有如大型停车场。记得有回要赶赴某拜会场合，走路不过十分钟，眼见目的地近在咫尺，结果车子塞在车阵中动弹不得，硬是塞了半个小时，见识到上海开发初期的阵痛期。随着时转势易，上海"一年一小变，三年大变样"，当下的上海早已赶超昔日十里洋场荣景。

1988 年首访北京，二环建成，三环还在兴建中，二环地面下就是当时大陆两条地铁中的 2 号线地铁，一张地铁票五毛钱；紧接着，四环、五环、六环陆续动工、完工，地铁也由一条增至十多条。快速变迁的北京城，胡同逐渐消失，传统京味少了，高楼相继耸立，现代时尚多了。

回想 20 世纪 90 年代在北京蹲点期间，文字记者都是手写稿，每回出差时，厚厚一叠稿纸、剪刀、糨糊都是必备家当，写好文字稿还要到投宿旅馆的商务中心传回台北报社，后来添置了传真机，就在旅馆房间内传稿，省时省钱省力，一举三得。联合报编务进入计算机化，挥别稿纸，笔电随身，发稿时接下电话线用 modem 传稿；计算机字体端正工整，相较龙飞凤舞的手写稿，让后勤整理端大感轻松。

现在是网络时代，新闻取得方便多多，想当年出差期间，掌握台湾新闻动态，靠的是一台 SONY 短波收音机，收听台湾"中广新闻"，作为安排采访参考。当笔者离开采访一线，这台所费不赀的高档收音机已无用武之地；到了网络无国界、信息爆炸时代，伴随驻京采访多年的高档收音机，亦沦为古董级摆饰。

至于要把新闻照片传回台北，又是一番车舟劳顿。当时还是用传统相机、胶片拍照时代，要把照片传回台北总社，必须拿着拍好的底片，赶往新华社委请摄影同业帮忙冲片、电传，感谢新华社摄影同业大力协助，总能让我们在台北截稿前顺利完成任务。

如今拜科技突飞猛进之赐，一切都数字化了，数字相机、笔记计算机、智能手机成了记者标准配备，只要有网络，只身一人就能全部搞定文字、照片、影音传稿任务，现在记者都成了全方位复合型记者，很有成就感，当然也更为辛苦。

两岸新闻是出差大陆采访期间的重中之重，有几个"第一次"值得一书。一是海基会秘书长陈长文首访大陆。1991 年 3 月，海基会成立，4 月下旬首任秘书长陈长文率领海基会主管正式登陆，当时海协会还没有成立（同年 12 月才成立），陈长文相继拜会了国台办、文化部、红十字会等涉台单位，当时陈长文与时任国台办副主任唐树备会面之后，唐在记者会上宣读了包括一个中国的"五原则"，让海基会首访之行增添了政治味。稍后陈长文接受台媒访问时，轻描淡写地表示听到唐念了一些声明，但没有细听；事过多年，陈长文还原当时现场：当大陆提到"五原则"时，他响应指出："台湾是中国的一部分，就像大陆是中国的一部分一样。台湾和大陆加在一起，才是一个中国。"

陈长文首访期间，临场机智反应，避开了媒体聚焦两方分歧点，从而让两岸相互定位有了良性趋近机会。

自 1991 年开始，全国台研会、社科院台研所、全国台联开始举办两岸关系研讨会，持续二十多年，这是大陆历史最久、规模最大的两岸研讨会，笔者曾采访过前面四届，也以与会者身份于 2000、2004 年出席两次。经由会上与大陆官员学者交流，有助于了解掌握北京中央对台思路。尤其 2000

1991 年 4 月，陈长文率海基会主管首访大陆期间，拜会大陆红十字会名誉会长陈敏章。陈长文也是台湾红十字会秘书长，这是两岸红十字会领导首次握手。

1991 年 4 月，陈长文率海基会主管首访大陆，中央电视台进行现场直播。

年台湾首度政党轮替，笔者在会上感受到北京对两岸前景的忧心，乐美真说，两岸关系正处于历史性的关键时刻，面对当前的台海关系，两岸官方更应审势深思、稳妥因应，他透露江泽民主席谈到两岸时，曾引用悬于四川武侯祠的一副对联："能攻心则反侧自消，自古知兵非好战；不审势则宽严皆误，后来治蜀要深思。" 谈到两岸新局，知名学者辛旗形容是："有如灰尘

1998 年 4 月，由《人民日报》副总编辑谢宏为团长的"大陆中央媒体负责人访问团"一行人赴台湾访问。这是两岸新闻交流至 1998 年以来，大陆赴台层级最高、人数最多的新闻访问团。

掉到豆腐上，吹不掉，更拍不得！"很贴切也很形象。

多年前陪同报社领导拜会过汪道涵会长、钱其琛副总理，听闻二人对两岸提出诸多看法，盱衡两岸互动，有的已经落实，有的得而复失，有的依然难解。

1998 年拜会汪老时，汪老提及两岸间"一个中国"要有共识，至于文字如何表述，可以再谈；两岸共议"一个中国"，大家商量如何缔造"一个中国"。至于"国际空间"，台湾回到一中原则，"国际空间问题"可以商量。

1998 年 7 月，《联合报》总编辑项国宁（左二）、《联合报》大陆新闻中心主任韩剑华（左一）拜会海协会会长汪道涵。

2002 年随同报系访问团拜会钱其琛副总理，针对两岸通航定位一事，钱其琛一锤定音：就叫两岸航线，从而摆脱国内或国际航线纠葛；谈到新闻交流，明确支持双方记者常驻，固定下来可以多熟悉、方便些。当时台湾执政党是民进党，海基海协两会协商中断，钱其琛说，要恢复会谈，就要承认"一个中国"、承认"九二共识"。当年的两岸政局僵局，今日无奈历史重演。

20 世纪 90 年代中期，因工作调整转往内勤，有机会更多地参与了两岸新闻交流工作，促成报系文化基金会与中国记协以及大陆媒体积极推动交流参访活动，1998 年邀请"大陆媒体负责人访问团"，这是当时两岸新闻交流以来大陆来台层级最高、人数最多的访问团。此外，还邀请了多位大陆各领域优秀学者来台调研一个月，这项计划持续好多年，也算是为两岸交流略尽绵薄之力。

如今两岸"三通"、媒体常驻相继落实，惟敏感政治歧异依然难解。"两岸关系不怕慢，只怕断！"这是曾任海基会秘书长焦仁和多年前所说的一段话，重温旧语，百味杂陈。

"李杜诗篇万口传，至今已觉不新鲜。江山代有才人出，各领风骚数百年。"回首过去 30 年的两岸互动，历经了"对话—中断—复谈—中断"阶段；当今又因缺少共识，两岸官方沟通机制、两会协商管道再次中断，所幸两岸新闻交流并未受到波及，从而维系住两岸民间交流交往，期盼两岸新闻人一代交棒一代，搭建夯实沟通之桥，进而让两岸互动尽早恢复正常。

大时代的巨变：回忆 1990 年中国国民党记者组团首度访问大陆

李建荣

李建荣：曾任正声广播公司播音员、记者，《中时晚报》记者、《中国时报》记者，"中国广播公司"总经理特别助理、节目部经理、副总经理、董事兼代总经理，中国国民党中央文化传播委员会主委，圆山大饭店董事长，现为台湾广播事业协会荣誉理事长、"中国新闻协会"监事。

1990 年的 10 月底，采访中国国民党的要闻记者应大陆中华全国新闻工作者协会（简称中国记协）之邀请，前往北京、上海、南京、杭州四个城市进行新闻交流与参访，这是记协首度接待台湾新闻记者正式组团的参访活动，因此行前备受两岸当局的关注。当时我服务于中时晚报政治组，一路采访蒋经国于晚年所推动的各项政治改革，其中尤以解除戒严、开放大陆探亲，对隔绝敌对的两岸关系影响最为深远。在第一线上的采访工作，对于政策的转变，我深知这是一个大变动时代的开始，改革的火车往前推动，影响的绝不仅是两岸人民而已，还包括国际地缘政治的连动。

1987 年蒋经国主政的末年在宣布解除戒严后，国民党中央规划已久的开放大陆探亲政策，在当年八月陆续释出风向球，征求各界的意见，各方反应正面积极，有的甚至认为是解除防御性的大陆政策，代表国民党不接触、不谈判、不妥协的"三不"政策开始松动。当年 10 月 15 日，"内政部部长"吴伯雄代表台北方面宣布，将于 11 月 2 日委托红十字会，受理启动老兵返乡探亲。台北方面，基于人道理由，宣布开放大陆老兵返乡探亲，这一历史性的决定，是真正两岸隔绝敌对 38 年后走入接触融冰的开始。因为探亲也带来新闻采访的需求，因此海峡两岸的新闻界也开始陆续部署到对岸采访新闻的作业规划；至 2017 年秋季，两岸的新闻交流已正式届满 30 个年头。

1987 年 11 月 1 日国家通讯社新华社报道中国记协负责人发表谈话，中国记协受国务院办公厅委托，将负责办理台湾记者来大陆采访事宜。这位负责人说，中国记协是全国新闻工作者自愿组织的民间团体，同新闻界以及社会各界保持着广泛的联系。我们已做好准备，欢迎台湾记者来大陆进行采访。今后关于台湾新闻机构派记者来大陆采访事宜，将由中国记协受理。这篇报道也详列凡台湾新闻机构派记者来大陆采访，须向中国记协提出申请，并提供本机构委派的委派书或证明文件、记者本人简历、该新闻机构情况和采访要求，经同意后发给采访证。持有采访证的台湾记者可在大陆进行采访活动，并受中华人民共和国法律保护。这位负责人说，台湾记者须遵守中华人民共和国法律、法令及其他有关规定。台湾记者采访大陆的党政军机关、企事业单位、团体、学校和个人，须事先征得被采访机构和个人的同意。

此一新闻见报的第二天，11 月 2 日，台湾开放老兵返乡探亲，正式启动。稍早，在解除戒严后，台湾的媒体就已经摩拳擦掌，准备派遣记者赴大陆进行历史性的采访。当年的 9 月，台湾《自立晚报》为抢访问大陆的独家，派出李永得与徐璐取得先机，从东京转机进入大陆，但是以违反台湾现行法令为代价。值得一提的是，当时《自立晚报》的头条写《本报特派记者李永得徐璐—自日本进入我国大陆采访》，隔日头条标题《本报记者到"我国大陆"采访举世注目　日本港九新闻媒体纷纷作显著报导》、9 月 14 日《自立晚报》头条标题为《李永得徐璐前往大陆采访　今天晚上七时可抵达北平》，称"北平"不称"北京"，称到"我国大陆"，这都是《自立晚报》高层在抢独家同时的自保做法。毕竟蒋经国主政时坚持的是一个中国"宪法"。回想 30 年前，也因为此一挑战动作，台湾的"新闻局"也加快了台湾方面开放记者赴大陆采访。还有值得一提的是，当时《中国时报》董事长余纪忠为破解《自立晚报》的抢独家，在李永得、徐璐在东京等待签证入境大陆时，已派该报香港特派员姜素惠进入大陆采访报道，可见当时台湾报业竞争之激烈。当时《自立晚报》引述《香港快报》报道，标题为《江素惠飞大陆停留两天　余纪忠称仅系民间接触》，内文称《中国时报》香港办事处主任江素惠昨天已飞往大陆，《快报》刊出《中国时报》董事长余纪忠称仅系民间接触。《快报》报道江素惠将在内地停留两天，江女士的行为，是得到报社"默许"。报道续称，江素惠持有美国护照，曾多次进出中国大陆。在李永得与徐璐返回台湾后不到一周，新华社也报道又一台湾记者《人间杂志》钟俊升违反台湾当局禁令，到大陆采访；这也显示当时台湾的媒体已相继挑战要得许可才可入大陆采访的法律限制。

随着1990年亚银年会在北京开会，在各国协调下，台湾重返亚银，台湾方面首派"财政部部长"郭婉容与会，这也是历史性的突破。1990年亚运在北京开幕，台湾也有大批体育记者派员采访。当时我们这一批采访国民党、领导人办公场所与行政管理机构的要闻记者都发起感慨，处在这么剧大变动的关键时刻，我们也应该到大陆走走看看，当人民的眼睛。心动不如行动，我们由年纪最长的《自由时报》刘笃高先生具名，以中国国民党记者联谊会为名，向中国记协提出参访计划。很快我们就得到回音，记协建议在10月底成行，因为正是北京金秋时分，气候宜人。

行前，我们也蒙内定接"行政院大陆委员会"首任"主委"的施启扬"副院长"与特任"副主委"马英九的接见，希望有机会见到大陆官员时，能代为提出两岸有必要建立中介团体来处理各方面开放接触交流所引申的事务。

1990年的6月，台湾方面在圆山饭店召开"国是会议"，会议结论之一就是认为两岸在官方无法接触前，应该成立中介团体来处理大陆事务。

事实上，蒋经国晚年推动有关大陆政策的改革，相关的立法、修法是很庞大的工程，再决定解除戒严的同时，很多配套措施并未及早完成。因此解除戒严、开放大陆探亲等衍生出来的事务，势必需要一个专责机构来处理。在当时行政管理机构负责人俞国华的指示下，1988年8月18日大陆工作会报正式启动，由"副院长"施启扬担任召集人，研考会为幕僚单位，时任研考会副主委的马英九担任副召集人，"行政院"14个"部会"则推派代表官员每天以半天时间兼任到院处理大陆事务。但这样的临时性编组，显然无法应付大量的工作，因此国民党在十三全大会后在党内成立大陆工作指导小组，成立大陆委员会，另外再成立海基会为中介团体，这就是20世纪90年代执政的国民党的大陆政策决策与执行单位的组织架构。

记者团出发前夕的傍晚，施启扬约见我们全团。他特别提到对成立"陆委会"的用心，包括在忠孝西路崇圣大楼挑选会址，"陆委会"的一桌一椅都是由他亲自挑选。

由于海基会的筹备已经箭在弦上，但是大陆方面是否会接受有相对应的机构，台湾方面并未有谱。因此施启扬与记者团的行前谈话，让我们的北京之行颇有投石问路的意思在里边。

当年 10 月底我们和一般老兵返乡走的是同一条路线，先由桃园中正机场飞香港转机，在转机过程就可充分感受不便，在曲曲折折的铁栏杆间等候过境手续，转机相当费时，几个小时就耗在香港机场。当时台湾的经济条件比大陆好，因此白头老翁的老兵返乡之路，手提的行李大包小包，当时刚满30 岁的我，看到这一幕真是很感伤。陆游的一首诗不是说，"少小离乡老大回，乡音不改鬓毛衰"，这不就是眼前的写照吗？这一幕，带老兵到台湾的蒋介石与蒋经国已经看不见了！但毕竟蒋经国在晚年所作的开放老兵返乡的决策，是迟来的人道政策！多少分离的家庭，回乡探亲扫墓，泪眼婆娑，都足以让外人感伤、感慨、感动！

对于四年级后段班，在金门炮战后出生的我，历经国民党长期的教育，对于中国历史与地理算是有相当的认识。但毕竟第一次抵达大陆，有好奇也有紧张。当时的北京机场并不算进步，不见手推车，行李都要用手亲拉。抵达机场，记协台港澳处处长柏亢宾与农天明等工作人员对我们热情接待，车子离开机场，映入眼帘的是两旁都落叶的杨树，马路不是很宽敞，但路旁已在开始施工要建高速路。柏亢宾说，北京的绿化很重要，因为黄土高原的沙尘暴，当刮起来时，真是受不了，因此机场两旁密集的种树，也是为防风沙。

我们被安排入住的是昆仑饭店，这也是前一年郭婉容参加亚银年会下榻的饭店。出发前，因为信任感不够，所以团员间相互传说当初郭婉容到北京时，国安部门还特别指导如何反监视、反监听。但我们不是政府官员，只不过是记者身份而已，应该没有监视的必要性吧！当时会有这样的念头，也正因为两边长期处于对抗的思维，因此在解冻的过程，难免双方的国安人员有时会把记者视为带有特殊任务的人员，所以在两岸记者采访的初期都常抱怨有被跟监，或是电话遭监听的感觉，这也是难免的，也可以理解。

中国记协在我们抵达的第二天，就在记协所在地西交民巷五十号安排一场两岸新闻工作者的座谈，先说记协的建筑物，她的前身为法国农工银行，是一个小四合院，入口有个古色古香的月亮门。以台湾而论，"中国新闻学会"，或是台北市记者公会就没有一个独门独院的环境可比拟。

因为这是中国记协第一个邀访的台湾记者团，因此记协书记处极为重视，在北京停留期间，特别为我们安排参访《人民日报》、新华社、中央电视台以及刚举办过亚运的梅地亚新闻中心。座谈会也遍邀北京各大媒体的新闻工作者出席与台湾党政记者做第一次的交流接触。

让我印象深刻的是，毕竟是同行，因此颇有一见如故之感。但是随着一些客套，也开始出现了一些尖锐的用词。台北《自立早报》的邹姓女记者在论起两岸记者的工资与住房条件时，不经意流露出台湾经济水平较高的优越感，这顿时刺痛了大陆记者的心。《人民日报》海外版主编翟象乾接着要求发言，他说大陆的工资虽低，但是我们的物价也低，我们单位还有配房，住房是公家出的。他说他也很不解，为何台湾的朋友到大陆来都要带方便面（台湾称方便面或生力面），你们以为大陆没有生产方便面？像美国人到大陆有的要自己带卫生纸，这不是很奇怪吗？看到场面似乎有点火花，我也举手要求发言。我强调，这是我们历史性的第一次接触，这次接触从对话中就可发现交流的重要性，交流可以增进理解，澄清误会。以方便面为例，第一，我们使用的称呼就不同，你们说方便面，我们说方便面、泡面或生力面。第二，各位大陆的朋友应该知道台湾的少棒很有名，每年的夏天我们取得远东区的代表权就要到美国威廉波特争取世界冠军，甚至台湾的青棒、青少棒都很有名，常有取得世界三冠王的佳绩。但是我们的少棒代表队出境时，行李一定带有方便面，因为这是习惯，美国的西餐可能吃得不习惯，西方人也没有吃宵夜的习惯，因此泡面加罐头不仅可以充饥，也可避免水土不服。因此中国台湾当局开放人民出境观光，不管到日本、美国、欧洲，很多人的习惯就是带着泡面，这没有不敬的意思。经我这么转圜后，座谈又转为积极正面的发言。主持人说，听了几位台湾同行的发言，发现大家的普通话说得很标准，比大陆同行的普通话说得还好。当然我们要解释蒋介石退守到台湾推行说"国语运动"，在求学时期若是在学校说方言是要遭到处罚的，也因为有此政策，台湾的学生普通话较标准，而大陆辽阔，各地方言不一，这种比较也不足为奇。

其次，我们也谈到往后新闻界相互邀访的做法，大陆的同行建议，因为两边的经济水平不一样，不妨考虑落地接待。换言之，受邀方只负责购买机票，当落地后饭店、车辆交通与餐饮都由接待方负责。我们当时认为，这个提议颇有见地，尔后落地接待的规格也都被两岸相关团体给采纳了。不过十年河东，十年河西。大陆的经济在改革开放 30 年取得飞跃的成长，加上两岸开放交流，赴台交流、旅游已成大陆的政策，两岸的体制不同，台湾的民间团体难以获官方补助，因此平等概念的落地接待规则，台湾方面的官方或民间团体渐有吃不消之感，这也是当时难以预料的发展。

在北京停留期间的重头戏，是拜会国台办副主任唐树备一行，地点安排在首都饭店。我们在拜会时，转达了内定出任大陆委员会主委施启扬的问候，探寻大陆对成立中介团体处理探亲交流衍生问题的的意向。

时隔 20 年后，我在台北亚都饭店采访唐树备时，特别问起当年"两岸两会"的过往，唐说，张晓布虽然负责两岸交流的工作，其实他并不知道高层已经在审慎评估成立海协会的可能，而且是往会设置的方向进行。

果然，来年 3 月 9 日海基会挂牌运作，同年 12 月"海峡两岸关系协会"也成立。两岸也开始步入两会接触谈判，九二香港会谈、九三辜汪新加坡会谈、到"九二共识"的产生，都是两岸关系史上重要的一页，我们很荣幸采访见证两岸关系转折的历史新篇章。

这次的访问途中，各地的地陪或是新闻工作者都会谈及对"文革"十年动乱期间，无法专心接受正常教育的遗憾，记得在西湖边上与大陆新闻工作者夜谈甚久。他们说出了这种椎心之痛，时隔 20 年后，我在两度造访北京的国航班机上，在机上连看了三遍《高考一九七七》这部影片，我有无限的感触。"恢复高考比高考的意义还要深远""知识就是力量""把知识还给民族、还给下一代"，这些剧中人物的对话都讲对了。大陆也因为"四人帮"垮台、"文革"路线错误加以修正，所以四年级生都经历过上山下乡，学农、学工、学兵，吃过苦，干过粗活，这种人生体验，"文革"虽是大悲剧，但经历教训，大陆就有那么一代干部特别吃苦耐劳，再加上一代代年轻人接受高等教育，毕业后投入建设。大陆已经整整 30 年在安定中求经济发展，中国的崛起，是有她的社会条件的。

第二站，我们抵达了南京。或许这是国民党时期的首都，夜里抵达机场感觉和北京首都机场差距甚大，心中不由会想到，是否因国共内战的历史因素，建设重北京轻南京。在南京停留期间印象最深刻的就是参观中山陵，瞻仰了孙中山先生庄严肃穆的纪念堂。陪同人员还带我们参观无梁殿，并特别解说墙上有中华民国国歌，当年在周恩来总理的指示下，以白水泥糊住，逃过"文革"红卫兵动乱一节。等到 2005 年国民党主席连战的破冰之旅，随后的国民党主席访问大陆几乎都安排参访中山陵，并有献花仪式。当年采访，我们也把中山陵园区维护情况，向台湾读者做了报道。

1990 年出访大陆的第三站进入上海，我们拜访了解放日报同行，当地记协也安排我们参观外滩。在上海街头上不时会碰到路人突然靠近说"愿意兑换外汇券吗?"因为他们想用外汇券购买三小件,也就是电视机、电冰箱或是洗衣机。上海市政府还特地邀请我们参访正在动工中的浦东发展计划。那时一片黄土,简报就在一间简陋的工寮进行。至今我还依稀记得,计划要在黄浦江上兴建三座跨江隧道,以方便浦东、浦西间的交通往来。上海曾有"十里洋场"的美誉,繁华可说是全中国之首。但此时的上海,的确落后得让人惋惜。但不过二三十年的光景,当初上海人说"宁要浦西一张床,也不要浦东一间房"的口头禅已经是明日黄花,大量引进外资,开国际标,浦东机场的完成,东方明珠塔与重要的经贸大楼拔地而起,这种天翻地覆、跳跃式的成长,我们终于看到上海人的自信回来。

1990年最后一站的行程在杭州,浙江记协为我们在西湖边的楼外楼举行热情洋溢的欢送晚宴,或许酒过三巡,气氛热烈,双边起哄要唱歌助兴。台湾《中央日报》的记者樊祥麟唱了一首《中华民国颂》,这首歌的歌词最后写道:"中华民国,中华民国,千秋万世,直到永远"。那时两岸的情况与气氛与今天大不相同,这首歌让主人受不了。当时中国记协全陪的柏亢宾处长与浙江记协主席都认为《中央日报》是国民党的党报,在送行场合这么唱,让主人感到尴尬,柏亢宾说大陆方面如果唱《义勇军进行曲》,是否双方就更不愉快?但樊事后讲,绝无刻意的弦外之意。后来浙江记协主席特别唱了一首大陆知名的小曲《小燕子》纾解气氛,歌词大意是:小燕子最美丽,年年春天到这里,为什么?因为春天最美丽,年年春天到这里。

20年后,我到北京与翟象乾与柏亢宾两位老先生重逢叙旧,柏亢宾还特别提起这段往事,后来私下与樊祥麟沟通时,双方都能理解这是第一次的接触,互相不了解,怕敏感。但今天两岸正常交流多了,台湾的客人在大陆朋友的面前唱《中华民国颂》,已有人会把"中华民国"改成"中华民族",这就是顾虑大陆朋友的感受。

翟象乾老先生已经年过八旬了,他回忆,当时台湾第一个记者团到人民日报参观,发现港澳台的编辑室都订有台湾的报纸,感到很惊讶。我则回想,那时《人民日报》简报在大陆与国外设有多少记者站,因此有台湾记者提问《人民日报》是否考虑到台湾设记者站,翟老说,"只要台湾的政策许可,人民日报随时可去"。当天同行的《联合晚报》记者吴学铭就发一条新闻,《人民日报》想到台湾设记者站,这条新闻联晚做得挺醒目,但事实上只不过是应景说说几句话而已!但到今天为止,两岸新闻媒体还无法做到可有记者站，可有常驻记者。1994 年大陆开放台湾记者到大陆蹲点采访，台湾开放受理大陆记者来台蹲点采访，则是 2000 年的事。台湾地区的相关规定，目前做法还只是同意派记者蹲点，只不过停留时间由一个月延长到三个月，若干采访的设限些许放宽，这无疑是两岸新闻交流的落后，瓶颈实在该突破！

翟老是 1992 年第一批大陆记者访问台湾团的团长，邀请单位是海基会。我在时隔 18 年后，在当时的副团长、目前刚卸任中央人民广播电台台长的王求安排下，与翟老及柏亢宾两位前辈在中央电台的会客室晤面，回忆当年到台湾访问的往事。我首先提起，你们为何会成行？因为海基会在 19 年前的 3 月 9 日成立后，首任的秘书长陈长文于 4 月下旬到北京访问，在答谢宴时，眼见台湾记者都可到大陆采访，陈长文一时兴起，回台将建议以海基会名义邀请大陆记者到台湾走走。当时采访会谈的大陆记者纷纷起哄，要陈长文记下每个人的名字，届时千万不可遗漏。

1991 年新华社记者范丽青、中新社记者郭伟峰，以采访"闽狮渔事件"为名首度到台湾。半年后，中华工商时报社社长等三人也到过台湾交流访问。但这都是个案的交流，单向的交流。大陆第一批记者团入台参访这个邀约迟到 1992 年 9 月 5 日至 12 日才实现，距离台湾第一个正式记者参访大陆，已经晚了快两年。其实大陆记者团入境台湾，也不是一帆风顺，开绿灯。他们的首次访问就像为了"闽狮渔事件"到台湾的大陆红字会秘书长曲折的名字一样，真是有够曲折。

国台办新闻局局长的杨毅，当时服务于中宣部，负责具体操办首批大陆记者团组团的业务。毕竟大陆记者第一次正式组团到台湾采访，这是海峡两岸新闻交流的大事，双方都不敢马虎。这个邀访的联系安排作业长达八九个月，这个耽误有台湾内部海陆两会的矛盾，对于应由海基会邀请还是由台湾媒体邀请有一番内部的争执与协调，另外还有一个主要障碍是，在台湾的"刑法"一百条未修正前，主管部门要求大陆人士入台必须填写脱离共产党宣告书，并据实填写党籍相关数据。因为较为开放进步的"两岸人民关系条例草案"在"立法院"审议速度不如预期，而当时现行的"刑法"一百条仍规定"涉嫌预备内乱罪"，一经有人检举、告发，台湾的司法机关将依法受理。大陆方面认为这是政治敌视性规定，对大陆记者入台的人身安全没有具体保障。另外，在出发前突然又冒出的一个问题是台新闻主管部门预备发放的"大陆地区传播媒体参观访问证"证上有两处出现"中华民国"字样。大陆方面因此以中国记协发给台湾记者采访证只有加盖中国记协的公章外，并无任何政治性字眼，中国记协书记处书记王哲人特定表明立场，大陆新闻界不会接受此一证件。另外双方对受邀媒体的单位人数，也是几经波折才定案。

海基会于 1991 年 11 月底提出"邀请大陆地区新闻从业人员访台计划"，拟邀请大陆 25 名包括通讯社、广播、电视、报纸及记协的人员访台，名单由大陆推荐，但希望以资深记者优先。时间定在 1992 年 1 月 20 日左右，但最后成行已是中秋前夕。关于共产党员的问题，3 月 26 日两会利用工作会谈机会，海协会及国台办新闻局杨毅等有关人士与海基会副董事长许惠佑及何良武等人进行非正式商谈。许强调因为法律尚未修改，因此无法做出具体承诺，但是海基会一定会"善尽主人的义务，不会给自己为难"，并反复举例隐晦说明大陆记者入台后不会发生被起诉、中途强制离台等情况。后来有关共产党员的争议交涉也暂搁置。

但印有"中华民国"字样的采访证，在 9 月 5 日抵达下榻的中泰宾馆夜晚，海基会综合服务处处长张全声捧了一袋记者证到翟象乾团长的房间，但翟象乾未接受，并表示不领证、不配戴，张全声则表示理解，放了袋子就走人，这也可以说明办事者的为难。

大陆记者团到台湾访问参观是当时的盛事，台北的新闻界都派有专人全程采访同行的一举一动。大陆官方新闻媒体首次进入台湾宝岛，亲手、亲口从台湾把新闻发回大陆，这是大陆媒体的首创纪录，也是两岸新闻交流进入新的里程碑。

话说 20 世纪 90 年代台湾当局的大陆政策，当时的"新闻局局长"邵玉铭就主张两岸交流新闻文化为先，但时至今日，尤其是民进党执政期间，还一度停止《人民日报》与新华社派员到台湾采访，直到台湾二度政党轮替，才又恢复禁令。新闻交流在 20 年前不论在各领域、各层次都走在两岸交流之先，但近十年则有落后的趋势，这是值得两岸好好深思的地方。毕竟，新闻界是两岸沟通重要的桥梁，常驻记者就如同"三通"直航，这是势不可挡。所谓事在人为，大家都要加油了！

两岸新闻交流 30 年的几点回忆

俞雨霖

俞雨霖：曾任《中国时报》大陆新闻中心主任、副总编辑，现为台湾中评通讯社社长。

一谈回忆，就显得岁月流逝，倚老卖老了。不过，作为一种记忆，提供后来者参考，也算是一种经验的传承，或者是个人经历的记录，让大家评头论足一番。

从事两岸新闻的工作已有超过 30 年的时间，1982 年 6 月，硕士班刚毕业，就进入《中国时报》大陆研究室，开始从事两岸新闻的编稿工作，当时虽然两岸仍处于敌对状态，但是大环境已经改变，即使蒋经国在任的"三不"政策（不接触、不谈判、不妥协）依旧，仍可以感受到两岸敌对的寒冰已有融化的征兆。我当时的身份是《中国时报》大陆新闻中心主任，负责《中国时报》的大陆新闻与两岸新闻交流业务，因缘际会，参与见证了一幕幕的两岸新闻交流场景，应该是人生的大幸。

果不其然，1987 年的台湾老兵返乡运动，冲破了台湾的"三不"政策，也释放了台湾民众对大陆新闻的需求，两岸的新闻交流也随着老兵返乡引发的人员交流，陆续展开。在个人的记者生涯中，有几件亲历的新闻事件，算是比较特殊的。特别就个人记忆所及，记录下来供大家参考。大体上有三件事：一是 1990 年 9 月 24 日访问国家主席杨尚昆的前前后后；一是 1991 年 8 月 12 日，新华社记者范丽青与中新社记者郭伟峰来台采访"闽狮渔事件"；三是 2001 年 2 月 8 日，新华社记者范丽青与陈斌华正式来台驻点采访，踏出了两岸新闻交流正常化的第一步。这三件事，都是我个人亲历的，应该说是亲自参与策划的，也是第一手的感想。当然由于时间有点久远，有些记忆上不够精确的地方，还请大家见谅。

其中最让人难忘的应该是《中国时报》1990年9月24日对国家主席杨尚昆的专访。这可说是两岸新闻采访最特殊的一个时刻，在两岸刚起步交流的阶段，《中国时报》能够专访时任国家主席杨尚昆，对《中国时报》而言，也是一种殊荣。但推动采访过程之转折，非身历其境，恐怕也难窥其一二。

作为一个特殊历史的回忆，多少可以提供后来者参考。我是在前一个月，也就是8月23日只身抵达北京，当时我担任《中国时报》大陆新闻中心主任，之前在报社时，余纪忠董事长与黄肇松总编辑有一个构想，希望在两岸交流开始之际，能够采访大陆领导人，谈一谈大陆的对台政策与两岸关系的看法，一个很朴素的构想，也是一个很有企图心的想法，这本来就是媒体应有的职责。报社有了这个构想后，对我来说，想法更简单，反正两岸交流刚开始，我也算是初生之犊，也没多想，就埋头去推动。到北京后，联络上国台办，当时的常务副主任是孙晓郁，孙主任对两岸关系是很有想法的负责人，也对于推动两岸交流充满期盼，在刚到北京的时候，其实我对于能否采访到大陆领导人心里完全没底，就是当作一项任务来做，但在我接触孙主任后，感觉到孙主任与国台办的同仁，确实有要促成领导人访问的想法，于是在几番接触后，越来越觉得事情有可能成功。在大约停留半个月之后，我就以比较乐观的心情跟黄肇松总编辑报告与国台办的接洽过程，并认为访问成功的可能性不小。当时报社的领导们也是很开心，认为有机会能在这个两岸交流的启动阶段访问到大陆领导人是一件新闻大事。不过，一直到这个时候，报社都以为国台办要安排我们访问的是当时的中共总书记江泽民。连我也是如此想的。当时余董事长经过慎重考虑，安排了四人采访小组。总编辑黄肇松、副总编辑黄辉珍、大陆新闻中心主任俞雨霖、副主任张所鹏。

九月初，采访小组抵达北京时，大家都以为应该一个星期左右就可以采访了。当时，我们住在前门东边的首都宾馆，结果没想到一住就住了两个多星期，在这期间，我们跟国台办随时保持联系，但对于具体的采访时间，却一直无法确定下来，眼看一星期、一星期过去了，一种浮躁的情绪在我们之间出现，尤其黄总编辑已经离开报社十多天了，究竟采访会不会没有下文，万一访问不成，那就真的要提头回去向余董事长请罪了，当然还有一个要引咎"砍头"的就是我了。一直到9月20日左右，国台办终于有了回音，大家高悬的一颗心才放了下来，尤其在知道专访的对象是国家主席杨尚昆时，那种内心的欣喜,几乎掩藏不住,连当时我们的董事长余纪忠先生知道后,也相当高兴,作为一家台湾最主要的媒体,能够在此时此刻访问到国家主席杨尚昆,尤其具有中共元老的身份,不论就媒体本身或新闻本身来说,都是一件两岸关系上空前的大事,多年后,有一位大陆的媒体人告诉我,这个访问是空前绝后的一个新闻事件,也是杨尚昆主席空前绝后的受访事件,如今看起来,真是如此,我们何其有幸,能够参与在这个历史事件之中。

在访问结束后,立即惊动了港台海外媒体圈与关心人士,但誉之所至,谤亦随之。各种流言蜚语首先从香港的杂志中流传出来,有的传言暗示《中国时报》与大陆方面有政治交易,有人甚至明码标价,《中国时报》用十万美元打通关节。不过,并没有任何媒体向我询问过我的意见,当然这些杜撰的谎言,终究敌不过事实真相,因为我就是推动的人,我最清楚事实的真相,没有任何的金钱交易、政治交易,有的只是怀抱着一股新闻的热诚与推动两岸交流的热情,或许国台办的领导跟我们的想法一样,同时也感受到了《中国时报》的真诚,所以努力促成了此事,其中国台办孙晓郁主任的执着,更是专访得以成功的关键人物,没有孙主任不懈的努力,这个专访是完全不可能的。27年过去了,我个人仍然深深怀念着这历历在目的时刻。

第二件让我难忘的新闻交流事件,虽不如专访杨尚昆主席那么高大上,却阴错阳差地开启了两岸新闻交流的前奏。世间的事,有时确实让人感叹,不幸事件也有它正面的意义。1991年7月21日的"闽狮渔事件",此事件起因于两岸渔民多次在海上发生冲突和纠纷,台湾方面认为大陆渔船越界捕鱼,而大陆方面则认为台湾海峡两岸渔民都在一个"传统海区"作业,台中海巡队把大陆两艘渔船押回台中港。台中地方法院检察署以"闽狮渔"号渔民涉嫌海上抢劫为由,以海盗罪起诉七名渔民。此次两岸海上纠纷,促成了大陆记者及红十字会人员首次正式获准进入台湾采访及探望被扣渔民。

8月12日,两名大陆方面的记者,新华社记者范丽青、中国新闻社记者郭伟锋赴台采访被扣押的渔民。这也是大陆记者自1949年以来第一次踏上台湾土地。而当时我已是副总编辑兼《中国时报》大陆新闻中心主任,亲自负责接待工作,也亲历了两岸新闻记者在台湾这块土地上交流的全记录。

《中国时报》有机会参与这次的接待工作,实在是出于偶然,当然在偶然中也有必然性,这又跟《中国时报》成功专访杨尚昆主席有关。大概在7月底或8月初,黄肇松总编辑接到国台办新闻局杨毅的电话(当时他应该

黄肇松总编辑在机舱口将采访证交给范丽青。

是科员，现为国台办秘书局局长），告知《中国时报》有没有接待范丽青与郭伟锋来台采访的规划，这对黄总编辑而言，第一个反应就是，这简直是天上掉下来的礼物，能够作为两岸新闻媒体首次交流的负责接待单位，不仅开创了历史，能为两岸新闻交流做出贡献，也是《中国时报》的初衷。据了解，在此之前已有台湾媒体积极申请负责接待，但国台办在评估后，认为与《中国时报》打交道有先前的成功经验，比较有把握，因此就将机会给了《中国时报》，当然《中国时报》也不负使命，让首次的大陆记者来台成功进行。

《中国时报》余纪忠董事长在办公室欢迎范丽青与郭伟锋。

从此之后，《中国时报》在两岸新闻交流的推动方面，就不畏艰难，奋勇前进，不知推动了多少的第一次，包括大陆媒体来台驻点采访的落实。自然，与大陆各大媒体的交流，更是《中国时报》未来二十多年的重要工作之一，《中国时报》当时只有一个简单的理念，推动新闻交流，扩大两岸了解，实现两岸和平。作为执行者的我，能够戮力推动这样的工作，若没有余纪忠董事长的支持，黄肇松总编辑的督促，是不可能完成的。可以这么说，《中国时报》为两岸新闻交流做了很多很多的事，可以永载两岸新闻交流史中。

抵达台湾的第一天晚上，范丽青与郭伟锋在
《中国时报》大陆新闻中心办公室写稿。

前面说得太严肃了，正因为是两岸新闻交流的第一次，而且是在两岸四十多年的对抗之后，首次有大陆主要媒体的记者来台采访，在当年台湾视大陆为敌人的戒严心态下，有大陆精英记者直接出现在台湾民众面前，其轰动程度，有点像是在追星。尤其，范丽青与郭伟锋，不论形象与专业素质均属一流，因而在电视台、广播电台与平面媒体连番报道下，更成了台湾一般民众眼中的风云人物。这样的现象，应该是我经历两岸新闻交流近三十年来，首见的媒体热潮。记得在他们两人采访比较空档的时间，我陪他们到大街小巷亲历台湾的现况，一次在木栅政大附近的巷子里，经过一家水果行，老板娘看到我们立刻大叫，你们就是电视上那两位大陆记者，表情非常的兴奋，让在旁边的我都感受到台湾民众对他们的热情。还有一次走在基隆的庙口看看台湾的夜市，走着走着忽然有一位小妹，大约十五六岁左右，也是看到我们大叫你们是大陆记者，开心得要合照，那种温馨的场面，到今天都很难忘怀。两岸人民之间，就是存在着那么朴素的感情，虽然只是一面之缘，却都是真情流露，应该是血缘相同的情感吧。

接待范丽青与郭伟锋来台采访"闽狮渔事件"，真的是一场大型新闻仗，从他们下机的第一分钟开始，几十位记者就在机舱口开始抢镜头，你推我挤，一阵混乱。我则和黄肇松总编辑在机舱口接机，也是被记者挤来挤去，几乎处于被包围状态。黄总编辑好不容易才将采访证送到范丽青与郭伟锋手中，就被记者们簇拥着往海关走，挤来挤去，为了能够直接采访范丽青与郭伟锋，台湾记者几乎打了起来，还有人摔倒受伤，有的记者坚持要采访，为了缓和当时紧张气氛，我特别将记者们隔开，并告诉他们，由于刚下机，要办出关，实在无法接受采访，并同意到下榻的福华饭店，可以安排一场记者会，采访的记者才稳定下来。另一个插曲是，在出海关检查行李时，记者也一路相随，当范丽青打开行李箱，摄影记者一拥而上，吓得范丽青赶快关箱，我就跟记者们解释，行李箱有私人物品，基于隐私，请他们不要摄影，这种说法总算得到记者们的理解。

在接待他们的第一天，最重头的应该是下榻仁爱路福华饭店的记者会，记者会时间不长，除了范丽青与郭伟锋简单的说明他们能来台采访的感想外，也向记者们表示，他们也是记者是来采访的，现场的台湾记者们不禁莞尔。记者会场至少挤入了五十位记者，算是当时台湾媒体的大阵仗了。当天对我来说压力最大的还不是记者会，而是接下来与记者们的谍对谍。每一家媒体的记者都希望能够单独采访范丽青与郭伟锋，还有不少关心两岸关系的民众也希望来探望范、郭两人。之前，我就向福华饭店的保安人员沟通，不要透露他们两人的房号，也不要接入电话，以免备受骚扰。而电话就接入到我的房间，结果当天夜里，电话不断，真正感受到台湾民众对他们的热情。不过，热情归热情，由于范、郭两人的房间保密，竟然有记者每一个房间敲门，想找到他们的住处，把整个饭店搞得鸡飞狗跳，吓得饭店人员赶快赶人。就在热情与新奇的混乱下，过了第一天，也算是人生难得的体验。

接下来的几天，由于中国红十字会副秘书长曲折与政策研究室副主任庄仲希因签证原因，要到20日才抵台。《中国时报》就安排范丽青与郭伟锋走访台北等地了解民情，也到台中看守所探望遭扣押的"闽狮渔"大陆渔民。这几天基本上都相当顺利，只有在抵达台中的那天，有"独"派人士前来抗议，引发了一点紧张，但在《中国时报》当地同仁的引导下，还有警方的维安下，总算有惊无险。

在他们停留的期间，台湾的记者们几乎是不眠不休地盯住我们的行踪。就两岸新闻交流的角度来看，这样的第一类接触，也让两岸的记者们可以第一次了解双方的采访方式，也第一次使台湾记者有机会与大陆记者面对面的互动。对我来说，在前后 12 天的接待过程中，增加了很多对大陆记者的了解，对于未来推动两岸新闻交流，获得了很多宝贵的经验。这过程中又有一个小插曲，竟然有台湾记者当面问郭伟锋，"你有喝过可口可乐吗？"让他一时语塞，也说明了当时台湾民众对大陆的现况确实相当陌生。

两岸新闻交流踏出的第一步，真的不容易，一切接待过程与他们的采访过程都能顺利进行，要感谢国台办的信赖，更要感谢《中国时报》从编辑台到地方分社众多同仁的支持，《中国时报》在这一次接待与采访中，至少动员了 50 位以上的行政人员与记者，也因为接待过程均很顺利，也奠定未来《中国时报》推动两岸新闻交流的信心。

8 月 23 日，范丽青、郭伟锋两位记者随同曲折与庄仲希搭机离开台湾，大陆记者首次来台采访顺利落幕，大陆记者来台采访踏出了完美的一步，也让两岸新闻交流有了好的开始。不过在两岸之间，由于政治的错综复杂，好的开始并不必然让一切就能一帆风顺，未来的两岸新闻交流，只能用好事多磨来概括。当然，推动两岸新闻交流最大的阻力，还是两岸政治的分歧。

范丽青与郭伟锋首次来台采访落幕后，算是开启了一个门缝，逐渐有大陆媒体申请来台专题采访，这些属于专题性质的采访，需要写明采访主题，每天的行程，这种作业方式，当然不能算是新闻采访，而是专题采访，由申请的专题采访到有真正意义的驻点新闻采访，也就是由随机的到制度性新闻采访体制的建立，是一个相当曲折的过程，在这个漫长与曲折的过程中，我一直参与其中。老实说，有期待但也很挫折，两岸官员一遇到政治问题，简直是有理说不清。

2000 年 5 月 20 日陈水扁开始执政，这是第一次的台湾政党轮替，倾向独立的民进党执政，无疑对两岸交流投下了更多的变数，但纵使如此，《中国时报》在推动两岸新闻交流方面，却始终未曾松懈过，当然是基于一种使命感，让两岸多交流，希望两岸民众透过媒体交流与报道能有更多的相互了解。

虽然民进党首度执政，一般认为两岸新闻交流将会出现更多的障碍，但世界上事务的发展往往是辩证的，认为最黑暗的时候，往往也会有一丝的光明透射出来。大陆媒体来台驻点采访得以顺利进行，正说明了这样的辩证发展。而背景，主要是陈水扁执政，希望缓和两岸自 1999 年 7 月李登辉提"两国论"造成的两岸高度紧张。扁当局做了两项规划，一是同意金马与大陆通航的试行；一是同意大陆媒体驻点采访。政策已定，老实说，民进党当局落实起来还挺顺利的，因为国民党不会反对。若是在国民党执政时期，可能情况会不一样。

其实，在五年前，大陆已开放台湾媒体的驻点采访，采每月轮替的方式，扁当局开放大陆媒体来台驻点采访，应该也是回应这样的发展。

2001 年 2 月 8 日，首批到台湾进行驻点采访的新华社记者范丽青与陈斌华抵台，开启了两岸新闻交流新的一页。负责代办申请的单位也是《中国时报》，由我负责。我为他们安排的住处是在复兴南路的一家商务旅馆。至于为何会安排在那里，说起来有点不好意思。在范丽青为采访"闽狮渔事件"第一次到台湾来，住福华饭店，也是在复兴南路边上。都是在复兴南路边上，主要原因是，这两家饭店离我家较近，我家在南面一点的木栅，离这里只有十几分钟的车程。第一次住福华，是因为首次来台要体面点，第二次住商务饭店，主要是范丽青事先已告知驻点采访以实用为原则。我就找了价位较便宜，也清爽的旅馆。

范丽青与陈斌华虽然已经抵达台湾，并住进了饭店，但驻点采访能否落实，台面下依然暗潮汹涌，稍一处理不当，就有破局的危险。在当天晚上，两岸主管部门就大陆记者如何领采访证的问题，意见不一。我在饭店协助处理双方的意见分歧。问题还是在政治方面。"陆委会"方面要求范丽青与陈斌华进入"新闻局"办公室内领证，国台办方面则希望由《中国时报》人员代为领证，因为是由《中国时报》代办的。双方僵持不下，"陆委会"的"副主委"陈明通，国台办新闻局局长张铭清，以及新闻局的杨毅，先后与我通电话，我则代为沟通意见，到晚上 10 点左右，双方还是无法达成一致。但我也感觉到双方也都希望驻点采访能够落实。由于意见仍不能一致，我问范丽青，如果没法解决怎么办，她很无奈地回答说，那就只好回去了。她的回答让我一惊。我立刻打电话给黄肇松总编辑告知他此事，黄总编辑也甚为担心驻点采访破局，随即打电话给当时的"新闻局局长"苏正平，希望他能够乐观其成。一直到晚上 11 点多，事情终于有了一点转圜。让我松了一口气。第二天上午，范丽青与陈斌华搭上车到"新闻局"，中时的同仁代为领证拿出来交给他们，范丽青与陈斌华再进入"新闻局"的记者室走一遭，总算是双方各退一步，驻点采访总算踏出了第一步。或许俗语说，退一步海阔天空，两岸之间总总的纠葛所以无法解决，应该就是这样的原因吧。

驻点采访虽然开始了，但其间还出现了若干插曲，有时有点让人哭笑不得。在驻点采访期间，遇到休假日，我想既然休假，尽地主之谊，就开车带范丽青与陈斌华到外地走走，透透气。我选择苗栗三义木凋村，算是有相当乡土特色。到三义后，在街上逛着，范丽青的手机突然响起，是当地警察局的人打来的电话，问什么人带他们来的。她如实以告。我们的参观行程也未受到影响。我也不以为意。不久之后，范丽青有一天打电话告诉我，"陆委会"要限制她入境半年，因为她未申请离开台北。为了此事，我有点疑惑，怎么这么严重，我立刻打电话给"陆委会"的某官员，并跟他解释因为是休假日所以带他们出去走走，也是人之常情。只是该官员的回答有点严厉，他说，依规定离开台北要申请，我跟他说我确实不知道，这也不是采访，是观光啊。结果他的回答挺经典的，可以采访不表示可以观光。这就让我想起后来台湾开放陆客来台旅游初期发生的事，负责官员说，可以观光不表示可以探亲。原来逻辑是这样的，也只能佩服官员脑筋急转弯的能力了。为此，我特别向这位官员表达歉意，我真的不知道有这样的规定。但对范丽青的处分还是执行了，幸好的是，因为新华社是记者轮替驻点，基本也没太大影响。

无论如何，大陆记者驻点采访终于实现了，在之后的几年，还是出现了一些反复，例如7月13日由于"新闻局"批准中新社来台驻点，取消了新华社来台驻点，造成了驻点采访出现争执，结果新华社不能来，中新社也不能来。中新社正式来台驻点，要到2004年7月26日才实现。后来又发生2005年3月14日全国人大通过《反分裂国家法》，"陆委会"为了回击，取消了新华社与人民日报的驻点。不过，这些终究是小插曲，驻点采访还是持续下来了。

两岸新闻交流已有近30年的时间，大陆媒体记者自范丽青、郭伟锋1991年8月12日首度来台采访后，迄今也有26年的时间，由专题采访到驻点，已走了26年，多长的岁月啊。不能说两岸新闻交流没有进展，但26年的时间才走到这样，也实在太缓慢了。在两岸新闻交流的过程中，比较让我遗憾的是两岸新闻媒体互设办事处仍然未成，台湾当局提出了各种的理由加以拒绝，包括国民党马英九执政的八年，亦复如此。如今，这个议题似乎已被搁置，在民进党蔡英文执政后，更没有人再提了，大家似乎都遗忘了两岸新闻的全面交流正缺少这么一个重要的环节，才能称为正常。两岸新闻交流走到今天，跌跌撞撞，确实艰难，虽有所成，但不无遗憾。只能说，过于政治考量，让两岸新闻交流正常化难以实现，而这难道就是两岸全面关系的写照，只希望这不是两岸关系的宿命，一路走到死胡同。

见证两岸红十字会谈判代表
重走金厦航线

王铭义

王铭义：1960 年生于台湾台中，祖籍福建漳浦，东海大学政治系毕业。1990 年专责采访两岸新闻，曾任《台湾时报》记者，《自立晚报》政治组召集人，《中国时报》政治组副主任、采访中心副主任、大陆新闻中心主任记者、驻北京特派员，台湾"两岸新闻记者联谊会"创会会长，现任旺旺集团、旺旺中时媒体集团北京副代表。

东经 118°08′04″，北纬 24°21′03″。这组蕴藏谈判内幕的金厦海域坐标，是我在两岸红十字会金门会谈之后不久，第一次听到的涉及协商联系的关键讯息。时任台湾红十字会常务副秘书长常松茂，在台北市新生南路的老旧公寓办公室里，经常耐心地与我分享并讲述在两岸特殊年代，红十字会承担特殊任务的历史贡献，这组神秘海域坐标的浮现，如同揭开金门秘密谈判的关键之钥。

1993 年 11 月，我在《不确定的海峡》（时报出版）一书中，首度比较完整地书写了有关两岸红十字会在金门密谈的核心内幕，并将两岸红十字会当时接受当局授权委托协商金门协议的关键讯息公开之后，参与谈判的国台办交流局副局长乐美真在多年后曾告诉我说："我是谈判代表，但有些互动细节，我是看了你的文章才知道。"其中，应该是指两岸红十字会事先约定在上述海域坐标会合的沟通秘辛。

1990 年 9 月 11 日，清晨 6 时。金门峱屿附近水域，天候正常，海象稳

1990 年 3 月，第一次前往大陆采访全国两会的王铭义。

定。在金门战地笼罩着肃穆气氛的微弱晨曦中，一场为因应解决大陆渔船"闽平渔号"船难事件的秘密会谈，一次为后来两岸事务性协商树立经典模式的谈判，在两岸当局指示与两岸务实配合下，在金厦海域悄悄地拉开了历史帷幕！

一艘悬挂着白色红十字旗，没有任何船只编号，也没有其他标志的民用渔船，由当局军方人员"以军扮民"假扮渔民掌舵，在拂晓黎明来临之际，从金门金湖渔港缓缓出海，在沿岸军警高度警戒下，沿着当地渔民熟悉的"峿屿线"航道驶去，准备航向金门驻军传统防卫的"海峡中线"附近水域。

驾驶渔船的是当局军方人员扮演的"船老大"，根据船上"特殊乘客"的要求，在出海之际就将航向目标锁定在两岸红十字会秘密约定的坐标：北纬 24°21′03″，东经 118°08′04″。这是雇船者要求务必准时抵达的目标，"船老大"循着既定海域坐标，缓缓地出发。这位"特殊乘客"就是台湾红十字会副秘书长常松茂。

依据两岸红十字会事前秘密进行的联系约定，常松茂搭乘的渔船必须准时到达峿屿附近的海域，与一艘约定好同样悬挂白色红十字旗，从大陆福建厦门东渡码头出发，迎面对开过来的大陆渔船会合，常松茂搭乘的渔船并将负责引领该艘大陆渔船，进入当时仍处于临时军事戒严状态的金门金湖渔港。

双方渔船出海航行约 45 分钟，常松茂搭乘的渔船，刚抵达约定的海上坐标，常松茂随即以目测，确认大陆渔船船上人员的身份，站在大陆渔船前端甲板上的国台办交流局副局长乐美真、中国红十字会秘书长韩长林等人，挥手向常松茂致意。双方隔着船只简短寒暄问候，常松茂即引领大陆渔船进入金湖渔港。

台湾地区红十字总会秘书长陈长文、"国际组"主任徐祖安，在渔港迎接中国红十字会代表团乐美真、韩长林等人，随后并安排他们进驻金门"仁爱新庄"。乐美真则是以中国红十字会理事身份，出席金门会谈。作为首位踏上金门的国台办官员，当他在金湖渔港登岸的那一刻，乐美真兴奋地说："终于踏上金门的土地了！"

这项会谈主要是为了因应解决接连发生的偷渡客遣返意外事件。中国红十字会当年8月曾倡议，为彻底解决船难悲剧，唯有实地考察遣返路线、协商签订遣返合作规范，才能减少悲剧重演。但因金门当时仍属战地，对于偷渡客的缉捕、清查与遣返，都是由"警备总部"负责，两岸红十字会会谈必须经由军方拍板才能响应。

此时，郝柏村刚于1990年6月1日获得李登辉任命为行政主管部门负责人，郝柏村对台湾地区红十字总会秘书长陈长文领导的红十字会组织相当信任，陈长文律师也长期担任"国防部"的法律总顾问，与军方关系良好，军方同意全力协助两岸红十字会开展务实协商，台"防务部参谋本部"随即展开规划作业。

"防务部参谋本部"作战次长李建中中将、作战次长室执行官邓定秩中将，统筹规划金门会谈的决策作业。邓定秩与常松茂则实际负责研订执行方案，以及两岸红十字会谈判作业流程。在军方完成两岸金门会谈的初步规划方案后，循"参谋本部"的军令系统，逐级签报"副总参谋长兼执行官"，以及"参谋总长"核定。

1990年9月4日，依政府规划金门会谈的作业方案，将安排中国红十字会谈判代表秘密从厦门经由金厦水域，搭船进入金门码头。由于事涉敏感，时任行政主管部门"副院长"兼大陆工作会报召集人施启扬，特别邀集"内政""防务""警政"等军政首长会商，讨论当时仍被列为"极机密"的方案："大陆红十字会人员金厦往返事宜"。

施启扬主持的这项高层决策会议，会前并没有对外公告，会后也没有发布新闻稿，不仅台湾新闻界当时毫无所悉，当局内部除了核心参与人员，也只有红十字会少数几位高层主管获知相关内容。对于有关军政部门如何执行"大陆红十字会人员金厦往返事宜"的秘密计划方案，会中曾确立几项重要原则：

第一：台"防务部"授权红十字总会执行本项秘密会谈，完全不使用任何书面授权函件；相关会议记录，必须依军事机密作业程序处理。

第二：台湾地区红十字总会在会前与大陆红十字会的联系沟通，以及执行军方授权协商事项过程，只能以电话口头联系，不得以书面函件，或留下书面会议记录。

第三：台"防务部"主管部门应规划并指派适当人选，直接参与会谈任务的执行，并协调金门"防卫司令部"协助各项会谈事务。

军政首长决策会议后，常松茂获得当局授权，以电话知会中国红十字会副秘书长曲折。军方为确保机密性，要求常松茂与大陆红十字会联系过程，不得传真函件，也不能制作书面联系记录。因金门仍属军事戒严地域，为便于统筹指挥，军方决定派遣邓定秩中将以红十字会顾问名义，直接参与金门会谈。

1990 年 9 月 12 日。两岸红十字会秘书长陈长文及韩长林，代表双方签署合作遣返偷渡客与刑事犯的《金门协议》。协议所展现的务实商谈与弹性灵活，对海基海协后来的事务性商谈产生重要启示作用；双方在协议不提红十字会正式名衔、保留纪元空白等做法，更成为两岸两会"搁置争议，务实协商"的原型商谈模式。

2010 年 9 月 20 日，当年参与金门谈判的两岸代表在厦门重逢，举办"纪念《金门协议》签署 20 周年"座谈会，我是唯一受邀参与见证并出席座谈的台湾记者。两岸代表在座谈与重走金厦航线途中，纷纷"解密"，讲

2010 年 9 月，乐美真等人重走金厦航线，纪念金门会谈 20 周年。（王铭义摄）

述了执行谈判的关键内幕与决策秘辛，郝柏村与陈长文则从台北飞抵金门接待两岸红十字会代表。

首位登陆金门的国台办交流局前副局长乐美真说，《金门协议》是1949年以来，双方授权民间团体签订的第一个书面协议。他比喻说，两岸往来犹如下围棋，既要博弈，也要覆盘；围棋攻防，无论输赢，总要摆棋覆盘，总结关键步骤得失教训；"覆盘是为了更好的博弈"，总结经验更应从经验中得到启示。

《金门协议》的商谈模式，虽是为了解决偷渡客遣返问题，但因使用红十字会名义和红十字会旗帜，据称曾引起红十字国际委员会的异议。中国红十字会前秘书长韩长林回忆说，他曾向国际委员会说明，在红十字会旗帜下完成遣返，并不违背红十字的人道原则，《金门协议》甚至还发扬了红十字精神。

担任中国红十字会主谈代表的韩长林透露，在金门会谈前夕，他住宿福州西湖宾馆，因持续与台湾红十字会的常松茂联系，每天都在房间与台北挂长途电话，一天打了很多通，饭店总机小姐警觉他与台湾有"异常联系"，还曾向大陆安全部门及领导打小报告，领导就告诉她们："不要多管闲事，接线就行了。"

具有军方将领背景的邓定秩回忆说，他是以顾问身份参与会谈，主要在确保大陆方面代表的安全与会谈顺利。金门会谈虽是两岸谈判的一小步，对两岸关系发展却是重要的一大步。金门会谈缔造多项两岸第一：第一次直航、第一次授权签署书面协议、第一次政治性商谈、第一次开展"非传统"的安全合作。

2010年9月，两岸红十字会代表重走金厦航线，
纪念金门会谈20周年。（王铭义摄）

以福州市红十字会副会长身份参与会谈的方庆云，原任福州市委副书记与分管遣返业务的政法委副书记。会谈前临时被安排红十字会身份，身上没任何数据，也没带一毛钱；当年离开金门，台湾方面送的礼物就是金门高粱，他还保存至今，当作宝贝，舍不得喝。

中国红十字会前台湾处长张希林则说，当年"五位共产党员与四位国民党员"竟能坐在金门商谈解决偷渡客遣返事宜，这在过去是很难想象的事。他并透露，当年他最早发现金门"仁爱新村"招待所的服务员全是当局军方人员客串的，因为他们进入房间前，都会先敲门，并喊一声"报告"，完全是军队训练出来的。

在当年《金门协议》签署之后担任重要执行任务的大陆红十字会前副秘书长曲折则说，回顾金门会谈取得的重要成就，他特别怀念台湾红十字会的徐亨会长、常松茂副秘书长两位已故老友，他们对两岸红十字会开展的交流合作，以及对两岸关系的良性发展所做的贡献，功不可没，他们如果能看到两岸关系的和平发展，应含笑九泉。

2014 年 2 月 16 日上午于
台北访谈袁希光

单　珊　　李　安

单珊：您是早期参与两岸新闻交流的前辈，当时您作为台北报业公会理事长，曾带领台北报业公会理监事访问大陆，为两岸新闻交流做了很多事情。我们想请您回忆一下当时两岸新闻交流的情况。

袁希光：哪里，这是台湾媒体人的责任。自从台湾对大陆开放观光以后，我们一直就有新闻方面的交流。我第一次去大陆是 1990 年，江苏省邀请我回乡参访大陆的建设进步情形，苏州及常熟台办来机场接我。在江苏省陈焕友省长接见后，由江苏省台办主任送我到北京，与一些领导见面，并备两辆专车带我到各地游览三天两夜。第二次是我带报业公会理监事访问大陆。去了五个地方，广州、南京、上海、北京、西安。除了和各地有关领导见面外，还与报社的总编辑、社长、副社长等负责人开会讨论，交换意见。包括《人民日报》、新华社、《陕西日报》《广州日报》、上海《文汇报》《解放日报》，南京的《生活晚报》等。《人民日报》是大陆最大的日报，我们建议它多刊登一点社会新闻，多一点有关经济方面的新闻。《人民日报》销路大，登广告划不来。我们就建议它，江苏、浙江，江西等每个地区的广告分散，就会有受众。他们接受了这个意见。我们到《广州日报》《羊城晚报》，因为他们受到了香港的影响，就做得比较好。他们第一销路很多，第二有广告，第三会经营。他们不仅替人家宣传而且还经营房地产买卖，结果《广州日报》和《羊城晚报》赚钱很多，盖了大楼，是那边最成功的。第一次报业公会访问时，我们提供了意见，并带了报纸和资料给他们。第二次再去访问，发现他们赶上来了。我们访问回来以后，"陆委会"开会检讨，认为我们两岸新闻交流很成功。这样子"陆委会"决定开放两岸新闻交流。开放后，相互来往，你们组团来台湾访问，讨论，我们到大陆去。我是两次带报业公会、一次带记者公会，共去大陆访问了三次，几个报社很客气的招待我们，把我们团的新闻都登出来。那个时候，大陆报纸不登台湾新闻的，却把我们的新闻特别登出来，而且当地的领导，包括书记、省长都出面接待我们。那个时候吴学谦先生是国务委员，也是对台工作小组的副组长。他特别在中南海紫光阁招待我们。我们谈了很多台湾政治问题、台湾证券市场问题，他说现在大陆是社会主义，将来要与台湾加强合作。他希望我们多一些人到大陆投资。大陆地方大，地大物博，人工便宜，非常值得来投资。回来我也写了很多文章，有影响的。大家一看，哦，都知道，大陆人工也便宜，所以要到那边去。后来大厂小厂都到那边去了。一次，汪道涵邀请，要我去谈关于台湾的经济问题。当时台湾经济发展得很快，是"亚洲四小龙"之一。主要就是因为证券市场。因为证券市场是筹谋资金的，过去一个中小企业，资本都一亿、五千万、两亿什么的，后来变成几十亿、几百亿的。那个时候证券市场也是我开始推动。推动设立证券市场，接受资金，把资金支持产业升级，经济发展，结果成功了。那个时候股票少，钱多，股票能够赚钱，赚得很快，大家都来了，后来，一半的人民来投资，农民也都来投资，最后连和尚尼姑都来投资了。因为赚钱快、赚钱多，主要的是因为刚开始的时候，初期，钱多，第二股票少，上市的股票就几十种，钱纷纷涌进来，开始涨、涨、涨了很多，开始从 800 点涨到 1990 年的 12682点，像国泰人寿保险公司的股票，由每股票面十元涨到 1900 多。汪道涵先生看到这个情况，觉得台湾的这个经验好，让我提供了很多资料。他叫国务院考虑要不要设立证券交易所。后来，在深圳开始试办，开始试办的时候没人买。后来，涨的特别厉害，试办成功。香港、澳门的资金都来了，上海也开始办了。他认为接受资金，发展经济，台湾很成功，在深圳试办成功，在上海又办也成功。很多企业，亏本，上市，那个时候大陆一半民众的钱不拿出来，渔民、农民一辈子放在那里，后来自从证券市场开始了以后，证券市场赚钱的很快，大家都知道了。深圳开始，上海开始，买不到股票，大家排队，第一天上市，结果涨得太高了，跌下来都套牢了嘛。汪道涵先生问我，上市的经过，涨得太快，跌下来不得了，麻烦了。我提供给他的意见是，把过余资金都上市，亏本的都是过余资金，把资金收到股票市场。而且提供了很多资料，结果上海也弄起来了，我带来了台湾很多上市股票的经验，怎么上市，怎么生长，怎么发展和进步的经过，向汪道涵先生报告。他顺便让我请陈立夫先生到大陆去访问，他说不谈政治，就是来看看大陆的建设，就是观光。叫我带信，请陈立夫先生到大陆看看。我向陈立夫先生报告过，他说要不要去，考虑一下。他说问过蒋老爷子，他可不可以到大陆去。蒋老爷子不批。后来他到了香港，大陆派中央台办主任杨斯德，三次到香港，后来没有谈好，就没有去。第二个是台湾最有钱的蔡万霖。他们希望蔡万霖到大陆去看看。蔡万霖是国泰人寿的董事长，要回去看看他老家。他家是福建的，已经决定了要去探亲、观光。结果他去问李登辉。他说，我要到大陆去看看、观光、探亲。李登辉说不要去，以后再说。后来就没去。第二次又谈起要去，已经准备去了，我们几个人到那边去了，后来蔡万霖生病了，没去成。以后据说在大陆水灾的时候，他一下捐了 1000 万。那时候，这是很大的数目，红十字会副会长特地来这里谢谢他。因为他在台湾中小企业捐款很多，有一次捐了三亿多，所以大陆对他的印象很好。本来他准备去大陆观光、探亲，投资。他认为可以去大陆投资，后来身体不好，没有去成。我在记者公会、报业公会、几个投资公司担任公共关系理事长等职务，好人好事都报道，坏的消息少报道，替官方开办公共关系，开办德智培训，而且我第一个在电视上谈理财怎么投资。所以，我对台湾的贡献，第一是两岸新闻交流，第二对新闻界的服务，第三开办社会服务。虽然钱不多，很多参加的基金会的同事，每年捐很多的钱给穷苦学生、给一般的平民。国泰赚了很多钱，怎么能不做点好事？台湾人做好事不跟人讲的。我说现在时代不一样了，一方面要做，做好事也要讲，以后中小计划，官方推动的政策，国泰每一次都捐，报纸登的很大。他第一个开始弄了以后，台湾企业家都跟着做了。我想，一个人人生很短，几十年，做一些对社会有些贡献的事。所以我出了一本书，助人为乐，希望为社会多做点事情。

单珊：像您说的一样，一个人要对社会做些贡献，您对两岸新闻交流就做了特别多的贡献。两岸新闻交流的成果毋庸置疑，并且带动了经济交流。但是交流初期和后期背景不一样。刚开始两岸关系很紧张，很封闭，后期相对开放，在这个过程中，您在两岸新闻交流工作中遇到过什么困难，记忆深刻的事情？

袁希光：很顺利，李安主任最早接待我们。20 多年了，他安排得很好，同时上面机关领导，包括汪道涵先生，为了证券市场、新闻的发展都希望我给他提供资料，很顺利，"陆委会"开放新闻交流。你们那边来，我们这边去，你们来我们招待，几次大陆报业的人来我们也招待，我们一起拍照，招待他们，非常顺利，没什么困难。新闻交流以后，经济方面开始交流了。双方都有报道。当时台湾地方太小，人少，投资少。大陆投资多，人多，消费低，人工便宜，条件好。于是大家陆陆续续都去了。结果台湾资金来了，而且至今仍往大陆跑。一方面台湾尽量投资到那边去，台湾企业需要劳工，那边消费低，利润高。这边不行了，那边起来了。这跟资本市场有关系。资本市场发挥了吸收游资、证券、加强工商企业发展的作用。两岸新闻交流现在很频繁，来来去去，很好，很顺利，很成功。

单珊：对两岸新闻交流有什么期待？后辈应做些什么来促进两岸新闻交流？

袁希光：现在新闻交流频繁，希望更进一步。希望双方设立办事处，驻台湾记者和驻北京、上海的记者加强联系，加强沟通，对于经济方面和其他方面的发展都有帮助。从新闻交流开始，现在要开始经济交流，慢慢正在开放。再进一步，21世纪中国人的世纪，将来我想进一步推进的话，将来中国一定和平成功。现在在世界上中国已经有掌声。所以将来的前途，两方面合作，和平，很有前途。现在经济问题，那希望台湾努力，台湾民主、选举的，再不要反对这个，反对那个，反而经济倒退。看看现在官方慢慢改，会成功的，将来和平统一有希望。将来中国仅次于美国，现在在军事方面，大陆经济方面好得不得了，人民币、房子都升值，两岸合作的希望很大，将来中国的前途看好。

两岸记者联合采访三峡工程忆趣

杨　毅

　　两岸记者联合采访始于 1992 年。这年 4 月，七届全国人大五次会议表决通过了《关于兴建长江三峡工程的决议》，引起国内外广泛关注。台湾媒体纷纷提出赴三峡地区采访的申请。考虑到申请采访的台湾记者人数较多，而三峡地区经济欠发达，交通不便，国务院台办新闻局决定以台湾记者为主，适当吸纳大陆记者参加，组织两岸记者联合赴三峡集体采访。因缘际会，三峡采访成为延续至今的两岸记者联合采访活动的第一次。

　　两岸记者三峡工程联合采访 5 月 3 日从重庆开始，跨越四川、湖北、湖南三省，途径涪陵、丰都、万县、云阳、奉节、巫山、秭归、宜昌、荆州、安乡、华容、岳阳，实地考察采访了三峡库区移民试点、三斗坪坝址、葛洲坝水利工程、荆江分洪区和长江水利委员会，行程 1500 多公里，历时 11 天，13 日在武汉结束。联合采访活动详细情形，当时两岸媒体已多有报道，现摘记采访过程中几件趣事，以资纪念。

田氏对焦

　　涪陵地区台办副主任田齐，40 岁开外，个子不高，身形瘦削，操一口典型"川普"，说话非常诙谐幽默。采访团租用的是涪陵轮船公司新下水的"天龙"号游轮，虽然涪陵是采访的第二站，但田齐从采访第一站就在团里忙前忙后，与两岸记者打得火热。他动作利索，精明强干，又为人热情，有求必应，给两岸记者留下深刻印象。

　　田副主任是个摄影爱好者，总是相机不离身，走到哪儿拍到哪儿，以便为采访活动留下资料。一般人摄影，都是站定后用手转动对焦环来调整相机对焦，田副主任却与众不同，他从不动对焦环，而是通过自己身体前后挪动来对焦。于是，在各种采访现场，总是看见一个人手持相机，先瞄准，然后前腿弓、后腿绷，沿着一条直线，一会儿往前，一会儿往后，来回移动，时间长不说，怪异的举动经常让被拍摄者不明就里，不知所措。慢慢地，大家都知道他是在用这种特殊方式对焦，采访现场经常爆发出阵阵会心的笑声。

我曾经当面问他为什么用这种方式对焦，他回答说这样对焦才准。采访结束后半个多月，我收到田副主任寄来的照片，看后觉得他说的好像有点道理。

裸男纤夫

"天龙"号到巫山后，采访团弃大船换乘若干小船，溯大宁河而上，采访小三峡。我和中新社女记者路珺珺等四五人被分在同一条船上。

沿途峰奇岭峻，云缭雾绕，滩险流急，采访团惊叫声不绝。行至上游大昌古镇，河面渐宽，水流稍缓。我靠在船舷，悠闲地欣赏两岸的旖旎风光。突然，路珺珺一声惊叫："快看，裸男！"唰的一声，全船记者同时回头，顺着她手指的方向望去，只见远处河岸，一群纤夫，约莫五六人，一字排开，正低头吃力地在拉纤。这些纤夫，皮肤呈古铜色，身材都很结实，有老有少，有胖有瘦，全都一丝不挂！听不见有人喊号子，但动作协调，步调一致。虽然以前也曾听人讲过，但在深山幽谷中亲眼看到，眼前的情景仍然令两岸记者兴奋不已，大家齐声欢呼，纷纷调转手中的照相机、摄像机追拍，"小三峡纤夫"也成了日后记者报道的一个亮点。

175 水位

对采访团记者来说，175 是个太熟悉不过的数字，它是三峡工程建成后库区水位上涨后要达到的海拔高度。在采访线沿途，在三峡库区，我们经常会看到 175 这个数字，用白石灰浆标注在岩壁、山坡、城市和乡村房屋的墙上。

一天午后，采访团在荆江大堤采访。先在一个宽阔的岸坝上集中听专家介绍荆江分洪情况，然后四散各自采访。一家台湾报纸女记者独自朝堤岸边走，到了后朝江里看了看，捂着嘴乐着往回走。另一家台湾电视台的两名男记者见状，忙问怎么回事，女记者也不答话，一手捂嘴乐，一手往江岸指。

这两名男记者扛着机器就往江边奔，到了后一阵猛拍，然后也怪乐着回来了。我问咋回事，答曰："175 水位！"我心想 175 水位到处都是，有什么好乐的。伙同几个记者走到江边堤岸，伸头往下看，哪有什么 175 水位！只见空旷的堤岸斜坡上，有一对青年男女坐着相拥在一起接吻亲热。可能太过投入，两人完全不理会十几米高处还有一群人在行注目礼，毫无察觉，我行我素，继续按既定程序进行。记者们也成人好事，悄悄地去、悄悄地回。不过自此之后，集体采访时只要听到 175 水位，记者群里都会传出会心的笑声，搞得主讲者以为是自己哪里讲错了。

摸您 Call

过了荆州，采访团来到湖南安乡县采访。安乡北顶长江，西连澧水，南接洞庭，是洞庭湖接纳长江、澧水的"洪水走廊"，防洪任务繁重。

安乡县委、县政府对采访团的到来十分重视，白天采访结束后，晚上还在大礼堂安排了舞会。当晚全团下榻县里当时条件最好的县委招待所。因白天采访非常疲劳，第二天又要早起，台湾某电视台男记者担心睡过头误事，临睡前就到前台向值班员要求设置 Morning Call，也就是叫早服务，值班员点头表示懂了，让他放心。

第二天一早，该记者在睡梦中感觉有双小手在拍他的脸，左边几下，右边几下，然后轻柔呼唤："先生，该起床了！先生，该起床了！"记者猛然惊醒，一下子坐了起来，醒了醒神，才看清眼前的人就是昨晚自己拜托的招待所值班员，连忙致谢。值班员兑现完承诺，礼貌地退了出去，留下记者摸着脸独自发愣。

我们都是一家人

5 月 13 日上午采访完武汉杂技团后，整个三峡工程联合采访活动结束。应记者要求，采访团在下榻的东湖宾馆举行了简单的告别会。

11 天的共同采访、生活，两岸记者结下了深厚的情谊。告别会上，大家别情依依，诉说 11 天来的点点滴滴，感谢活动组织者和各地政府的周到安排和热情接待，表达对两岸新闻交流未来发展的热切希望，不少记者流下了激动的眼泪。在《中时晚报》记者杨渡提议下，大家最后合唱了一首

《我们都是一家人》:

  我的家乡在台湾

  你的家乡在大陆

  从前时候是一家人

  现在还是一家人

  手牵着手　肩并着肩

  轻轻地唱着我们的歌

  团结起来　相亲相爱

  因为我们都是一家人

  现在还是一家人

  大家泪眼朦胧，互道珍重，相约来日再见！

18 名大陆记者赴台的前前后后

柏亢宾

柏亢宾：中华全国新闻工作者协会台港澳办公室原主任。先后就职于东北日报社、《中国报道》杂志社，是海峡两岸及港澳新闻研讨会的发起人之一。

两岸新闻交流 30 年，道路坎坷，喜忧交集。为拆除交流的藩篱，开辟畅通的路径，有两岸同业的呼吁、勇者的践行，也有高层识时务者的睿智。28 年前我在中国记协工作，为接待台港澳记者来大陆采访办理证件、联系选题忙碌不停。有的台湾记者多次来访，我们相识相知。他们很关心大陆记者何时能赴台采访。我说早就想去呀，台湾当局的人为障碍不让我们去。我的话弄得对方有些尴尬，一再说"抱歉抱歉，我们回去一定帮助你们呼吁"。

一、扫除障碍

1987 年 9 月，台湾《自立晚报》两名记者绕道来大陆采访令人兴奋。同年 11 月中国记协负责人发表谈话，欢迎台湾记者来大陆采访交流。随之来者络绎不绝，足迹踏遍祖国大江南北，采访项目从政经到社会各个层面。截至 1991 年上半年，来者 2000 余人次，大陆记者却无一人入台。同年 8 月，由于"闽狮渔事件"经与台当局交涉，新华社记者范丽青和中新社记者郭伟锋以个案方式随中国十字总会人员入岛采访，此时仅是 2000 比 2 人次。台湾当局称，大陆记者有共产党员身份的入台后会以"涉嫌预备内乱罪"遭到"司法机关受理"难保人身安全。我和我的同事接待来访的台湾记者从来不问其政治身份。1990 年 9 月北京举办"第十一届亚运会",台湾媒体组成采访团、组近 200 余人次。有位记者问我:"你们会把我抓起了吗?"我问为什么。他说:"家母说我参加过三青团,担心……"我告诉他:"安心采访吧,下次来我还要为你服务呐。"

1991 年夏,中国记协负责人两次向中新社记者发表谈话,抨击台湾当局在大陆记者入台采访问题上人为设置政治敌视性、歧视性措施和不合理的规定。谈话发表后引起岛内外舆论界共鸣。台当局表示愿意修正或取消填写"脱离共产党宣言书"等。"共产党员身份"问题虽然暂告一段落,却又冒出台新闻主管部门制作并让赴台大陆记者佩带的"大陆地区传播媒体参观访问证"问题。台湾记者来大陆佩戴的采访证是我设计的,只有姓名、单位、照片和编号及有效日期,背面盖的是中国记协公章。中国记协书记处书记王哲人在接受台《联合报》记者采访时表示,台方制作的"证件"两次出现"中华民国"字样,大陆新闻界是不能接受的。后来台新闻主管部门负责人说,是为了记者采访方便,并不强迫领取或挂用。

1991 年 12 月 16 日"海峡两岸关系协会"成立。翌年初海基会致函海协会邀请大陆记者访台。经双方多次商议确定,由 17 个新闻单位 18 名记者组团于 1992 年 9 月 5 日抵台。

二、路途艰辛

海协会委托中国记协牵头组团,记协书记处决定派我赴台并参与记者团的具体事务。团长翟象乾,《人民日报海外版》高级记者;副团长柏亢宾,中国记协国内部副主任兼港澳台处处长;副团长端木来娣,新华社国内部港台编辑室副主任;副团长王求,中央人民广播电台台播部副主任;杨远虎,《瞭望》周刊台港澳编辑室主任;魏秀堂,《现代中国》编辑部主任;周建闵,中新社台湾新闻组组长;翟惠生,《光明日报》主任记者;张长明,中央电视台主任记者;景春寒,中央电视台编辑;赵兹,《经济日报》台港澳版主编;吴苾雯,《中国青年报》记者;董玉琴,《工人日报》主任记者;林双川,《半月谈》杂志副主编;卜林龙,《团结报》主任编辑;王舟,《台声》杂志编辑;庄战成,《福建日报》主任记者;刘武,海峡之声广播电台专稿室副主编。团长分工:翟象乾总管。端木来娣协调采访事宜。王求和我负责团内外联系、办理出入境、票务及食宿等。有关记者团的具体事务由海基会直接与我联系。

我们首先遇到的问题是填写台湾的"入出境证件申请表",内容繁多要求具体,如"是否中共党政军专职",在家庭成员中父母是否在世都要填写。我将填好的18份表格发至海基会,8月中旬来电告知有五份不符规格要重新填写。同时追询中央电视台的"中央"两字,是否隶属"中共国务院党政机关"。台方的疑问我说清楚了,补充的表格也寄出了,等待的是"台湾地区旅行证副本"也就是赴台"入境副本"。8月30日收到"副本"。我立即复制传给三名外省记者,以便就地办理我方出入境手续和订购赴深圳机票。随后我和王求奔赴出入境管理部门,以加急件办完相关手续。不料北京至深圳9月4日的民航机票订不到。

"团长紧急会议"商定,9月3日从北京乘联航飞往广东惠阳,换乘旅游大巴抵深圳过夜,4日上午出深圳罗湖关入香港,5日抵台湾。似乎这是一条轻松的路线,没想到却是艰苦的旅程。在北京采访的台湾记者得知我们没有买到民航机票,便问是不是乘"军用"飞机呀。他们知道联航是从南苑机场起飞,该机场曾是军用后改为军民两用。我登机不久一位小姐迎面而来,"柏公,你好!"啊,尹乃馨,台湾《联合报》记者。我佩服台湾记者"围追堵截"的功夫,没想到还有能掐会算的本领。她说她是记者团"18加1"成员,要跟我们一路打拼到台湾。她在机舱里采访了15名大陆记者。我们抵广东惠阳换乘大巴,虽然路面凸凹颠簸不停,可是车厢里歌声嘹亮笑声朗朗。一是心情愉悦,二是亮亮歌喉以备应对同业的挑战。在深圳华侨大厦我们与福建的庄战成、刘武和湖北的吴苾雯会合,18个人总算团聚了。

没想到由深圳罗湖出关入港也是一段艰辛的过程。我们在"关口"足足等候了一个上午才通关抵港,入住九龙仕德福酒店。午餐后大家刚要休息,海基会紧急电话找我,原定持"入境副本"抵台北桃园机场后就地"换正本"的方案取消了。18名大陆记者必须持"副本"到设在香港的台湾"中华旅行社"换取"台湾入境管理局核发的正本"后,港英管控的机场方准其出境登台湾航班。可是九龙地区与香港岛相距甚远,如何能让18个人在旅行社下班前赶到是个头痛的事。这时中国记协专程为记者团安排在香港食宿的同事带领大家乘九龙至香港地铁,准时赶到了旅行社。9月5日顺利出港登上台湾"华航"C1602班机,12时10分终于抵台北桃园机场。

我们一迈进机场大厅,百十位台湾同业的闪光灯闪烁不停呼声不断,"相逢何必曾相识",两岸记者亲切寒暄;我们走出大厅,就有"台独"分子大喊"台湾是台湾，中国是中国"。机场警察奋力驱散，"大巴"驶入公路。我刚落座迎接我们的海基会赵淦成处长递给我手机说："您的电话。"原来是海基会副董事长兼秘书长陈荣杰问候全团。他担心在机场的"台独"分子闹事会伤害我们。我说"一切尚好，平安无事"。他哈哈大笑。这爽朗的笑声解除了海协会和海基会八九个月的辛劳。双方除了非正式商谈，往来函电达 20 余封，最终排除了多项人为障碍。两岸新闻双向交流的大门启开了。新闻媒介将承担着传递两岸人民被海峡隔绝 40 年的深情厚谊和亲情眷念以及美好的向往。

三、民心相通

宝岛风光秀丽，民心向善。我们在台湾八天七夜，南下北上行程千里，涉足六个县市，访问了 33 个工农学商医和居民住宅等。特别是五位知名人士接受了记者的采访，全团发稿过百遍。我感受到了真诚的友情、深切的乡愁和同业间纯净心灵的沟通。

自离京之日，我肩上总是背着一个黑色帆布包。抵台当天布包拉锁坏了，包口敞开内物一目了然。采访时我手端相机腋夹布包。海基会张处长要帮我背包我不肯，赵处长要帮我提包我不松手。大陆记者凑过来，强行为我背包，我紧握不放。他们看我如此固执疑虑不解。为缓和此刻尴尬，我说帮我找一根细绳吧。午餐后海基会的一位新朋友给我送来一个手提式旅行袋。他说是赵处长吩咐的。我感谢他们的关心，但是误解了。殊不知我帆布包里装着两万美元呀，当年是个不小的数目。这是我离京前"老板"给全团以防意外用的"救命钱"。我白天背在身上，夜晚枕在头下，这个秘密只有翟团长知晓。采访结束了，离台前我们要设宴答谢海基会、新闻界以及为我们此行关照的多位朋友。买单时海基会赵处长陪我去结账，我从帆布包里拿出一沓美元，他恍然大悟地笑了。我歉意地说，包不离身的"秘密"就在这儿。

我和赵淦成处长较熟悉，大陆记者团在台的多项接待活动和食宿都是他细心安排的。赵处长籍贯上海，来台 40 余年与家人音信隔绝。1987 年台湾当局开放民众回大陆探亲，他委托朋友找到了母亲和妹妹。原定赴大陆探亲之日，正是我们抵台的当天。为了接待我们他推迟了探亲日程。他说我能接待首批大陆记者团来访感到荣幸，母亲和妹妹是会理解的。我们在台湾有时会碰到"台独"分子喧闹，但更多相遇的是民众与我们叙旧攀亲。我在高雄采访居民区住宅时，一位老人拿着报纸擎着雨伞呼唤我的名字。我迎面跑去他对照报纸上的照片说："咱俩是老乡啊"。他叫石万里，年过七旬，辽宁西丰人。我原籍辽宁开原，和他家乡是临县。他是 30 年代张学良部下《东方报》摄影记者，曾冒着生命危险拍下了几百张日寇侵犯东北的照片。1949 年他身背照片来台湾筹备影展，刚刚登上宝岛战火就把他隔在海峡的那一端了。希望我在大陆帮助他寻找亲人。我返京后在一篇报道中讲了石万里的故事。第二天他的亲属给我打电话，询问详情并记下在台湾的住址和联络方式。我们记者团的庄战成是"台湾仔"，8 岁过继给福建庄姓人家。这次他来台采访的同时很想找到亲人。台湾同业得知庄战成的愿望立即传播这一消息，于是电话询问、登门认亲者不断。我们即将离台的凌晨，从 200 里外的彰化赶到台北的吴芳权与庄战成相互认定是亲兄弟。

　　大陆记者赴台是采访宝岛的各个层面，没想到却成了对岸同业的采访对象。台湾媒体对大陆记者每日的行踪、表现以及谈笑风生都有报道。一天清晨我被门铃声催醒。原来是台湾媒体的老相识。他说白天"抓不到你"，只好"堵床头"了。他让我说说来到台湾的感受。我说莫急，待"出恭"后再谈。他说还是"公私兼顾"吧。"我在门外问，你在门内答"。于是我关闭了卫生间门。没说上几句话电话铃响了，是一位记者询问台湾记者何时能在北京常驻。我只好对两位记者分别一问一答不分亲疏。

　　新闻是沟通人们心灵的纽带。此行我结识了台湾新闻界德高望重的楚崧秋先生。我们敞开心扉地交谈和日后多次协商，终将海峡两岸及香港新闻界高层人士相聚的夙愿得偿。1993 年 11 月在香港举办了第一届"海峡两岸及香港新闻研讨会"。随后澳门同业加入，每隔一年各地轮流主办。不幸楚公于今春驾鹤远行，令我沉痛不已。"人事有代谢，往来成古今"，可欣慰的是我们共同发起的"海峡两岸及港澳新闻研讨会"仍在继续，今冬将在澳门举办第十五届新闻研讨会。

　　如今两岸"三通"了，大陆记者赴台手续简便了，两岸记者驻点已践行，民间往来日益增多，两岸新闻交流也已 30 年。我的东北老乡石万里找到了在北京的亲人。中国人的事难办也好办，只要纯洁的心灵与善良的胸怀相向而趋，必会一叶逢春绿，百花遍地香。

潮起潮落回看台湾

王　求

王求：北京大学中文系新闻专业毕业，现任中国广播电影电视社会组织联合会副会长。曾任广电总局党组成员、中央人民广播电台分党组书记、台长。1992年以首批大陆记者采访团副团长身份赴台湾采访，期间采制的录音报道《张学良将军接受大陆记者采访》获当年"中国新闻奖"一等奖和"中国广播奖"一等奖。

　　包括1988年路过台北桃园机场，我总共到过台湾三次。1992年9月作为两岸开放后第一个记者团副团长赴台湾采访，2012年12月以团长身份率中华全国记者协会代表团赴台访问。而这30年，海峡两岸潮起潮落，经历了此长彼消的跨世纪变化。

　　1988年10月3日晚上8点多，我参加汉城奥运会报道后回国，因搭乘韩航航班要在台北桃园机场经停。在大约一个小时时间内，我怀着一种莫名的兴奋，举着话筒四处采访。当时的场面，至今仍记忆犹新。在机场免税商店，见到一位值夜班的老伯，是位河南籍老兵。在与我聊天时，他正在拨弄一台袖珍收音机，问他在听什么，他笑笑不说话，顺手递过收音机让我也听一听。我简直难以相信，收音机里正在播出的，竟是中央人民广播电台对台广播徐曼主持的《空中之友》节目。

　　在短暂的一个小时里，我还半开玩笑地询问了一位机场境管人员。我是明知故问，问他能不能放我进入台北市区，他说不行，除非专案提出申请并获特许。这位先生很礼貌，答完让他为难的问题之后，仍表示他本人欢迎我有机会到台湾岛内采访。不过，他的话只是一种客气，那时讲不具任何实质

1988 年 10 月 3 日晚，在台北桃园机场采访河南籍老兵。

意义，因为当时的台湾，并不欢迎大陆记者进去采访。

我和那位先生都没有想到，四年之后，我能再次出现在桃园机场，而且真的进入了台北。

1992 年 9 月，18 位大陆记者正式赴台采访，打开了海峡两岸新闻双向交流的大门。然而，这道门开得并不顺利，其过程艰难曲折，历经磨砺。

1988 年，台湾《自立晚报》记者李永得和徐璐，冲破岛内重重封堵，转道日本进入大陆采访，从此叩开了"大陆之门"。此后五年，台湾各新闻媒体记者，先后 2000 多人次到大陆采访报道，在两岸关系发展过程中，发挥了强劲的推动作用。台湾民众通过他们的报道，对大陆的了解与日俱增、日渐深入。而与此同时，尽管两岸新闻媒体和社会各界强烈呼吁，大陆记者赴台采访，却仍不得其门而入。这种失衡状态，受到越来越沉重的压力。

1992 年 1 月 6 日，台湾海峡交流基金会来函，通过大陆海峡两岸关系协会邀请大陆 11 家新闻媒体的记者赴台采访。

从 1 月初到 6 月底，在整整半年的时间内，围绕一个又一个棘手的政治问题，两岸拉过来又扯过去，希望突然出现，又不断在失望的旋涡中打转。

6 月 16 日，在强大的舆论压力下，台湾新闻主管部门负责人胡志强先生出来讲话，说那个大陆记者不能接受的采访证件，可以不领不挂，最后一道障碍宣告排除。8 月上旬，经过海协会和海基会反复磋商，首批正式赴台采访的 18 位大陆记者名单确定，这次具有历史意义的旅程，终于在历经曲折之后，迈出了第一步。

1992 年 9 月 10 日下午在台北北投复兴三路
70 号，采访结束后与张学良夫妇合影。

由 17 家新闻机构派员组成的大陆记者团，是一个松散的团队，每个成员只对自己的单位负责。但是，这毕竟是一次集体行动，因而许多事情需要统筹安排。受大家公推，团长和副团长派定了四位，团长翟象乾执总，三位副团长也明确了分工，端木来娣协调采访安排，柏亢宾和我则肩负起处理全团具体事务的责任，其中包括办理出入境手续。当时感觉义不容辞，承担以后才渐渐体会这项任务之艰巨。

大约在 7 月中旬，台湾方面寄来入出境证件申请表格，同时附有海基会委托台湾多家新闻媒体联署的邀请函。申请表格包括填写说明只有两页，但所列内容非常具体。譬如在申请人资料栏中，"是否中共党政军专职"也须写明。因为人多，分发收集这些表格，就花了近一周的时间。我们原来以为，挟第一次组团赴台采访之便，办理各项手续可以比较顺利简便，不料彼岸有关方面并无此共识。先是因为五份表格填写不合规定打了一个来回，随后出现所谓"中央电视台隶属中共国务院，系党政机关"的问题，又累台湾有关主管机关费时研究考证。

在来来往往的纠缠中，我与柏亢宾最心急，因为当时海基会安排的采访日程已经确定，台湾方面的入境证副本迟迟不发，不仅订购机票面临困难，大陆方面的出入境手续也无法办理，眼看能否如期成行已成问题。在焦虑中，我们做好了一切准备，在京15位记者办理出入境手续所需的个人证件陆续收齐，天天冒险揣在身上，自行车也打足了气，一旦文书拿到，可以随时赶往有关部门办理。

8月30日，那个东西终于盼来了，我和柏亢宾像两台上了发条的机器，立刻振奋精神，活跃起来。好在境管部门大开绿灯，为我们如期赴台加急办理出境手续，虽然加急费用高达每份100元人民币，但能在48小时内办完所有手续，用北京话说是"值了"。

没有想到，在关键时刻，机票又出了问题。按已确定的采访日程，我们应于9月4日起程，当天经深圳出关抵港，次日上午即转机飞往台北。但是，由于办理证件一再延误，到确定可以成行的时候，北京飞深圳的民航机票已无法买到。这意味着只有两种选择：或者出发日期提前，或者更改日程。饱经折腾的我们这一群，情绪已十分焦急，继续拖下去说不定哪一位会急出毛病。所以，经过紧急磋商，大家公决更改路线，提前一天搭乘联航班机先飞广东惠阳，然后再转车赴深圳过夜，4日一早出关入港。

正当我们为改变行程不利在香港换证而愁云满布的时候，破天荒第一次传来了好消息。海基会来电话通知说，首批正式赴台采访的18位大陆记者，已获准可以免到台湾设在香港的"中华旅行社"换取入境证正本，等我们5日中午抵达桃园机场后，再"落地换证"。听到这个消息，恍如春旱逢雨，大家好一阵子欢欣。

9月3日一早，看到另外13位在京的同道全部出现在南苑机场候机室时，我和柏亢宾松了一口大气。连日来的往返奔波和着急上火，总算换来如期起程前一刻的轻松，感觉真是惬意。无论如何，这个庞大的队伍终于踏上了历史性的航程。

登机之前，出现了一段插曲。台湾《联合报》记者尹乃馨小姐，像精灵一样出现在大陆记者的队伍中。台湾记者的拼劲，早有耳闻，但如尹乃馨这般"神通"，还真令我们感到意外。不过，事后我们在路上遭遇的艰辛，也让她领略了大陆通向台湾之路的曲折。

当天中午，顺利到达惠阳。惠阳联航机场，设施简陋而且几乎毫无秩序。托运行李被车拖到一条狭窄的过道里，任乘客挤挤撞撞如哄抢般认领。

费了九牛二虎的力气，21 件行李才全部找齐，但每个人都已经是大汗淋漓了。幸亏多数人行前有远见，未敢西装革履，否则台湾未到，"行头"必已泡汤。

惠阳去深圳的路上，大家虽然疲累，但几位"星"级选手初露锋芒，在车上制造出开心一刻的时光。景春寒半专业水平的流行歌曲，翟惠生超级"梅派"的京剧清唱，以及柏亢宾那蒙古非蒙古、朝鲜非朝鲜的语音"口技"，为尹乃馨发特稿凑足了材料，但也害得我当晚半夜陪她出门，在深圳街头到处找能传真发稿的地方。在深圳华侨大厦，北京来的 15 位记者与先期由福建、武汉赶来的庄战成、刘武、吴苾雯会合一处，全团第一次实现了"大团圆"。

我们在行前已经了解到，由罗湖出关往香港，不是一条顺畅的坦途，但事前曾拜托各有关方面协助疏通，所以满怀希望。岂料早 8 点顺利出关后，在进入香港海关之前遭"卡壳"。

按照台湾现行大陆政策，大陆人民去台湾，无论因公因私，一律要本人持台湾"入出境管理局"核发的入境证副本，到香港"中华旅行社"换取正本。在港英当局方面，大陆经港赴台人员，则必须走深圳罗湖出关入港。罗湖关每天进出几万人，高峰时甚至超过十万人，我们虽说是记者，但无任何特权或特许，所以被"卡"在里面，并不新鲜。

在有些境况中，会感觉时间放慢。在香港中旅社设在罗湖关的一间办公室里，海峡两岸 19 名记者晃来晃去，百无聊赖，简直度日如年。大约十点半钟，新华社香港分社台湾事务部部长乐美真由香港赶来，气氛顿时活跃起来。他带来几份当天港台出版的报纸，其中台湾《联合报》上，刊载了尹乃馨前一天从深圳发回的随团报道。尹乃馨在报道中说："应海基会邀请访台的大陆记者访问团，历经诸多曲折后，今早搭机离开北京，辗转经广东惠阳、深圳，将取道香港，后天抵台，展开在台的七天采访行程。这是大陆记者首次组团来台采访，将给两岸新闻交流树立新的里程碑。"看着尹乃馨的报道，我心里仍不踏实，能不能"树碑"，还要看那道门是否真的能打开。

挨到中午 12 点半，大家似从梦中惊醒，一片掌声欢呼过关。然而，这只是暂时的兴奋，到了关卡那边，还有麻烦在等待我们。

香港中旅的"大巴"，送我们到九龙仕德福酒店。进房间放好行李，已是下午 1 点半。匆忙吃过午饭，大家抓紧时间回房休息，我和柏亢宾又奔出酒店，步行穿街过巷，到香港中旅旺角办事处，为返程安排食宿住行。

事情还没谈完，电话追了过来，十万火急向柏亢宾报告，入台证件出了问题。那天香港酷热，我心里本来就积着火，听到这种含含糊糊的消息，不由地头都感觉大了起来。忙不迭地赶回酒店，才知道海基会原来说在桃园机场"落地换证"的许诺已经失效，有更权威的机关，对此根本没有许可，所以在香港"验明正身"换证的程序必须履行。这个时候，已经到了下午3点多钟，而办理换证手续的"中华旅行社"远在香港岛，而且，一个多小时以后就要下班。

大家刚刚轻松下来的情绪，顿时又起波澜。当时中旅的"大巴"已经回库，现找能容纳十八九个人的车子发生困难。情急之下，几个团长只好拜托中旅一位先生带路，领着一团人匆匆登上了由九龙往香港的地铁。

我们到达"中华旅行社"的时候，对方已接获台湾有关方面的通知，赶在下班前办好换证手续。在我们忙着填表的时候，"中华旅行社"主管黎昌意先生来了。据他解释，除此前不久几位高龄大陆科学家因行动不便特别实行过见证不见人的办法，以往所有大陆赴台人员均照此规定办理，从未破过先例。听到这番解释，联想五年来近三万大陆各种人员来这里办理手续的艰难历程，更觉感慨万千。还要等到何时，才能免除这些繁文缛节，令大陆同胞赴台通行方便呢？

当晚，台风袭击台湾，据说有两次飞往台北的航班滞留香港，未能如期起飞。一连串的坏消息加不顺利，在团内激发起抱怨的浪潮，使得很多人的情绪，再次落到低点。

也许是好事多磨，或者说是"苦尽甘来"，第二天上午搭机赴台时，不仅已风平浪静，而且在"华航"一路特别照顾下，我们一行顺利抵达桃园机场，启开了八天七夜台湾行的大门。

9月8日晚上，在海基会举办的酒会上，大陆记者见到了台湾地区行政管理机关"大陆委员会副主委"马英九先生。在现场的五位大陆记者，不约而同地都提起了赴台采访的曲折经历。有人提问说，本来告诉我们可以在桃园机场"落地换证"，为什么会突然改变？马英九反问："谁告诉你们可以落地签证？"当有人告诉他是海基会通知我们上述决定时，他仅以一句"海基会不了解状况"，把问题遮掩过去。说起在香港换证造成许多不便和麻烦，以及要求大陆同胞填写保证书以保证返回大陆的做法有欠公平，马英九解释，要去"中华旅行社"换证，是验明身份，这个过程将来可以考虑简化，但有些事情不是台湾方面的问题。后来事情的发展证实，马英九先生从这次酒会的对话中，体会了我们赴台的艰难曲折，因而会在其后不久举行的"大陆工作会议"上，提出要简化大陆人民赴台手续的建议。从这个意义上理解，首批大陆记者赴台采访之行，的确起到了历史性的叩门作用。

2012 年 12 月，应台湾联合报系文化基金会邀请，全国记协组织中央媒体负责人访问团赴台交流访问，由我担任团长。这是我第三次到台湾。我们一行 18 人历时八天，参访了台北、台中、高雄等八个县市，行程 2000 多公里，走访了 28 家台湾主流媒体和单位。到访媒体遍及台湾北、中、南，覆盖了通讯社、报纸、广播、电视、网络以及新闻同业公会等公营、民营多种媒体类型，具有广泛的代表性。这是自 1998 年、2009 年、2011 年，全国记协第四次组织中央媒体负责人赴台交流，规格之高、代表性之广、影响力之大，均超过前三次。随着两岸关系和平发展不断推进和两岸交流合作持续深化，大陆和两岸关系因素广泛渗透到台湾社会各个方面，其影响无处不在。从两岸新闻媒体交流交往的角度来看，台湾的发展离不开大陆，离不开两岸关系的缓和改善，已成为台湾各界的普遍共识。台湾民众迫切需要更多、更深入地了解大陆，了解两岸关系情况。遗憾的是，2016 年台湾地区政局更迭，民进党上台后，拒不承认"九二共识"，导致两岸政治生态恶化，又一次陷入了僵局。

2012 年 12 月 13 日上午，在台北圆山饭店门前合影。中为时任圆山饭店董事长李建荣；左二为中宣部副部长孙志军；左三为国台办副主任叶克冬；左一为中国记协书记处书记王冬梅，右三为作者。

回顾我 30 年间三次到台湾的经历，内心感受可以说是五味杂陈。回想当年在台湾采访，所到之处最常听到的一个词就是"台湾经验"。台湾这个当年的亚洲"四小龙"之一，凭借强势的外向经济，在科技、教育、农业等领域，确有不少可以拿来向大陆人炫耀的东西。作为一个来自大陆的记者，面对"精致农业""科技园区""三专五专"这些概念，自然会对比改革开放尚处于早期阶段大陆的种种不足。跟现今很多台湾同胞不同的是，那时大陆经济虽未开始腾飞，但从上到下都在忙着寻求改革开放的突破，因此政府和民众心态都是积极向上的，而现在我们看到，由于两岸关系急转直下，台湾经济发展停滞不前，岛内不少民众反而出现"鸵鸟"心态，看不到或不愿看到大陆发生的巨大变化。

1988 年在桃园机场见到那位河南籍老兵，说他在开放探亲之前已经回过老家，当时的基本印象是与他离家时没啥变化，还是一个"穷"。那一年，中国大陆 GDP 排在全球第八位，总量是 4060 亿美元，人均只有 367 美元，而台湾经济总量是 1260 亿美元，全球排在第 21 位，人均则超过 6300 美元。28 年过去，弹指一挥间，两岸对比早已时移势异。2016 年，中国大陆 GDP 全球排名第二，总量到了 112182 亿美元，人均也达到 8133 美元，而台湾 GDP 总量是 5285 亿美元，人均 22453 美元。在实际生活当中，两岸人民的感觉，反差可能更为强烈。2017 年 2 月 5 日，台北市前副市长李永萍在台湾中天电视《夜问打权》节目中，对两岸发展现状的对比，点出了现在台湾岛内媒体舆论对大陆认知的偏差。她以 2016 年"双十一"阿里巴巴一天的销售收入 1200 亿人民币为例，比较台湾电商 PCHOME 年销售额仅有 228 亿台币，用了"后发先至"来形容中国大陆在经济发展上的巨大变化。李永萍在节目中疾呼，台湾社会不要再对大陆抱持错误认知，民进党执政当局此时选择与大陆对抗更是迷失了正确方向。

300 万保险防"台独"

赵　兹

赵兹：曾任《经济日报》高级记者、海外中心副主任兼港台部主任和香港《经济导报》第一副总编辑兼总经理，1992 年曾作为首批大陆记者团成员赴台湾采访。

我曾有过三次赴台的经历，前两次是在 20 世纪 90 年代。第一次是在 1992 年，应海基会邀请，我作为大陆首批记者团成员赴台；第二次是在 1994 年，应《联合报》董事长王惕吾邀请，这两次都是以媒体人身份赴台。第三次的 2014 年 11 月，我是以中国民营经济研究会家族企业委员会秘书长身份，应邀到台北参加华人家族企业年度论坛。论坛间隙，我又见到了《联合报》大陆新闻中心主任刘秀珍、《财讯》杂志社总编辑梁宝华和《联合报》原记者尹乃馨等，而帮我联系这些媒体老朋友的则是《中国时报》驻北京资深记者王铭义。

这三次赴台经历和实地观察，使我对台湾有多方位的了解和感悟。然而，令我印象最深的还是 1992 年的第一次。当时，两岸还鲜有人员来往，因此产生的动静十分大。我们出发时和在台期间，中央电视台的《新闻联播》都播放了新闻，台湾多家报纸在头版刊登我们每人的照片和简历，不仅两岸媒体做了大量跟踪报道，港澳和国际媒体也十分关注。我自己对此的总结是"七天八夜访宝岛，浮光掠影看台湾"，因为这是大陆记者首次踏上祖国宝岛的土地，颇具象征意义。

但此行之前的安排却实为不易。一直以来，总是台湾媒体单向来大陆采访，实现双向交流是两岸媒体人所共同期盼的。从 1992 年 1 月海基会给海协会来函，到同年 9 月大陆记者成行，其间两会双方往来函电达 20 余封，并在北京专门举行了一次非正式商谈，整个交涉过程长达八个月之久。

双方交涉主要围绕在中共党员身份、确定受邀新闻单位名单、采访证和采访日程安排等问题。这段时间，两岸媒体发表多篇评论，几乎一边倒地希望大陆记者尽快成行。我也在《经济日报》上撰写了《大陆记者赴台势在必行》一文。

最终，我们一行 18 名大陆记者，在 1992 年 9 月 5 日踏上台湾的土地，参访了台北、高雄、台中、新竹、彰化、花莲六个县市，行程 1000 多公里，面对面地对 30 多个单位和个人进行了采访，并于 9 月 12 日离开台北转道香港返回北京，正式开启了两岸新闻界双向交流的大门，也为日后大陆记者赴台采访创造出一种两岸均可接受的模式。

由于来往少，因此特新鲜。记得一次在台中，同行中一位记者不小心手划个小伤，临时到一家医院处理一下，没想到一下惊动了所有医生护士，他们纷纷走出诊室，像看外星人一样上下打量我们这些彼岸来客。那时岛内的确很少能见到大陆人，在台中、台南地区就更属新鲜事了。

然而，就在大多数台湾同胞对我们表现出热情和友善的同时，也遭遇到了好几场另类的欢迎。

就在我们下飞机到达台北当天，刚刚从采访我们的台湾记者的包围中，走出桃园机场候机厅，就见百余人扯着各式标语、布条围拢了过来，他们中有的跳着脚，在我们面前挥舞着手中的标语，有的则拿着高音喇叭，近乎发狂地喊着："台湾是台湾，中国是中国""经济可以交流，政治不可以交流""台湾自古不属于中国""请传达台湾人民独立的心声"等"台独"口号，并形成一个夹道标语围墙，一直把我们"迎"上旅游大巴，然后又把汽车团团围住，继续声嘶力竭地喊叫着。

等到我们汽车开动后，这些人和他们的广播车又跟在我们后面继续吹吹打打，其中就有"台独联盟副主席"李应元等人，此人后来担任民进党政府"行政院"的"秘书长"。

当我们抵达入住的中泰宾馆前，又见一拨儿人举着标语在嚷嚷，还有的四脚朝天躺在地上示威，颇有点像举止滑稽的行为艺术。

第二天的台湾《中央日报》在《台独团体借机闹场大陆记者不感意外》标题下报道说："十八位大陆记者由海基会接待人员陪同步出机场，抗议群众开始鼓噪，高呼台独口号，并有群众上前指着大陆记者叫嚣，现场相当紊乱。大陆记者们对此现象视若无睹，一言不发地行进，最后经在场警戒的保警出面制止后，访问的大陆记者终于顺利搭上专车离去。"

在"台独"分子闹场的整个过程中，尽管标语在我们头上挥舞，吐沫星子在我们面前乱飞，但这些人和我们却没有半点身体接触，神色紧张的台湾警政署人员手牵手，紧跟在我们身旁形成一道人墙。后来得知，台湾接待方对我们的这次采访，专门制定了"一安"计划，并为每位大陆记者投了300万新台币的人身保险。我们一路上始终有四名警政署保安处人员随侍在侧，每到一处，当地派出所也会奉命派驻人员，就近"保护"。

还有一次在高雄，我们在一家酒店吃午饭，中间有团员要出餐厅方便，但很快就回来了，原来餐厅门外已被一些"台独"分子拉着大幅标语包围起来，气氛十分紧张。我们的团长翟象乾马上和接待方交涉，只见陪同我们的几位海基会人员面色严峻，有的打着手机，还有的走出了餐厅。约莫过了半个多小时，海基会人员回来，声称："搞定了"。据说，他们与当地的"大哥"进行了接触，他们把那些人"撤"了。

我们在台湾的七天八夜，那些以民进党、"万佛会""公投会""一中一台行动联盟""新国民党连线""原权会"等为首的20多家"台独"组织的"台独"成员，就是用这种方式在各地"欢迎"过我们六七次之多。

记得在离台前一次聊天时，全程陪同我们的海基会张全声处长说，在台湾就是这样，有些人总是要这样闹一下，请你们不要介意。离开高雄时，张处长不无"歉意"地说，请原谅，欢迎的场面越来越不热烈了。一席话，说得大家都笑了起来。

大陆记者在台期间，海基会遵循着"中国的、两岸的、专业的"精神，对我们的接待友好、礼貌、周到；被访单位都是由主要负责人出面接待，亲自介绍情况；我们在乘坐"华航"和入关时都受到贵宾礼遇；台湾大部分媒体对我们此行的报道是客观、友好、善意的，台三大电视台和"中广"及《联合报》《中国时报》等每天都有大量报道；台湾各同乡会成员纷纷从各地赶到台北来看望大陆记者。

但是，除"台独"分子示威外，也有少数媒体罔顾事实，如台湾《自立早报》竟称大陆记者不是记者，是"文化特务"。在大陆记者离开台湾当日，台湾《自由时报》刊登一篇题为《披着羊皮的大陆记者》的文章，对我们这次采访活动肆意歪曲。

但与此同时，在我们离台的前一天，时值凌晨1点，仍有台湾民众和记者朋友络绎不绝地来到住地和我们话别。《联合报》记者徐履冰、何振忠、江中明等在给我的卡片上写道："真正的朋友是可以分担忧虑"。

回首两岸新闻来时路
繁华落尽见真淳

尹乃馨

尹乃馨：历任"中国广播公司"新闻部记者（1991—1992）、《联合报》大陆新闻中心及采访中心记者（1992—1996）、中天新闻台采访中心副主任（1996—2000）、信电讯公共关系部门经理、台湾烟业协会秘书长、渣打国际商业银行执行副总裁等，现为左脑创意行销公司研究部主管。

一直很喜欢元好问评陶渊明诗词的一句话："一语天然万古新，繁华落尽见真淳！"写的是人品反映在文辞的朴拙，反而更能传颂时代的精神，这何尝不是记者向往的境界！

25年前，在报社的指派下，一名只从事新闻工作一年的新兵的我，因为是唯一找到首批访台的18名大陆记者北京登机的南苑机场，而成为"独家"跟团随行报道的记者，由于访问团要花一天行程从北京到惠州、过罗湖、到香港，隔天才正式抵台，使我有时间抢先一天领先所有媒体做18位大陆记者的小专访，报社更以整版篇幅处理，让我在两岸媒体交流新页中，有了属于自己的记录，迄今回首，仍觉不可思议！

之后，在不同的媒体，以记者身份，除两次"汪辜会谈"、11次两岸事务性协商，参与了两岸协商时代开启的历程外，也采访过影响两岸民情转折的千岛湖事件，采访过确立"具有中国特色的社会主义市场经济"的十四大、第八届全国人大政协，见证大陆改革、经济再度起飞的政治决策。作为记者，而能近身观察大时代的脉动，何其有幸！

其实，从小，对自己的职业想象，并没有一定要做记者，只是学的是历史，在美国研究所的硕士论文写的又是中共党史的闽西革命根据地，1991年结束硕士学程返台，适逢两岸采访逐步开放，有关大陆各种大小事，都是新闻的时代，各家媒体大幅增聘大陆、两岸新闻记者，我就这样走上新闻记者一途！

第一次到大陆采访，是1991年8月以"中国广播公司"记者的身份申请教育专题的访问，开始所谓的一个月北京"蹲点"采访。当时，台湾记者到大陆是以限定题目、时间、地点的方式申请访问，个案核准，而大陆记者则尚未有此待遇，两岸媒体交流，并不对等，当然也和两岸媒体竞争环境不同有关。

在北京的第一个月"蹲点"，居然碰到苏联"八一九政变"，虽然根本采访不到第一线消息，但公司花钱派了两个记者到北京，当然还是要做报道。我和前辈记者除了到外交部例行记者会，了解有关反应及说法外，最多时间是在饭店房间听短波，和北京的外交界朋友聊天，看看能不能听到台北听不到的消息，每天都必须发苏联政变的报道，虽难为但也趣事横生，学习到在北京如何判断消息来源，做出有价值的报道或分析。

后来，到《联合报》，跟着几位资深记者到北京"蹲点"，第二次"蹲点"就碰到大陆首批记者访问团启程赴台的事件。当时，两岸各项交流未制度化，有鉴于媒体交流是两岸互动的重要面向，海基会经层峰核准，邀请大陆记者访问团来台，这项邀请在大陆方面响应后，大陆台办、海协和记协的政策目标、选媒体、组团，各项前置作业，当然是台湾媒体追踪的焦点，持续报道。而当时，大陆方面在相关消息上，仍是比较保守，什么事都是机密，不论名单、出发的时间及行程，都不主动公布。因当时固定派记者"蹲点"的台湾媒体，只有中时、联合两报，两报记者在掌握大陆记者访问团的消息，自然是各自使尽浑身解数，一意抢先。

在知道大陆记者团启程的日期后，到底是搭乘什么班机？行程如何？当时是报社资深记者拿到的确切消息，而我只是刚好人在北京，又是菜鸟记者，就被指派随团采访，我拿到指令，只能赶紧订机票，提着皮箱，赶到南苑机场，记得赶到时，台办官员还很惊讶，我怎么知道消息的？而我则是发现对手报居然没有记者来，开心得不得了！

只要抢先，一切事就好办了！18位首批来台记者回去后，几乎都出书记录这趟历史之旅，每本书几乎都会提到我，都说我很紧张地跟着，但事实上，对台湾记者来说，在领先的前提下写稿，根本是种享受！因此，他们觉得我没法玩、没吃饭、关在房间里猛写稿子，太辛苦了，殊不知，能够在没有对手、不用提心吊胆漏新闻的情况下，专心写稿，且报社已空出整版等着你的稿子，对我们来说，是种莫大的福分啊！

团员中，我熟的只有三位，记协主任柏亢宾、中央人民广播电台王求、中新社记者周建闽，其他如《人民日报》高级记者翟象乾、新华社端木来娣、《经济日报》赵兹、《瞭望》周刊杨远虎、中央电视台张长明和景春寒、《光明日报》翟惠生、《工人日报》董玉琴、《团结报》卜林龙、《今日中国》杂志社魏秀堂、海峡之声电台刘武、《福建日报》庄战成、《中国青年报》吴苡雯、《半月谈》杂志林双川、《台声》杂志汪舟等，都是第一次见面。但他们对于有一位台湾记者，又是女生，贴身采访，满是好奇；对于这位女记者的要求，全面配合，汪舟还提出寻找亲人的愿望，隔天，《联合报》当然刊出这则特殊的寻人报道，而汪舟的舅舅居然真的和《联合报》联络，促成两岸会亲，算是此次大陆媒体来访最实质的成果。

1992 年 9 月 5 日，当飞机即将抵达台湾上空时，这批大陆媒体首访团的成员，都显得既兴奋又期待，一直问我台北是什么样子，我如实讲述从小生长的台北市景况，后来，他们都说我是胡说八道。

大陆 17 家媒体、18 位记者组成的首批台湾采访团抵达台湾中正机场时，台湾媒体大阵仗采访，而每位大陆记者又都负有紧密的采访计划，八天七夜的行程，媒体采访媒体，可用"疯狂"来形容，各家媒体都是连篇累牍的报道，而我几乎都不必采访，因为被各线、地方的记者接手，连见面都难，因为他们行程满档，要采访也要被采访，是极为特殊的两岸媒体交流事件！

十年记者生涯，除独家跟团采访 18 位大陆记者团事件，值得一记之外；新加坡"汪辜会谈"，每天一早起床就到某一看得到海协会副会长唐树备、会长汪道涵房间的楼层站班，盯着海协会代表团的一举一动；第八届人大、政协会上，混进台湾人大团的饭店，躲在隔壁房听代表们开会；11 次事务性协商，与同事合作，绞尽脑汁，随着议题进展起伏的报道与分析，在在都是我这个退出新闻圈 20 年的人，还清楚记得的场景，历历在目！

两岸，永远是台湾新闻的焦点，尤其，两岸关系的复杂与演变，常无法预料；随着两岸关系的颠簸起伏，仍有好几位优秀的前辈或同侪，坚守第一线观察的位置，历经多次重大事件洗涤，都了解，唯有"繁华落尽见真淳"，回归新闻报道本质，才有意义；留下的文字，才能经得起时间的淬炼！而作为新闻界逃兵的我，只能希望，当时在两岸在线的冲撞，留下的报道，仍值得后来者参考，庶几无愧。

我和台湾记者"较量"的日子

杜昌华

杜昌华：中央人民广播电台资深记者，1989 年到 2000 年间，任中央人民广播电台对台湾广播部记者，参与过"汪辜会晤"等重大历史事件采访。兼职担任央视多个栏目策划和评论员，独著和主编的著作有《老杜有话说》《中国电视专业频道发展研究》《财经风暴眼》《央视财经密码》。

1989 年到 2000 年，在两岸关系乍暖还寒的 12 年里，我几乎每月甚至每周都要和台湾媒体同行进行激烈"较量"。在这些较量中，我从一个青涩的年轻记者，成为一门"大炮"，每当两岸重大事件发生，这门大炮都会在新闻现场轰隆作响。

1987 年，两岸关系在冰封中出现解冻迹象，整个 90 年代，敌意，戒备，握手，争吵，两岸关系阴晴不定。有一次，两岸两会正在磋商共同打击犯罪，劫机犯就在那一天把大陆的一架飞机弄到了台湾。两岸关系的大局决定了两岸新闻同行关系的基调。虽然都是新闻人，但生活在不同的社会环境中，有着不同的新闻理念，不同的工作方式，两岸同行看着对方都有几分陌生和戒备。

和两岸关系一样，交流促进了解，了解产生友谊，时间长了，与一些台湾记者也就成了朋友。这些较量和交往，对我来说还是提升业务能力的极好机会。我不是新闻科班毕业，一开始当记者就被推到了两岸新闻大战的第一线，"在战争中学习战争"。直到现在，经常有年轻人说："老师，我发现你的新闻理念很不一样！"没法一样，他不知道我是在与台湾记者较量的独特经历中修习的新闻专业技能。

和台湾记者比"狠"

1989年4月，我到中央人民广播电台对台湾广播部做记者，2000年调出台播部。这12年，是两岸关系从敌对走向和解的乍暖还寒时节，两岸关系阴晴反复，我几乎采访了这12年间两岸关系的所有重大事件，包括两次"汪辜会谈"、海协海基两会拉锯般的磋商、1995年台海危机。

台播部1954年由周恩来总理下令组建，长期是对台宣传的一线媒体，在我进入台播部的时候，它还是大陆唯一能够直接入岛的媒体。在12年关注两岸新闻的过程中，有过很多令人难忘的人和事。第一次"汪辜会谈"时我在首都机场贵宾室和汪老谈了20多分钟，我采访过邱进益、焦仁和、丁守中、吴大猷、刘泰英、高清愿、章孝慈等众多对岸来访大陆的人士。

这些采访中，几乎都会有另外一些不可或缺的角色——台湾记者。那时的两岸交流不像今天这样频密，对岸来一个稍有身份的人士，必然跟随一批台湾记者。至于两岸关系中的重大事件，特别是十几轮海协会和海基会的磋商，那更是两岸记者一定会同场竞技的比武台。1998年，第二次"汪辜会谈"，闻风而来的记者500多人，几乎成了新闻界的一场武林大会。记者主要来自两岸，也有不少来自美国、日本、英国、新加坡等国家，这些没有新闻时一片斯文的人在新闻现场，挤坏了汪辜两位老先生见面的上海和平饭店和平厅大门，饭店方吓得目瞪口呆。

初见台湾记者，就对他们明显异于大陆记者的勇猛作风感到惊异。他们经常盘腿坐在主席台上，有时就坐在发言人士脚边。他们把新闻发布会变成了篮球场，像争抢控球权那样争抢提问，提问时也毫不留情，一般都是"哪壶不开提哪壶"。

台湾记者经常向大陆方面提出各种采访要求，当要求没有完全满足时，台湾的年轻女记者们就会在台下齐喊"哇——塞——！"表达她们的不满。

这让通常像"乖乖虎"那样端坐会场的大陆记者感到新奇。

很快我就发现，在这些拼抢、冲撞背后是令人肃然起敬的职业精神。几十家台湾媒体同场拼抢新闻，没有速度和独家内容，饭碗难保。像尹乃馨那样娇小的女记者，一夜熬下来，第二天的《联合报》上就有她发回的整版文字，这是一种让人望而生畏的专业能量。

我也必须这么拼才行！

我们通常是在场的唯一广播媒体，也是大陆唯一能够直接入岛和台媒直接"交战"的媒体，我必须发挥广播的优势，抢速度，争抢受众；我还必须发挥广播媒体的另一个优势——我在现场，用现场音响报道新闻；我还必须保持足够的权威性，我所在的媒体是国家媒体；我的声音不仅要快速、生动、独家，而且要权威，不能有任何差错！

我给自己悬定了很高的报道目标——

速度上要超过台湾记者；

不能遗漏重大新闻；

关键新闻事实必须有现场素材；

权威性上必须准确体现我方立场，不能有任何失误。

要同时做到这几点太难了。我们没有电视台记者和台湾记者那样的物质条件，没有专车，没有手机，连 BB 机都没有，我们的采访设备就是一个索尼录音机。权威性可以依靠采访前充分备课来把握，国台办和海协会等部门知道我们不会犯简单的错误，通常对我们的产品"免检"，但要拼速度和现场，那就只有拼体力了！

先学拼劲，一旦进入采访，六亲不认！

于是，我这个看起来小个子的记者，经常冲在围堵采访对象的最前线，现在翻开那时的台湾报纸，可以看到照片上离邱进益、焦仁和等焦点人物最近的通常是我，我那杆粗大的采访话筒直接杵向被采访者的嘴边，没办法，作为广播，我必须要清晰的现场音响。

因为要确保冲到最近的距离提问，我和警卫多次发生冲突。邱进益抵达首都机场时，警察一直拦住冲在最前头的我，我一声怒喝，胳膊肘奋力捣向一个警卫的肚皮，为我的气势所逼，他再也没敢拦我。

我也学会了蹲坐在发言人脚下录音，会翻墙，会蹭车，会一天不吃饭。这些逞勇斗狠、厚皮耍赖的招数我全盘运用到了两会磋商采访中。现在名满全国的一位媒体领袖，她刚开始时以为我是台湾记者，等到知道我是大陆记者时，约我谈了一次，她说，我没见到像你这么拼命的记者，到这里来我们搭伙工作吧。1993 年，第一批大陆媒体负责人访问台湾，他们在台湾听到不少同行对我的称赞，回来后好几位都托人打听我。

1992 年夏天，台湾"中央研究院院长"吴大猷先生回大陆。那是到彼时为止对岸来访者中现职最高的人士。从吴大猷先生 5 月 17 日抵达北京到 6 月 11 日离开北京，在 20 多天时间里，我做录音报道和专访 20 多篇，专访中有一半以上是独家专访。在这次采访中，我把"拼的艺术"推向了一个新的高度。

顾及政治、健康等方面的因素，接待单位不想让吴先生太为难，经常不告知吴先生的行踪。这只能难住大陆记者，台湾记者可以从吴先生随员处得知吴老去处。无法得知行踪，也就无法在单位预约车辆，打车无法报销，我只能自己设法解决交通问题，只能坐公交或者蹭车。台湾记者设备先进，经费充足，可以随时传稿，随时用餐，我们只能眼巴巴地看着着急挨饿。我们毫无主场优势，要与"台记"一较短长，争夺受众，就必须以勇补缺、以勤补短、以巧补拙。

为了独家采访吴先生，我和《科技日报》一位记者翻墙进入了吴先生下榻的达园宾馆，但最终没有闯过吴先生下榻的楼门警卫。

为了赶时间，我只好厚着脸皮蹭车，什么人的车都敢蹭，包括台湾记者包下的出租车，送吴先生去机场蹭的就是中科院副院长胡启恒女士的车。

蹭车解决不了所有问题，于是出现了烈日炎炎下永久自行车和奔驰小轿车在北京街头赛跑的场面。汗流浃背骑着自行车的是我，坐在奔驰车里安闲打盹的是吴先生。每次采访我急忙弄到需要的内容后，总要探听吴先生下一步会到哪里"赶场"，不等活动结束我就骑上自行车赶赴下一地点。我以"勤"和"巧"当了两个轮子与吴先生赛跑，往往他那锃光瓦亮的奔驰刚刚停稳，我那辆破破烂烂的永久也就赶到了。

记者也是体力劳动者，当他们主拼自己并不擅长的体力劳动时，那份悲催和无奈催人泪下。

吴先生来大陆时，由于天热长时间骑车采访，我得了痔疮，无法落座。在钓鱼台国宾馆两会磋商后的多次发布会后，我们都有直播，没有手机，会场的情况怎么及时告知另外一个房间的主播？信息传递的速度取决于我的双腿。以我的身高，长期跟人拼体力抢采访位置也不是事，我让单位买了一个话筒杆。话筒杆收起来大约一米，可以像警棍那样挂在腰带上，抻开来大约有三米。这个利器在第二次"汪辜会谈"的和平饭店等场合使用过，但长时间举着一个这么长的"钓鱼竿"对臂力的挑战也非常人所能想象。

和台湾记者"斗智"

"拼"只是新闻专业技能中一小部分，新闻专业技能中的大部分是新闻人攫取、解读和表达新闻事实的能力，台湾记者成长在与大陆完全不同的媒体环境里，他们的专业能力让我佩服。

关注两岸关系近30年的《中国时报》记者王铭义兄，看起来很安静，并不是一个性格张扬的人，《联合报》的尹乃馨小姐，除了爱高声招呼"铭义！铭义！"外，也还斯文。附带说一句，乃馨有资格差遣铭义，铭义是她的妹夫。

这两位有令人吃惊的本事，头天两会在北京磋商，第二天《中国时报》《联合报》上就有半版或者整版的文章，这些上万字的版面都是他们一人的作品。

这些大块文章体现了他们专业能力上的一些特点：他们很会利用新闻背景，用现在的话说，他们都有自己的新闻大数据。一件新闻发生，他们把背景拿出来梳理梳理，制表，对比言论和细节，在两会微妙的折冲中发现两岸磋商的所在。他们的文字评述性很强，这也源于他们有自己的数据库，既能把握两岸关系、两会关系的大脉络，又能及时对比发现最新进展。

长期的关注和刻意研究，使得他们能够成为专家型的记者，他们的大脑就是自带的两岸关系的大数据库。铭义兄是专家型记者的代表，近30年来，我已经换了几个工作，他至今还在专注观察报道两岸关系，不时有即时报道和深刻的评论发表在《中国时报》上。铭义兄还著有《对话与对抗》《两岸和谈》《不确定的海峡》《马英九：该出马时就出马》《群贤楼里的咖啡与政治》等专著。

两岸关系是台湾同胞最为关注的话题，是台湾媒体竞争最激烈的选题，台湾同行在这个题材上充分展示了自己的专业智慧。

作为广播记者主打速度，在专业资料、专业能力建设上缺乏规划和积累，在与台湾记者的长期博弈中，我也开始有意识地学习他们，建设自己的专业能力。

比如在忙乱的报道中，系统规划报道的整体布局，在快速和广度的基础上注意深度。

在报道吴大猷先生参访大陆的过程中，吴先生的活动十分频密，所到场合，常人难见（比如北京电子正负对撞机），所晤之人，都是名流（比如国家领导人以及杨振宁、李政道、吴健雄等科学家），天天都有新闻要快速播报。在忙乱的报道中，我确定了一个报道主题：借吴先生来大陆的机会，展示两岸科技合作的必要性和可行性，推动两岸关系的发展。吴先生本人谈及两岸合作的内容当然是报道的重点，其他人士谈及这一问题的言论、大陆科技界的成就等内容也有助于达到这一报道的目的，也应当在我的视野之内。在跟随吴先生的采访过程中，我见缝插针地采访了宋健、周光召、李政道、杨振宁、吴健雄、林宗棠、朱光亚、周培源、赵忠尧等人，请他们就两岸科技合作等问题发表意见，中科院院长周光召先生我就采访了四次。我经常把采访得到的一些最新信息，用来提问当事的另一方。因为对繁杂的报道有一个整体的把握，不夸张地说，我用零碎的采访实际上组织了一次两岸科技交流的"空中对话"。

记者的专业能力体现在作品上，尤其是那些独家作品。

为了获取独家作品，我强迫自己在躁急忙碌中冷静下来，更多去寻觅独家报道的机会。

6 月 5 日，吴先生将回母校南开大学接受名誉博士称号。我在忙完 4 日的节目后赶往天津，找到吴先生即将下榻的宾馆已是晚上 10 点，已经找不到可以采访的人士。我又迅速赶往南开大学，找吴先生的堂兄、南开大学退休副校长吴大任先生。我敲开吴老家门时，已是晚上 11 点。和善的吴老嘱咐家人给我煮一碗鸡蛋面，他自己跟我讲吴大猷先生儿时和青年时的故事。老人对时隔 40 多年后再次见到与自己一起度过青少年时代的兄弟感到很兴奋，跟我一直聊到 12 点多。当我辞别吴家找到一家旅馆时，已经是 5 日凌晨 1 点了。我很累很累，但很兴奋，我有了独家内容。

独家新闻的获得需要很强的专业技能，包括有些显得滑头的急智。辜振甫先生在钓鱼台国宾馆酒楼会见大陆几位人士时，不让记者采访现场，我知道那些高龄的先生必须上厕所，就蹲守在厕所里。果然，台盟主席蔡子民先生上厕所来了，我立即打开话筒了解会见的情况。这段录音在剪辑时，我的领导赵璐珉问：怎么会有流水声？我说，旁边有一个喷泉。

两次独家采访章孝慈先生，我都运用了巧智。

1993 年 9 月，章孝慈来大陆参加学术活动，这是蒋家后人第一次公开回大陆，两岸和美国等国家的记者蜂拥而至，章先生和主办方都深知此行的敏感，采访极其困难。

9 月 20 日，章孝慈抵达首都机场，只给了记者 5 分钟的见面时间，乱糟糟的场面，可能都听不到章先生几句清晰的话，我必须想办法穿过警卫接近章先生。一队手持横幅的学生走了过来，那是接待单位中国政法大学的学生，他们可以穿过警戒线。我藏好录音机，手牵横幅，混了进去，在章先生出现的瞬间，我掏出话筒，迅速提问："40多年第一次回大陆，先生最大愿望是什么？""进行学术交流，加强相互了解。""除学术交流外，还有什么安排？""到桂林为母亲扫墓。"警卫人员过来，把我拉扯到一边，但我已经有了独家新闻：章孝慈先生将到桂林为母亲章亚若扫墓！

接下来的采访还是非常困难，难得在学术交流的会场见到章先生。主办单位和章先生下榻的友谊宾馆都不告诉章先生的行踪。我在采访东吴大学法学院院长程家瑞教授时装作很不经意地问出了章先生的住处，然后开始了在走廊里的"守株待兔"。

9月24下午，章先生参加研讨会后退席，我追踪到了他的房间，提出采访，章先生没有拒绝。我问了一些采访行程和对北京观感之类的话，然后切入那个听众最有兴趣、但也是最敏感的话题：让章先生谈谈母亲章亚若。我说，几年前，我失去母亲，突然感觉到这世界与以前不一样了，经常有些莫名的惶恐，我问章先生到桂林扫墓会对母亲说什么？章先生眼睛潮湿，缓慢而深情地说：

"几年前，有朋友到大陆来，我托过一位朋友，说如果到桂林的话，请帮我带一些我母亲坟上的土回来。他把土带给我，我把它装在一个罐子里，摆在母亲的照片前面。我每天早上晚上都要站在照片和母亲坟土前面致意，有什么事情就在心里面做一个陈述，一个表达。我的感觉是母亲离开我很久，但是一直好像在我身边，好像并没有走，在照拂着我，感觉很近，非常的近。这一次有机会到母亲的墓上去，我带来了两张照片，一张是我全家的照片，另外一张是我哥哥章孝严全家的照片。带去让母亲知道我们都来了。虽然我一个人来，但是代表他们一起来，来上香，来扫墓，这是我从小到大的一个心愿。"

这段独家采访播出后，感动了很多听众。

第二次独家采访有关章先生的新闻，是在一个非常悲伤的场合。

1994年11月13日，第二次来北京的章孝慈先生突然脑溢血昏迷不醒，紧急送往中日友好医院抢救。病情危重，接下来是全国一流专家的会诊和每天的病情发布会、章孝严全家探访等等，我的采访也是非常忙乱。

所有的病情信息都是医生转述，没有记者能见到病重的章孝慈本人，除了我。我有一位朋友在中日友好医院当医生，我找到他，让他设法带我到ICU病房见章先生。他很为难，但还是帮我找了件白大褂，让我混了进去。我看到孝慈先生躺在病床上，面部有面罩和管子通到仪器里，露出来的不多的面部粉红。他像一个无助的婴儿躺在那里，没有一点动静，不知道此时他母亲是不是正在这里看护自己的儿子。我眼睛湿润，没敢多停留，走出病房，迅速赶回台里，描述了章先生的病情。我的报道在岛内也有反响，有人还写信来，告诉治疗脑溢血的偏方。

对手和朋友

与台湾同行的长期同场竞技，对我来说就是最好的新闻专业课。

在那样特殊的场景中，我们既是竞争对手，也是惺惺相惜的同行，在有些时候还必须有"各为其主"的斗争。

在两会磋商后的新闻发布会上，台湾记者经常仗着人多势众，通过抢夺话筒，控制发布会向他们感兴趣的方向发展，而这些敏感琐碎的内容在大陆媒体里很难采用。

我看到了这一点，决定尽自己之力争夺话语权，我每次都积极抢话筒，给大陆方面的唐树备等人表达我方立场的机会。

"勾心斗角"有时非常戏剧化。那时美国之音驻大陆记者是周幼康先生，这位 50 来岁的先生是台湾人，提问时总是先慢悠悠地发表一通自己的演讲，往往听了好几分钟还不知道他要问什么，让人不胜其烦，我好几次毫不客气地抢过他的话筒提问。有一次，江泽民总书记在人民大会堂会见台湾客人，周幼康也来了，闲聊时我问他，先生每次提问演讲时那明显的立场来自哪里？周幼康说，我们美国之音没有预设立场。我拿出前几次他倾向性极其明显的提问反驳他，他沉吟了半晌没再说什么。

1993 年 4 月 7 日，海基会秘书长邱进益来北京，就"汪辜会谈"安排与海协会磋商。邱进益在那时可是高度敏感的人物，他出任过"总统府副秘书长"和"总统府发言人"，多次就两岸关系的敏感话题发表重要意见，比如说极力主张台湾当局放弃"汉贼不两立"政策，拓展"弹性外交"。1992 年 5 月，他还曾对外放出试探气球，提议海峡两岸签署"两岸互不侵犯协定"，成为新闻焦点。

邱进益来京后，与海协会方面商定了八点口头共识，等到落在纸面上时，邱又把八点变成了七点。海协会很气愤。

这个时候，我站出来了，提供了邱进益宣布八点共识的录音，海协会拿走我的录音与邱交涉，邱只好说其中两点合并了。

我怎么有邱的录音？那时两岸会商都是闭门磋商，磋商后各自召集自己方面的记者吹风。我在磋商结束后的晚上到了邱和"台记"下榻的贵宾楼饭店，录下了邱先生吹风会的全过程。

小小不愉快后的两会磋商非常有成效。他与海协会常务副会长唐树备敲定了"汪辜会谈"的"盘子"。

斗争归斗争，友谊归友谊，特别是那些个性温和的记者比如《联合报》的汪莉绢、《工商时报》的梁宝华，我们都一直关系不错，我经常蹭他们的车采访。

1998年"汪辜会晤"期间，台湾刚刚遭遇百年不遇的台风，台湾很多手机都无法使用，台湾"中广"有记者要现场直播新闻，没有能通话的手机，工作无法展开。她找到我帮忙，我到上海证券交易所找到副总裁刘慧敏先生，给她借了一部手机，刘先生是我的老乡。

从1987年到2017年，两岸新闻界的交流已经有30历史了，两岸新闻交流是两岸关系中的重要部分，它见证了两岸关系的发展，也推动了两岸关系的发展。很荣幸，我作为媒体人的一段重要时光，嵌进了这波澜壮阔的历史画面中。

小记者的两岸采访游记

程美华

程美华：东森新闻云 ETNEWS 总管理室协理，辅仁大学管理学院商学研究所博士。曾任台湾艺术电视台董事总经理，中天新闻制播中心副总监、采访中心副主任，"中国广播公司"新闻部驻北京记者。

2000 年对我而言，是难以忘怀的采访生涯时刻，夏天中俄边贸采访是我最后一次以记者身份进入大陆的采访任务。回顾短短八年的两岸采访经验，经历两岸关系发展关键时刻："汪辜会谈""汪辜会晤"、日本天皇首度访中、江泽民访日、江克高峰会等，有幸参与两岸关系发展互动最为频繁且中国经济飞速成长的年代，以记者的角度记录这段历史。

1992 年秋天，菜鸟记者的我怀抱着兴奋心情踏上这片只在纸上熟悉的土地[①]……

在尚未改建的香港启德机场经历难民般的转机过程，启德机场候机楼随处可见席地而坐，甚至于已经睡在机场数日的老兵，舟车劳顿，只为了返乡见亲人。我担心赶不上班机，尽管浮现采访的呐喊声，但仍拖着行李和采访器材绕过人群狂奔至机场柜台报到。登上飞机，坐定后，透过机舱小小的窗望着海，想着，三小时后将会看到金碧辉煌的紫禁城。天啊，一只苍蝇飞过来！心想着：这机舱的卫生条件也太差了！土气的空姐丢了一个餐盒给我。面包是冷的。好吧，反正只有三小时的航程，落地后再说吧。昏睡中听到机长广播已近北京首都机场，睁眼往外一看，雾茫茫的一片，那个金碧辉煌的

[①] 我所处的年代，在台湾，中国史地是必读而且是各项考试的必考题。

紫禁城在哪儿呀？入境通关，又是一个大考验！折腾许久，终于入境。领回行李，突然想要上厕所……

菜鸟记者的我又被"惊吓"，卫生间竟然没有门，就一条沟……这！赶紧奔出机场，贪图便宜搭了一辆面包车急奔下榻酒店。

1992年1月邓小平发表"南方谈话"，重申改革开放的政策，并且以南方的深圳、珠海、广州等地作为试点，进行经济改革，企盼在20年内追上"亚洲四小龙"。1992年中共十四大，接到采访通知，我才有机会展开一段两岸采访冒险旅程。当年十四大宣示的政策重心在于"建立具有中国特色的社会主义市场经济制度"。

我依照台湾采访经验，想着以环保卫生为主轴议题进行采访，应该不会被拒绝；孰料，正好遇上十一连假，无人理会，四处碰壁，十分受挫。在剧烈的挫折感之下，只好出门寻找民间题材做文章。每天在王府井大街、长安街游荡，漫步于金鱼胡同，在大小胡同之间乱窜。我胡乱发稿，并面临着一个大问题——北京的"吃"。当时的北京饭馆几乎都是国营餐厅，第一次走出下榻酒店在外觅食，经验着实吓人。与陌生人共桌，国营餐厅的服务员同志丢来一碗面，碗边有个缺口，只有筷子，没有汤匙，看着旁边的食客以口就碗，稀里呼噜地吃完。喝完汤面，我从餐馆里落荒而逃，花了五块钱人民币，依旧饿着肚子。那年的10月，麦当劳是我的餐厅，回到台北，发誓再也不进麦当劳了。今日的北京，餐馆林立，打着特殊菜色和服务，借此吸引顾客上门，甚至于推出有机餐点，对照当时的情景，不可同日而语。

1992年"十四大"的采访经验，终生难忘。我犹如刘姥姥进大观园，事事新奇，也充满了惊讶之感。非本地人必须使用外汇券，同样的餐点、相同的服务，外汇券定价就是贵上一倍。长安街永远有一条专用通道挤满了自行车，上下班尖峰时刻就是自行车大队出动之时，犹如台北的摩托车大队，此种景象对我造成大困扰。经常在过街时上演人车闪躲、对撞的场景。最夸张的一次，一位骑着自行车的北京大婶快速飞奔在马路上，扯开嗓门一路高喊着"让！让！""让！让！"。如今，北京街头已不复见自行车大车队，只见满街塞满了轿车，动弹不得，自行车已成为健身的器材了。

北京的空气无论时间的转动，永远令人抱怨。现今的北京苦于汽车排放废气造成的雾霾，20世纪90年代的北京苦于煤渣球和沙尘暴所带来的尘霾。那个年代，烧煤渣球，加上首钢位于市区，每回出门，总是带着一脸黑灰回到酒店，衣领很快就沾上一层灰。三月，沙尘暴；五月，杨絮；这些都考验着眼睛过敏的菜鸟记者我。有一年的三月人大、政协两会期间，我忙着在人民大会堂里晃来晃去寻找"猎物"，突然眼睛猛掉泪，立马奔到大会的医疗服务中心。流泪不止且布满血丝的双眼，吓坏医疗小组成员，当下被转诊到北京协和医院。我走进协和医院，脑袋里的时光倒流回1925年孙中山先生病逝于此的场景。时空错置的我拿着处方，穿过嘈杂的人群企图寻觅到当年的病房……确认当年的孙中山遗言内容。尔后，我出门也学着当地人带着面纱（纱巾），阻隔沙尘暴的侵袭。

　　1992年10月，就在我忙着首访帝都之际，企图搞懂"建立具有中国特色的社会主义市场经济制度"，两岸早已展开官方接触。蒋经国先生于1987年决定开放台湾地区民众赴大陆探亲，其实就已经替未来两岸交流与关系发展开启一扇门。早在十四大举行之前，海基会与海协会就已经在北京进行过事务性商谈，但因"一个中国"的政治原则卡住；当年10月底海基会与海协会在香港进行"两岸文书查证"事务性商谈，再度因为"一个中国"陷入谈判僵局。海协会代表周宁返京，海基会代表许惠佑等人则在香港暂留待命①。几经波折，众所注目的"汪辜会谈"于1993年4月下旬在新加坡举行，两岸关系正式迈入新里程。两岸关系发展看似顺遂，民间往来更加热络，台商大手笔投资大陆。自此到1996年台海危机期间，两岸两会一共举行11次商谈，1995年5月下旬，当时的海协会常务副会长唐树备前来台北商谈第二次"汪辜会谈"相关事项。

　　1996年台海危机，台湾正举行第一届台湾地区领导人选举，大陆于当年三月进行飞弹试射与军事演习，被台湾视为武吓。其实，早于1995年5月，当时的美国总统克林顿允许李登辉前往母校康乃尔大学演讲，大陆就认为此举打破过去的惯例，遂于当年7月至11月进行第一次飞弹试射和军事演习。美方也于当时派遣尼米兹号航空母舰战斗群通过台湾海域。1996年3月，大陆军演时，美方也宣布部署独立号航空母舰战斗群于台湾海峡东北海域，尼米兹号航空母舰战斗群则从波斯湾被调往台湾海峡东部海域。两岸局势紧张，各国展开自台撤侨计划。两岸关系自此陷入冰点。第二次"汪辜会谈"则无限期搁置。

　　从1998年开始，我再度陷入奔波于两岸之间的日子。美国总统克林顿

----

　　① 海协会谈判代表周宁时任咨询部副主任，谈判成员包括张胜林、马晓光等人。海基会谈判代表许惠佑时任法律处长，代表团成员包括林贵美、高富美、何武良等人。

访中、江泽民访日（此为中国国家领导人首次访日），一直到 2000 年台湾地区第一次政党轮替造成两岸关系再现冰点，我看到大陆经济发展更加快速，都市风貌日新月异，政府的自信逐日增强。2000 年 3 月人大、政协两会期间正值台湾地区第二届领导人选举举行之际，我嗅出一股不寻常氛围，并在无意间获得意外的采访机会——采访中国解放军海军将领糜振玉将军，糜将军精辟地解析两岸军备发展与未来竞争局势。然而，让我印象深刻的却是糜将军讲述金门炮战的经过，当时他担任海军舰长。我顿时脑海浮现金门炮战的惨况，陷入时空错乱中……采访结束时，耳边仍似有隆隆的炮火声。我在当年 8 月越过黑龙江进入海兰泡，在黑龙江上思索着未来。结束中俄边贸采访行程后，选择中止第一线记者的采访工作。

回顾短短的八年两岸采访生涯，庆幸的是参与多次关键事件，见证历史，过程获得不少朋友的协助。我的两岸采访职涯平顺落幕，然而，两岸关系的发展却再度陷入冰河期。虽已不在第一线冲刺，却仍心系两岸发展。两岸领导人应该"正视现实、搁置争议、追求双赢"，应以民众的利益为优先考虑议题，让两岸关系良性发展。

有朋自远方来

——大陆中央媒体负责人首次访台记

王玉燕

王玉燕：《联合报》大陆巡回特派员兼北京特派员。1988 年 2 月进入《联合报》，历任大陆新闻中心记者、大陆新闻中心召集人、大陆新闻中心副主任、大陆新闻中心主任。

两岸新闻交流以来，大陆中央媒体负责人访问团第一次来台湾参访，是 1998 年 4 月 17 至 26 日。那一次的参访，由开始计划到访问团抵台后的所有活动，我全程参与，至今记忆犹新。

话说当年。自 1995 年李登辉访美后，两岸关系气氛不佳；直到 1997 年下半年，大陆方面有意改善两岸关系，而双方媒体更深入的交流，是最好的方式之一。于是，国台办新闻局、中国记协规划 1998 年两岸最大的新闻交流活动，是两岸新闻媒体负责人互访，而大陆中央媒体负责人访台先行。

在当年两岸那种气氛之下，此项访问是很重要的参访，大陆几经考虑，决定由联合报系文化基金会作为台湾方面的邀请方邀请大陆中央媒体负责人访台。

1998 年农历新年一过，双方开始筹划此项活动。大陆媒体负责人访问团名单，2 月底传到台北给我，名单包括 12 家中央媒体负责人，以及大陆主管媒体的官员：中宣部新闻局长栗国安、国台办新闻局长张铭清、外宣办副局长冯希望、《人民日报》副总编辑谢宏、新华社总编辑助理何平、《经济日报》副总编辑詹国枢、《光明日报》副总编辑李景瑞、中央电视台副台长赵化勇（赵化勇临行前被派采访国家副主席胡锦涛访日活动，不克前来）、中央人民广播电台副台长胡占凡、中国国际广播电台副总编辑陈敏毅、《法制日报》副总编辑常少扬、《工人日报》总编辑张宏遵、《中国青年报》副社长樊永生、《农民日报》总编辑张德修、中新社副总编辑蔺安稳，以及国台办新闻局副处长杨毅，中国记协港澳台办公室副主任李安。

前期的筹备工作紧张忙碌。记得当年台湾境管局规定，大陆人士赴台需要保证人，而一个台湾人可为五个大陆人作保。收到同事现深由北京快递回台北的访问团申请访台表格的当晚，大雨滂沱，为争取时间，剑华主任、我，同事小皮、静萍分别拿着保证书，下班后半夜跑到户籍所在地的派出所办理手续。

4月，我到北京驻点，16日清早，我赶到首都机场，陪同访问团赴台参访。当年，两岸没有直航，访问团先到香港，需到"中华旅行社"换旅行证，在香港住一晚。

17日上午9时50分，班机准点隆落桃园机场，当飞机落地的一刹那，我心里高兴地大喊："我回家了，把访问团顺利接回台北。"进关时，看到联合报系文化基金会张逸东执行长、剑华主任、静萍、莉绢、锦宏，心里更是快乐。从这一刻起，访问团正式开始台湾十天紧凑的参访活动。

访问团抵台首日下午，是拜会联合报系。我还记得，必成董事长致辞时，强调《联合报》"正派办报，无我无他"的精神，至今，这两句话仍是联合报系媒体经营的理念。

访问团在台北四天行程告一段落，南下参访前，王必立发行人特别安排了温馨的南园之夜（南园是联合报系员工度假中心）。接下来，除了参访活动，访问团还游览了台中科博馆、日月潭、台南延平郡王祠、高雄科工馆、垦丁和花莲太鲁阁国家公园。

十天的行程一转眼就过了，访问团从报纸、电视台、广播电台、杂志社，共参访了17家媒体。各媒体负责人多数是第一次来台湾，一开始对台湾并不了解，仅有的印象是"立法院"打架等"坏印象"；但经过十天行程下来，大家对台湾有了真正美好的观感。这次交流的收获，不仅是联合报系的，也是实实在在增进了两岸关系的和谐发展。

大陆采访路上的 20 个寒暑

贺静萍

贺静萍：祖籍山东牟平，台湾政治大学新闻系毕业。现任《工商时报》副总编辑。曾就职《台湾日报》、"中央通讯社"、《联合报》《苹果日报》《经济日报》。1993 年起，到"中央社"任职，即开始两岸谈判采访历程，后转任《联合报》记者，主要采访大陆财经新闻。

记得曾有一位日本资深记者和我说过，如果能在中国大陆进行跨越几个经济发展时期的采访，是最难得的经历。算算，尽管在采访上的经验并不多，但可以说我的青春岁月，有绝大部分时间的工作，与大陆有关。

回想起第一次抵达北京的心情，至今依然清晰。对比今日，中国大陆已经进入经济改革全力攻坚的关键时期，这 20 年来，变化之大，速度之快，没有任何文字可以形容。在数字的飞跃中，大陆的经济发展引导社会巨幅转变，各式各样的挑战也随之而来，不知不觉中，我经历了近五个五年计划（如今是规划）。

回溯过往，何其难，不过，我认为在大陆采访的经验，应该是采访在线数一数二的磨炼机会。

为什么这么说呢？首先我想强调，两岸语言及文化相通这并非一句简单的话，一旦深入之中，你会发现在某些方面差距其实非常大，这些差距，表现在很多方面，来自我自身的经验就是，当时自己已非初出道的记者，可是一到大陆，也马上遭遇不少震撼教育，仿佛过去就像是温室里的花朵。

在 1993 年"汪辜会谈"前，我临时奉指示到大陆采访两岸唐邱磋商

（当时海协会常务副会长唐树备与海基会秘书长邱进益为安排第一次"汪辜会"而展开的前期磋商），在一点概念都没有的情况下，我到了北京，之后历经新加坡"汪辜会谈"，以及后续多次两岸事务性商谈及"汪辜会晤"。

不过两岸谈判虽可让人在短期之内熟悉各项议题，但在大陆采访对我启蒙最大的，应该是之后转任《联合报》大陆中心记者，我因此开始了纯粹大陆新闻的采访生涯，特别是我刚报到一个月，就被派往北京"蹲点"。

1997 年的冬天，初到北京单兵作战（不再是随团采访），那时北京的采访环境并不如现时开放及多元化，台湾媒体能关注的议题聚焦在涉台问题上。要说我获得的第一次震撼教育，应该是某次打电话到相关单位提问，想要"立即"得到响应，因一而再再而三地查询，最后终于迫使对方很诚恳地告诉我，在大陆，要明白一件事，就是你不可能马上就要得到回复，这是很慎重的事情。

记得挂电话的那一刻，心情十分复杂，自然也十分讶异，我心里想，这与在台湾做事情的方式是完全不同啊，不过，这让我马上体认到，自己完全是以在台湾的想法看待事情，所以做事情的方法不够周全。这次的经验给我了很好的提示，那就是即使语言相通，作为记者，首要就是学会尊重当地的采访环境。

再者，今日大陆社会的开放程度、对外关系及经济实力及其影响力，完全不可同日而语，各类大型国际会议以及本身的采访机会多元，因此年轻记者很难想象在那个年代，现下的采访机会是多么难能可贵。惟过去即便不是那么开放，但大陆的采访资源非常丰沛，只要你投入，一定会有意想不到的收获。

1999 年 11 月 15 日，是我在北京驻点采访过程中，感受最深刻的一天。当时，中国外经贸部部长石广生和美国贸易代表 Charlene Barshefsk（大陆译为"巴尔舍夫斯基"，台湾译为"白茜芙"）分别代表中美两国政府在北京签署关于中国加入世界贸易组织的双边协议。

对大陆而言，那是努力了 13 年，试图以发展中国家的身份加入世界贸易组织的一部血泪史。中国因市场开放的问题，不断与美国和欧盟发生冲突，该次采访，我有幸目睹中美签约的那一刻，中国入世迈出最重要的一步。

我记得中国外经贸部部长石广生率领大陆代表团与美国贸易代表团没日没夜地谈判，因朱镕基等人展现破釜沉舟的决心，力挡高如万尺浪的争议，并对美方展现中国领导层的意志，才助推中美双边贸易谈判画下句点。

要在利益冲击与产业存亡纠结的入世谈判（过去大陆因开放程度不高，产业垄断性极高惟竞争力不强，一旦推进入世进程，意味着中国内部势必要面对强烈冲击）杀出一条血路，对内对外，都是一场硬仗。当时，日日与各国媒体守在外经贸部侧门，就是为了见证这历史性的一刻。

当然，这些场景是可贵的，只是对我而言，最震撼的则是体会到，观念的进步，对一个国家的发展有多重要。

在入世签约后，我透过朋友约访一位大陆农业专家（这位专家现不能具名的原因，是因如今已是高层官员），在访谈中，这位专家说，大家都知道一旦开放，对农业及民族工业会有多大的冲击，但中国早年在谈判桌上，懂农业的不懂谈判，懂谈判的不懂农业，不知吃了多少大亏，所以正因如此，中国一定要开放市场，开放观念，就算是再大的冲击，都要走上这条路。

还有官员说了一个小故事。某次随团至欧洲出访，行至一公园想要如厕时，听到里面不断传出按马桶的声音，他心想奇怪，一探究竟后才发现，原来是冲水马桶坏了，一位小男孩在厕所里不断等待想要冲洗干净再出来。这位官员表示，在那一刻，他坚信观念要在这一代转变，社会才能够真的进步。

入世对中国，有着这么深刻的意义，不只是要站上国际舞台去面对挑战与扩大开放，对内更是一项重大工程，从简单的话语中体会到这一层，只有承受巨大阵痛，才能推动改革与进步的巨轮，这对我而言，产生了莫大的冲击。

事实上在采访入世期间，我的母亲曾到北京旅游，由于工作忙碌，根本无暇和母亲见面，某天母亲在离京前来找我，拿了一些苹果给我，我还任性地嫌麻烦。

直到母亲离开北京后的某天晚上，我因发稿忘了吃饭，饿到极点时随手拿起苹果就啃，不知不觉，一股暖意让我的胃变得舒服许多。

在北京的冬夜里，心里涌上阵阵酸楚。隔日在同业座车上分享心情，想要抒发心理压力，说着说着竟不自觉流下眼泪，还好在情绪决堤前，开车的师傅转头来安慰我，幽幽地说，"父母对孩子都这样，还好你只吃了苹果就明白了"。这才让我和同业破涕为笑。

不知为何我常想起这件事，可能因在北京受人帮助甚多，温馨的画面，常不自觉萦回眼前。友谊，让我的大陆采访生涯，有笑有泪，无法细数，亦成我人生中最重要的一部分。这也绝对是政治干扰两岸关系之际，抹杀不了的痕迹。

不谈硬议题，再说说一件特别令我难忘的事吧！亦是某次驻点期间快结束时，搭着出租车返回饭店途中，经过菜市时见到圆形的紫色蔬果，因好奇向出租车师傅问了一下，果如我猜想，它是茄子。热心的出租车师傅带着我去买了一个好的让我带回台湾。

那次采购的东西非常多，到机场时，国航柜台的地勤表示超重要罚款（且当时两岸还没有直航），并问我，带这么多东西去台湾干嘛（还带了个茄子？），当时我实在不愿被罚，就坦率地求情，这些都是要带给家里老人吃的。

这位已是中年妇女的地勤问我，家里的老人是从大陆过去的吗？我回答是，之后竟安然过关了。那时心里除了庆幸自己不用被罚钱，也有种不一样的感受。

不过故事未完。记得回到家，满心喜悦拿着一堆北京的特产及茄子，开开心心送到外婆面前，本以为外婆会和我一样笑着端详着圆形茄子，未料她怔了一会儿就默默地流下眼泪，她告诉我，这茄子她不可能煮了吃，因为，家乡的茄子就长这样儿。

一时之间不知所措的我，因外婆的泪水，对北京的茄子自此有着难以言喻的感情。

要回顾我在大陆的采访生涯，思绪万千却实在难以表述得宜。最弥足珍贵的，莫过于体会到两岸之间属于人与人之间的互动及交流，并不会因为政治因素的干扰，有所增减。虽近年来两岸之间随着互动日益密合，两岸难题仍持续浮现，难免令人在失望喜悦中消耗不少热情，还好人之间的交流并未因此无以为继，这应该算是最不流于表面文章的证明。

一路从青春年少来到半百，这段岁月带给我珍贵的记忆，不只是因采访而学习，更重要的是，北京给我的感受，如同少年离家、一个造访并且落脚的第二故乡，那是一种印象，也是一段真实的生活。且因转任职《工商时报》，十多年来有了完全不同的立足点，得以观察大陆经济发展，让自己拥有一种延续过去并且重新学习的机会，这是何等幸运。

在这个已步入人工智能的时代，很多事情容易让人觉得落伍或屡见不鲜，但庆幸的是，除了入世及早期的两岸谈判，还可以看见经济发展为大陆社会带来深层结构的变化与改革的痛楚。

近期以来，"一带一路"已成除中国大陆推进亚太自贸区概念外，再一个备受全球关注的大工程，外界一般评论的是中国如何在政经多元并且复杂的东南亚地区开辟版图，这对采访大陆新闻的记者而言，又将是多么难能可贵的观察机会。"一带一路"已不再只是为过剩产能输出海外而已，这是中国壮大政经影响力，取得区域竞合发言权的重要里程。

希望我能有机会看到这一天，"一带一路"直通欧洲心脏，也希望两岸关系能随着时间推移，走向更稳定的互动，而不是起伏于不稳定之中。

到2017年年底，沉浸纯粹的大陆新闻的我，算算也度过了20个寒暑。如果要说出映在我脑海中的第一个画面，那么，自然是20世纪90年代的北京新东安商场和机场路的夕阳，之后变化万千的画面，都无法取代那时候北京带给我的第一个感受。

对中国大陆的前景有何看法？往往有时会碰到这样的问题，我的想法是，留待时间去证明吧，凡人或事，终究会走入历史，唯不变的是，我们曾经走过，而且还在参与。

第二章

发　展

《中国时报》兼《旺报》总编辑
两岸采访回忆录

王绰中

王绰中： 法学硕士。现任《中国时报》总编辑兼《旺报》总编辑。历任《中国时报》大陆新闻中心记者、撰述委员、《中国时报》大陆新闻中心主任、《中国时报》副总编辑兼任时报国际及旺旺中时文化传媒公司总经理、《旺报》总编辑兼任旺台两岸互信基金会董事、《中国时报》总编辑兼任《旺报》总编辑。

1991 年 9 月初抵北京

我是从 1991 年 9 月到《中国时报》大陆新闻中心任职，当时还要考试进去。我先读研究所，我的硕士论文的题目是《中美关系》。再当兵，退伍之后报考《中国时报》，当时台湾还是处于两大报系（中时、联合报系）的时代。很多人希望能进入这两大报系。

当时大陆新闻报道才刚起步，台湾陆续有媒体派记者到大陆，但都不是固定的。1990 年之后，《中国时报》采访了杨尚昆，之后开始申请"变通常驻"，不是固定常驻，是一种方便通行的常驻采访方式。

现在到大陆采访，已经和当时不可同日而语。当时要事先向国台办申请，通过之后，再向香港中旅办手续，从港澳中转到大陆，采访环境是很艰困的。现在驻点北京只要三小时就到达，搭下午两点的飞机，大约五点就到了，还可以约晚上七点吃饭谈事情。

当时要先从台北飞到香港，最早还是启德机场，在九龙半岛，再转机飞到北京。且一开始只有开放北京驻点。最早也只有开放《中国时报》和《联合报》到大陆驻点采访，后来有"中央社"。

电视方面，台湾当时还是老三台时代，台视、"中视"和"华视"，偶尔会派记者去采访两岸两会的谈判，包括 1993 年的"汪辜会谈"，以及采访后续两岸两会间的经济与事务性协商。但是常态性的驻点采访只有中时、联合和"中央社"三家媒体的大陆新闻中心。20 世纪 90 年代中后期，台湾电视媒体才陆续派驻北京。

我是从 1991 年开始驻点北京。早期到北京，舟车劳顿，要一整天时间。采访是限时间、地点和主题。现在听起来很好笑，但当时确实如此。且当时一次最久只能待一个月。

艰困的采访环境和条件

由于早期在大陆采访有时间、地点和主题的限制，所以采访环境是很艰困的。除此之外，当时没有手机，也没有网络和笔记本电脑。我们当时是买了一台传真机放在饭店，接到饭店的电话线传回台北。稿子都是用手写的，一张纸两百字，当时一个版一万字，现在一个版大约三四千字。当时稿量又多，经常一天要发三四千字，遇到重大事件往往要发五六千字。

随着科技发展的变化，以及两岸互信的增加，对媒体采访的限制逐渐减少，这些都是很有意思的过程。

早期大陆对外封闭，刚去采访时，几乎没有任何讯息，只能看大陆媒体的讯息，媒介只有报纸和电视。从早上开始录电视新闻，几乎订了各省的报纸，包括各省委的机关报以及北京媒体和中央的媒体，像是《人民日报》《人民日报海外版》等。每天看几十份报纸还有电视新闻。常常要打电话回台北问有没有发生什么大事或者国际上怎么报道大陆新闻，这也是很重要的。此外，还会通过短波来收听台湾的广播电台，才知道台湾和国际上发生什么事情。

当时大陆还相对落后，电话费非常贵，所以早期派驻记者的成本是非常高的。20 世纪 90 年代中后期，开始有笔记本电脑，当时中时是第一家配备笔记本电脑的华文媒体，那是很昂贵的，印象中换算下来一台要十几万新台币的费用。

当时报社配给记者的还是 286 系统，在当时是最先进的，我们拿到大陆采访都走路有风。每次使用时，大陆媒体记者都非常羡慕。但讽刺的是，邓小平南方讲话后，也就是从 20 世纪 90 年代后期开始，大陆经济快速起飞，特别是朱镕基从常务副总理就开始主导经济发展，大陆经济高速发展。我记得新华社 1997 或 1998 年开始，就配备 486 系统的计算机，比我们当时用的还好。小小的故事告诉我们，大陆后发先至的发展是有由来的。

亲历转变的大时代

20 世纪 90 年代之后的转变，有两个主轴：一是科技的变化，二是采访环境的变化。早期采访很艰困，还要受到各方面的制约，甚至有人怀疑我们到大陆采访是不来搜集情报的。

国台办很清楚中时是私营媒体，"中央社"虽然是官方通讯社，但还是正常的采访。但大陆方面对我们都还是会有些约制，除了限时、限地和限主题，还有往来的规范，比如 1995、1996 年的台海危机，台湾媒体只要一离开北京，马上就会被要求回京。但是随着 20 世纪 90 年代后期，有线电视台也开始派驻大陆，采访环境更加宽松。

但两岸互动这么多年，到现在也还是变通常驻，台湾现在也没有媒体在大陆设办事处，不像美国或日本媒体派驻在台湾，现在两岸记者还是来来回回。2000 年台湾政党轮替，民进党上台，但两岸媒体派驻没有中断，仍允许台湾媒体到大陆采访。不过对于讯息的掌控和约制仍是存在的，但变得更宽松。这也和科技的进步、手机的出现有关。

早期没有手机，要找在大陆的台湾记者，一定要叫记者在饭店等电话，不然联络不到。

千岛湖，永志难忘的采访经验

通讯越来越方便，让我想到，1994 年 3 月台湾游客在千岛湖事件的采访，当时采访环境跟 2000 年之后有很大的区别。

1994 年我是第一次到浙江杭州的千岛湖，当时要从杭州市到淳安要七个小时，前四小时还是一般道路，后面三小时是碎石路和泥土路，采访环境很困难。

当时我在杭州采访千岛湖事件前后五十多天里，来来回回杭州与淳安七八次，一趟要七小时。住在当地的两个饭店，最好的是县委的招待所。第一次到淳安，人生地不熟，我就直接住在当地的一家饭店，叫鱼味馆，房间没有电话，只有柜台有，而且只能拨大陆国内长途，不能拨境外电话。此外，因为只能靠这只电话，所以我所有采访内容都暴露出来。可以看出，当时采访环境对一个台湾记者来说，是非常有挑战性的。

两岸媒体交流越来越重要

2000—2008 年民进党执政，两岸官方互动停滞，但媒体采访没有中断，大陆对台湾媒体也越来越了解，知道台湾主流媒体多数是民营媒体，没有负担特殊的任务或使命，是依照自己需求或方向来运作。

2008 年之后，马英九执政，两岸也实现"三通"了。我从 1991—2008 年之间，飞了 17 年，等到两岸"三通"之后，我已经退到主管阶层了。

现在看到我们同仁在大陆采访，说要去武汉，也就两个多小时就到了。特别是网络发达之后，讯息是无远弗届，大家很容易充分掌握所有讯息。过去数据累积很辛苦，现在只要上网搜一下就有，在大陆只要通过漫游方式，也可以使用。

也就是说，随着科技的变化和两岸关系的往来，大陆也很清楚，台湾主流媒体大多是依照自身设定的方向去采访，在此状态下，大陆各地现在是十分鼓励台湾媒体去采访，跟 20 世纪 90 年代的各种限制完全不可同日而语。

我们也了解，2008 年开放"三通"之后，两岸互动增加。在 2000 年左右，大陆也陆续派了大约十家媒体来台湾，包括五家中央媒体，有《人民日报》、新华社、央视、中新社和中央人民广播电台，还有五家地方媒体。两岸媒体交流越来越频繁和普遍。这样的变化，对我们这些资深的两岸媒体人来说，是很有感慨的，媒体扮演的两岸关系交流平台和沟通角色，只会越来越重要。

开放探亲是划时代的决定

1987 年开放探亲，是两岸正式开放交流，到现在已经过去整整 30 年了。对两岸来说，蒋经国执政后期这项政策，无疑是划时代的决定。

我们大约是开放探亲后三年到大陆采访。当时台湾人到大陆探亲，可以带三大件和五小件，有些长辈或朋友没有用到这些配额，还可以把配额卖给一些中介，因为当时大陆外汇奇缺，经济发展较为落后，物资也很缺乏，社会相对封闭。我们1991年刚到大陆时，使用的是外汇券。当时大陆为了管制外汇，规定所谓境外人士要使用外汇券，包括所有外国人和台港澳人士。当时一百美金，大约能换到五百多元人民币，但是如果通过黑市去换，大约能换到九百多元。而我们长得就跟大陆人没有太大差别，买卖东西也早就不用查看证件，所以我们在大陆就使用人民币，除非特殊场合才使用外汇券。大家可能很难想象，一个国家内有流通两种货币，而且是不等值的，外汇券比较值钱。当时我认识一位出租车司机，他对台湾人也很好奇，我在他车上遗落了皮手套，他居然还在饭店门口等我，后来我们就变成好朋友。之后我会给他一些外汇券，他可以去友谊商店买东西，那时有些东西只能用外汇券去买。那个年代大陆外汇奇缺，与现在大陆拥有庞大的外汇存底相比，根本很难想象。

期盼两岸当局找到交集

开放探亲时，台湾地区人均 GDP 已经超过一万美元，大陆大约只有六百美元，差距非常大。我们当时在北京一天生活费，换成黑市人民币的价格，大约是当时大陆公务员一个半月的开销。这样的差距，让我们想到，台湾有经济的优势，但在心理层面上，我们又想到，这片过去从书上读到跟台湾处在对抗状态的政权和社会，对很多人心理都是一种冲击。

当时对于大陆的环境，是既熟悉又陌生，后来逐渐感受到差异很大，虽然文化语言差距不大，但人际互动是不一样的。还有意识形态和想法，都是不一样的。除此之外，采访环境也是更为艰困的。

两岸交流经过 30 年，特别是媒体交流，严格来说也有 30 年了。两岸媒体共通的语言也越来越多，所以我们理解到，两岸交流是不能断的。无论两岸政治情势如何变化，特别是媒体交流一定不能中断，这种沟通的桥梁是必须要具备的，这对两岸人民都是正面的。

2016 年台湾地区再度政党轮替，现在两岸关系一定和过去是不一样的，我们说的冷对抗，在未来可能会持续，短时间内很难化解，考验大家，我们希望不要进入热对抗。我们也期待，未来双方能找到越来越多共同的交集，都能以两岸人民的福祉为优先。

两岸记者联合采访

——难忘的长江三峡、西藏高原

王玉燕

王玉燕：《联合报》大陆巡回特派员兼北京特派员。1988 年 2 月进入《联合报》，历任大陆新闻中心记者、大陆新闻中心召集人、大陆新闻中心副主任、大陆新闻中心主任。

1987 年 11 月 1 日，中国记协负责人发表谈话，欢迎台湾记者到大陆采访，开启了两岸新闻交流。我是 1988 年 2 月进入《联合报》，跑大陆、两岸新闻至今，没有调过线，见证了两岸新闻交流历程。

两岸新闻交流开放伊始，双方媒体记者往来，几乎是"零互动"；台湾记者单向去大陆采访，但大陆记者未来台湾。一直到 1991 年 8 月，新华社记者范丽青、中新社记者郭伟锋随大陆红十字总会代表赴台，探望及采访"闽狮渔"渔事纠纷被台湾扣押的大陆渔民，打破两岸新闻交流的"单向采访"。

八个月后，1992 年 5 月 3 日—12 日，国台办与中国记协组织两岸记者联合采访三峡工程，这是两岸记者首度联合采访活动。由 1992 年至今，此项两岸记者联合采访活动，已成为一年一度两岸新闻交流品牌最悠久、口碑最佳的项目。

时间拉回到 1992 年 4 月，《联合报》大陆新闻研究室（现在的大陆新闻中心）主任王震邦收到中国记协传来的邀请函；由于是首次两岸记者联合采访，而当时建三峡大坝是热点话题，同事们都想被指派参加这次活动。

当时我刚由编辑转任助理记者不久，震邦主任把邀请函拿给我，说："玉燕，你去采访这个活动吧！"我欣喜若狂，打小念唐诗三百首："朝辞白帝彩云间，千里江陵一日还；两岸猿声啼不住，轻舟已过万重山。"长江三峡，早在我梦里出现千百回，现在能亲自去采访，游三峡，心里的欢喜非笔墨能形容。我由衷感谢震邦主任给我的机会，因为，25 年过去了，至今，三峡行是我记者采访生涯中，最深刻、最值得纪念的回忆。

1992 年 5 月 3 日，两岸记者联合采访团在重庆合影后，展开三峡采访行。

当年的联合采访红色小旗、行程、记者名单，我都留着，这是两岸新闻交流历史的一页。因为是首度组织两岸记者联合采访，国台办、中国记协倾全力筹备。联合采访团由国台办新闻局舒灿斌副局长任领队，副领队是中国记协台港澳办公室主任柏亢宾、国务院三峡工程审查委员会办公室秘书长杨启声，秘书长是新闻局的杨毅。工作人员分成秘书组、接待组、专家组，有国台办的孙兵、张荣、檀延让、许广才、韦春江，海协会张胜林，中国记协李安，以及林仙、胡汉林、薛世仪、朱光裕四位水利专家。

采访团由两岸 26 家新闻媒体、18 位台湾记者，14 位大陆记者组成，台湾记者是：《中国时报》俞雨霖，《中时晚报》杨渡，《民众日报》陈文和，《大成报》刘传宇，《自由时报》彭国伟，"中央社"张珑，"中国广播公司"杨菁惠，《联合报》王玉燕、胡国威，《中央日报》屈振鹏，"中华电视台"高明帝、谢瑞安，《自立晚报》张玉瑛，《自立早报》刘淑婉，《联合晚报》陈宗仁，《工商时报》张瑞宾，《经济日报》魏锡铃，《台湾时报》卢思岳。

大陆记者是：新华社薛建华、万红强，《人民日报海外版》陶世安，中

两岸记者三峡采访团的这面小红旗，牵引着两岸记者三峡情。

央人民广播电台冬艳、方晓嘉，央视王康宏、徐进，中新社陆珺珺，《瞭望海外版》杨远虎，海峡之声胡志刚，《台声》杂志许其良，《现代中国》魏秀堂，《团结报》李天斌，《北京晚报》洪虹。

联合采访由 5 月 3 日到 12 日，由重庆朝天门码头出发至宜昌，五天的航程，六百多公里的水道，丰都、涪陵、万县、云阳、白帝城、奉节、巫山、秭归、三斗坪坝址，到宜昌下船，改走陆路；八百多公里的行程，葛洲坝、中华鲟人工繁殖研究所、荆江大堤、洞庭湖区，丰富的采访内容，雄奇秀丽的三峡景致，让记者们眼界大开，文思泉涌，发稿发到手软也不停歇。

在三斗坪合影。

第一次的两岸记者联合采访，台湾记者彼此并不熟悉，与大陆记者一开

始则十分陌生，甚至可说互怀戒心。记得 5 月 2 日在重庆人民宾馆东楼报
到，我之前为了到平潭采访"闽狮渔事件"，与杨毅有过数次电话联系；一
到报到处，我四下问："谁是杨毅？"此时，听到一声音说："谁是王玉燕？"
我循声而去，看到坐在藤椅上、冲着我微笑的杨毅，"两岸一家亲"情谊由
此展开。

与杨毅合影。

　　3 日，大家来到朝天门码头准备搭船，一看，天啊，一艘帅气的游轮停
在众人眼前。这艘名"天龙号"的游轮才出厂，首航给了我们，太幸运了。
一声汽笛长鸣，"天龙号"载着两岸记者联合采访团，踏上三峡工程考察
之旅。

　　今日，屹立在长江上的三峡大坝，25 年前，正面临何时兴建的关键时
刻。记得当年杨启声秘书长跟大家说："一项尚未开工的工程，受到新闻界
如此关注，这在建筑史上不说是绝后，起码也是空前的。我们希望通过这次
联合采访，两岸新闻界能科学地、客观地、公正地向两岸同胞作出报道"。

　　前面五天的水路航程中，包含陆上采访点，虽说是联合采访，各家媒体
之间仍有新闻报道竞争；采访对象、环境是一样的，就看个人的新闻敏感度
及写作发挥度。那时候的发稿环境不像现在，一按手机键，稿子就回去了；
在那个"纯手写"年代，记者稿子写完，得用传真机发回。配合各家媒体
不同的发稿时间，国台办、中国记协与地方台办早就沿途安排好地点，让记
者们及时把稿子传真回"家里"。

　　一路上，大家围着水利专家询问三峡工程对生态环境的影响、移民、建
坝经费等问题，而大家最想挖的，是大坝何时动工。7 日，我们登上三斗坪

坝址，专家们向大家介绍为何会选中这里作为坝址。采访结束后，每个人获赠一小块坝址探勘挖出的岩块，这个圆形岩块，现在仍被我当宝贝般收藏着。

也就在这天，在联晚同事宗仁协助下，我得知三峡大坝首期工程将在1996 年正式开工，按住心中的激动，我发回这则稿子。第二天，《联合报》独家一版报道，大大的标题：《三峡大坝四年后开工！》内文"未来三峡工程将由长江三峡建设委员会统筹指挥，在此之前，将完成坝区移民搬迁与安置，及相关工程的三通一平建设；中共国务院已核定 42 亿元人民币的先期工程经费"。

五天的水上行程，记者们忙着采访、发稿，也不忘趁大坝未建前，饱览三峡原生态的风光。瞿塘雄、巫峡秀、西陵奇，登白帝城，遥想当年刘备托孤诸葛亮；过巫山，云雾缭绕中，似见神女会襄王；到秭归，爱国诗人屈原无奈投江，令人唏嘘。三峡风光、历史文物，说不尽、道不完，它们都是中华文化宝贵的资产。

而同在船上的两岸记者，同采、同住、同吃，第一次这种方式的接触，起初大家有点生分，当一天的采访、发稿结束后，私下里，两岸记者还是各自一个"小圈圈"。不过，这种情况在五天的水上行程结束、改走陆路采访后，完全改观。

7 日，依依不舍告别三峡、"天龙号"，我们在宜昌下船。接下来八百多公里的路上考察采访，两岸记者再无隔阂，情同兄弟姐妹，无话不聊。10日晚，我们住在岳阳洞庭湖畔，至今我清楚记得，房间大落地窗外，洞庭夕阳美景，但我的心情却越来越沉重，因为，离 13 日活动结束、大家各自赋归的日子近了。

13 日，武汉惠济饭店，当灿斌局长宣布联合采访活动圆满结束那一刹，爱哭的我已忍不住泪流满面。十天的朝夕相处，舍不得众位好伙伴；在这一刻，已不分什么台湾记者、大陆记者，大家是相亲相爱的一家人。在"寄语白云""我们都是一家人"的合唱声中，"海峡两岸记者三峡工程联合采访"，永刻在我心田深处。

从那以后，两岸新闻交流迈步前进，两岸记者联合采访年年举办。而2000 年的两岸记者联合采访西藏，是我记者生涯另一次难忘的经历。

"世界屋脊"、香格里拉，西藏，对外界来说，始终蒙着一层神秘的面纱。2000 年 9 月，在国台办、中国记协安排下，西藏首度开放两岸记者一

2000 年 9 月，两岸记者西藏联合采访团。

起赴拉萨、日喀则采访，幸运地，韩剑华主任派我参加。而这一次的联合采访，除了 1992 年三峡行"旧雨"，又认识了多位"新知"。

2000 年 9 月的两岸记者联合采访西藏，国台办新闻局有"两杨"——杨毅、杨流昌，中国记协的李安也是老友了。去西藏高原，最怕的是有高山症。因此，我们先到成都集合，由成都飞往拉萨。在成都那晚，每一位团员都拿到"红景天"口服液，李安体贴地告诉大家，每天喝一支"口服液"，在西藏能减少高原反应。四川省台办朋友则叮嘱大家，在西藏，千万别跑太快、跳太高，要慢慢来，否则可能会有高原反应。

与李安合影。

不过，似乎高原反应因人的体质而异。我喝了"红景天"后，进入西藏，完全没有不适感；但流昌则是高山症一路跟着走；而杨毅，快走、奔跑，一点事都没有。

西藏行最令我震撼的，除了西藏高原的自然环境，就是布达拉宫了。参访布达拉宫那天，我们起了个大早，在西藏台办贴心安排下，我们赶在开放观光客参观前，先进了布达拉宫；为了让我们有详尽的报道，布达拉宫特别开放其他不给游客观光的地方给我们"开眼"。在宫内，解说员再三提醒我们千万别乱跑，一不小心迷了路，可能就出不来了。参观布达拉宫，对其丰富的文物，我心里除了赞叹，还是赞叹。宫内有八座达赖灵塔，其中以五世、十三世达赖的灵塔最"豪华"。五世达赖灵塔是最大一座灵塔，塔高14.85 米，黄金塔身共耗费 11 万两黄金，塔身上镶的各色宝石，看得我双眼"发直"。除了地上文物，布达拉宫的地宫中，藏有献给历代达赖的珠宝文物，价值无法估算。

2000 年 9 月，王玉燕在布达拉宫留影。

西藏的各式风土人情，最令人心动的，是纯朴安于天命的藏民。他们心中有佛，有对未来美好的盼望。拉萨往日喀则的中尼公路，常发生山石滑落或泥石流。联合采访团往日喀则的路上，就碰上了山石滑落堵路。当大家心急着能否及时抢修，晚上赶到日喀则；却见藏民们安闲地围坐地上，喝着酥油茶；再晚些，索性拿出锅碗，就地埋锅做饭。藏民告诉我们，有时候路一堵就是一天一夜，不急。

幸运地，路抢通了；采访团到了日喀则，听闻江孜地区因泥石流，9 万多户藏民受灾，1 万多户民房被毁。我们看到灾民暂居田埂上，等待救援，口中没有一句怨言。救灾物资一到，灾民默默扛起分到的建材，重建家园。

回台后，我写了《前进西藏/专题报导系列》，获得第五届两岸关系暨

2000 年两岸记者西藏联合采访圆满结束，两岸好友依依不舍。

大陆新闻报道奖、报纸报道奖佳作奖。

　　只要有帮助，穷苦的藏民便能自立。多年来，大陆各省市给西藏各地的对口援助，中央致力建设西藏，发展西藏经济，消弭汉、藏人间的矛盾。能给藏民一个永远的香格里拉，西藏就有美好的未来，是我西藏行的诚挚祝愿。

　　2017 年是两岸新闻交流 30 周年，仅以此文献给联合采访团中，已去世的伙伴。

化解两岸隔阂的钥匙在
我们每个人手中

李 峰

李峰：中央电视台《海峡两岸》原制片人、主持人。中国人民大学新闻学硕士，主任编辑。1993年调入中央电视台海外中心新闻部，记者、文教组组长。1998年创办《中国新闻文化报道》栏目，任制片人、主持人。2000年调入国际频道《海峡两岸》，任制片人、主持人。

接到记协邀请，要写两岸新闻交流的回忆文章。那些尘封了十多年的往事，一下子涌上脑海，又让我重新回到2000年到2008年那段台海风云变幻的历史阶段，那段在《海峡两岸》打拼的日子。

那时正值台湾第一次政党轮替，两岸关系风雨飘摇。我很庆幸自己生逢其时，在两岸新闻交流从陌生到接触，再到理解信任的关键阶段，我身在其中，并为之奋斗，为之努力过。如今，我们看到，两岸人员往来顺畅，两岸电视媒体同行合作密切。我更为深刻地理解了当年我采访连战先生时他说的：化解两岸隔阂的钥匙在我们每个人手中。

第一次和台湾媒体接触还是在20年前的1997年。香港回归之际，我和央视各个部门抽调的人员组成的采访组第一次到台湾采访。当时的台湾，对绝大多数大陆人来说，都是极其神秘而陌生的。台湾卫星电视台TVBS给予我们极大的帮助。第一次和台湾媒体合作，他们专业、敬业、热情的工作态度让我至今记忆犹新，从中我学到了不少宝贵的经验。

2000年从新闻部调入对台部之后，和台湾媒体的接触开始逐渐增多。

从最初小心翼翼地接触，到后来大家不断地探索出各种方式的合作，两岸媒体人越走越近。我采访过不少的台湾媒体前辈、精英，像台湾"中国新闻学会"理事长成嘉玲、资深人士江素慧等；和台湾记者朋友们数次赴各地拍摄、采访，如三峡联合采访；邀请台湾同行到演播室做客，共同探讨大家关心的话题；最让我难忘的是我们建立起来的两岸媒体的空中对话模式。

刚刚迈入新世纪的 2000 年岁末，两岸关系扑朔迷离。两岸媒体人都在努力思考，并为促进两岸关系的正常发展而努力。当时，我们想到了利用卫星连线的方式来直接对话。之前，栏目组已经开始对卫星连线的方式进行了小规模的尝试，证明了技术上的可行性。这次，我们决定探索更高规格和更大规模的连线方式。当时，直面讨论政治话题大家还有所顾虑，我们决定从经济入手，邀请两岸的专家学者，通过空中交流，一起来为两岸的经济合作发展出谋划策。

听说我们有这样的设想，台湾多家电视台都主动表示愿意合作，让我们很感动。几经筛选，我们选择了台湾"三大台"之一的"中视"。双方一拍即合，"中视"对这次合作也非常重视，派出了当家主播沈春华女士担纲主持。在节目制作之前，双方多次电话沟通，就很多技术细节、现场嘉宾邀请事宜上达成了共识。我们都认为为了让节目更客观，不至于出现一边倒的情况，邀请的嘉宾应该是一些中立的学者，才能不偏不倚，更容易透过现象看到本质，对两岸的观众而言都会更有说服力。在这个主导思想的引领下，台湾方面请到了淡江大学大陆研究所的张五岳所长、东吴大学政治系的杨开煌教授、政治大学企业管理研究所的赖世葆教授；我们则邀请了清华大学台湾研究所的刘震涛所长、社科院台研所的许世荃所长、著名学者袁纲明教授。

沈春华在台湾享有相当高的知名度。据说她对这个节目相当重视，在录制节目前夕，她专门召开记者会，详细地推介这次合作，把它视为"具有历史性突破意义的两岸媒体新世界的首度合作"。

和这样的高手过招，让我也很兴奋。用最短的时间，我恶补了有关的知识，在我自己的提纲中，密密麻麻地记录了我对当时两岸经贸关系的理解和分析。由于话题被限定在经贸议题上，所以我们设计的提纲是紧紧围绕两岸经贸的现状、存在的问题和未来前景展望方面的。由于时间仓促，也没有和请到的嘉宾做进一步的沟通，所以在录制前夕，我们四人匆匆凑在一起，将节目的思路做了一个简单的梳理。这时，一位编辑将台湾方面刚刚传来的提纲拿给我们。我看到后大吃一惊，因为他们关心的都是一些较为敏感的政治议题。但是距离录制只有十几分钟的时间，我只好一边和台湾方面沟通，同时提醒大陆学者做好思想准备。许世铨和刘震涛都是经验丰富的台湾问题专家，他们都表示没有问题，有来言就有去语。

对于我来说，其实也是很理解台湾同行的想法：两岸关系中最让人关注的是敏感的政治话题，经济议题虽然重要，但表现起来比较困难。由于两岸没有建立互信，彼此之间会有隔阂和差异，因此迫切需要在两岸民众心中架设一座沟通的桥梁，而最直接的方式可能就是通过对症结问题的讨论和分析，来厘清误会，化解矛盾。透过"中视"和中央电视台第一次合作，从他们积极的态度和热情的工作中，我不难发现，他们和我们一样，都愿意承担这样的一个角色，希望发挥媒体特殊的社会功能。为两岸的和平和解尽自己的一份心力。但是，路要一步一步走。在我们看来，争取到这样的一种合作形式，涉及的话题已从纯粹的经贸议题扩展到更为广泛的社会民生，已经是对"新世纪新起点"的一个很好的诠释和证明，我相信良好的开端是成功的一半，只要合作成功，突破一些敏感和禁忌，实现进一步对话是指日可待的。

果然，在800平米的大演播室落座开聊，我把金马与大陆通航这个敏感话题抛出时（当时台湾当局把元旦开通金门至厦门、马祖至马尾的单项、定点、定量的所谓"小三通"炒作得沸沸扬扬，做出主动开放的姿态），对岸的沈春华立刻将话题转到敏感点上：金马与大陆通航是否是两岸开启的一个机制性互动的起点？两岸的学者随即唇枪舌剑，各抒己见。开始我还有些担心讨论会失控，会导致无法播出。但是，很快我就意识到我们的对话是在客观公正的平台上进行的，虽然大家对金马与大陆通航问题有不同见解，但是差异和分歧可以通过讨论来化解。这些敏感话题就在我和台湾主持人的默契合作中展开，到完美收官。台湾学者们温文尔雅、开诚布公；大陆学者沉着坦然，娓娓道来。大家切中时弊，却又求同存异，在一个多小时的空中对话中，我感受最深的是真诚和坦率，再多的分歧和矛盾，也许也可以通过这样的沟通方式得到淡化和化解。

《新世纪、新起点——未来两岸关系期盼与展望》卫星连线节目在两岸主持人的深深祝福中画上了句点。殊途同归，在两岸学者们的结语中，我听到的是大家对未来两岸关系的共同期待，大家憧憬着两岸的政治人物能用高度的政治智慧来化解两岸的分歧，在"千年等一回"的新世纪里，实现两岸关系历史性的突破。正如两岸经贸关系在求同存异中获得长足发展一样，两岸的政治僵局是否也可以打破坚冰，迎来中国人的新世纪？我深深理解两岸学者的忧思和渴望，因为他们都是有历史责任感的人，都有知识报国的雄心和担当。对我们媒体人来说，何尝不是如此呢？我们制作这样的节目，也是希望透过媒体这个特殊的窗口，为化解两岸的歧见做点努力，做点尝试。

两岸媒体空中连线对话的尝试取得了各界的高度认可。我们趁热打铁，又紧锣密鼓地套裁出了《两岸权威人士谈西部开发》节目，西部省份的领导人和台湾民进党前主席许信良、时任国民党智库执行长江丙坤、业界代表英业达温世仁董事长，分别在北京和台北的演播室里，展开了一场世纪对话。之后，我们又陆续推出了《李敖与大陆观众的第一次对话》等大型卫星连线节目，在两岸引起了巨大的反响。我们的努力得到了认可，换来的是信任和更为广阔的天空。

就这样，两岸演播室的连线的方式得以延续下来，成为《海峡两岸》常态节目，一些敏感的政治议题也成为大家讨论的焦点。在今天看到很多事情已经成为常规，变得稀松平常，没有人会去在意这平常背后的不平常，因为这就是必然，它是发展，是过程，是历史。

祖国大陆以开放的姿态欢迎台湾媒体的到来，空中的电波桥梁也顺利搭建，但是大陆媒体入岛还是困难重重。我们的节目《海峡两岸》在岛内的播出一波三折，所幸的是在岛内媒体同仁的努力下，得到解决。我本人作为节目的主持人，自然也成为台湾当局的禁忌对象。好事多磨，经过一年的时间，2006年我们的入岛申请终于在台湾东森电视台的帮助下得到批准。距离我第一次去台湾已经足足有十年时间。

当时的台湾对绝大多数的大陆民众来说，仍然是一个谜，是人们最想去，最想了解的地方之一。而作为一个长期关注台湾问题的新闻评论节目，《海峡两岸》派出一个专业团队去做实地采访还是第一次。为了完成这个中央电视台对台传播工作的里程碑意义的采访任务，为了在最短的时间里，最大限度地介绍台湾，我们在临行前做了很多的准备工作，多次在北京召开嘉宾会，通过网络征询观众意见，反复修改行程路线，力图设计出最佳路线，当年年底我和我们《李峰台湾行》节目组一行四人，编导张军军、欧阳群，摄影李军，来到了这个七年来牵动着我们喜怒哀乐的地方。

我们从台北出发，驱车沿着西海岸从北到南，沿途经过台中、南投、嘉义、台南、高雄，到达最南端的垦丁鹅銮鼻，然后再沿东部北上，经台东、花莲、宜兰返回台北。沿途领略山川美景、风土民情，感受百姓生活、社会百态。我们一路几乎是不停机地拍摄、不停地问、不停地访，每天都是将电池耗尽，自动关机才肯罢休。短短 12 天的环岛之行，我们竟然完成了八集 30 分钟的专题，十集四分钟的新闻特写，总共 230 分钟的《李峰台湾行》，作为献给观众的一份新年礼物，从 2006 年最后一天开始在央视国际频道中播出。

这个成功的节目背后，其实有很多支撑的手。且不说大陆各方、央视领导的大力支持，台湾媒体同仁的鼎力相助是我们成行的最直接的原因。台湾东森电视台顶着巨大的压力，为我们疏解各种困境。在途中，我们还曾接到接待单位转达的台湾当局的警告，要限制采访活动，但是本着真实反映台湾现实，真实反映两岸交流的愿望，我们还是按照既定计划完成了环岛采访。当他们看到我们节目中播出的反映的是台湾真实的社会民情，分析的南北差异客观中立，才放心。透过这些节目，大陆观众看到的是台湾媒体人的专业、敬业，学生们为前途打拼的奋斗精神，农民们为生计奔波的辛苦，宗教僧侣们的虔诚专注，台湾少数民族居民们自然生活；看到了宝岛台湾美丽的自然风景和当时台湾经济的腾飞现状；听到了台湾政治人物的所思所想。

后来，台湾旅游业开放了，媒体入岛也相对宽松了，两岸的交流更为密切了。有趣的是，我的这本"旅游手册"成为朋友、亲人们入岛旅游指南，他们按图索骥，纷纷在台湾展开精华之旅。

两岸记者的"西藏情缘"

吴亚明

吴亚明：本科毕业于复旦大学新闻学院，研究生就读于中国社会科学院新闻系。现任《人民日报·海外版》港澳台部主任，高级记者，中国和平统一促进会理事。自进入人民日报社工作，就一直从事涉台报道工作。从 2001 年开始，每年赴台驻点采访，作品曾获中国新闻奖。

有道是，世之奇伟瑰怪，非常之观，常在于险远，而人之所罕至焉。"千山之巅，万水之源"的西藏就是这样的一个地方。在国台办和中国记协的精心组织下，2000 年和 2006 年，我有幸与台湾同行两赴西藏采访，在领略西藏雄奇山水、瑰丽文化、淳朴民风的同时，对西藏经济和社会发展情况有了深入了解。短短的采访时间，结下长长的友谊，不思量、自难忘。

第一次"亲密接触"

2000 年，9 月 8 日至 9 月 16 日，国务院台湾事务办公室和中华新闻工作者协会，组织海峡两岸的近 30 位记者联合采访了拉萨和日喀则的寺院、学校、企业、农户、博物馆、档案馆等。这也是自 1992 年海峡两岸记者联合采访三峡工程以来的第二次大规模联合采访活动。记得参加这一活动的台湾媒体有《中国时报》《联合报》《工商时报》《劲报》《明日报》（电子报）、"中央通讯社""中央广播电台""中国广播公司""中国电视公司""中华电视公司"台湾电视公司、无线卫星电视台、东森电视公司。

在拉萨，两岸记者参观访问了大昭寺、色拉寺和布达拉宫；在日喀则，两岸记者参观访问了扎什伦布寺。热情的藏族同胞和自治区的有关负责人毫无保留地向记者们展示那些一向带有神秘感，甚至少有对外开放的珍贵历史文物和资料，打破惯例让记者们尽量拍摄攫取宝贵的镜头和画面。在举世闻名的布达拉宫，管理人员向记者们展示了历代达赖喇嘛的灵塔，甚至打开不对外开放的第十三世达赖的灵塔等金碧辉煌的殿堂，展示了从宋代以来所收藏的千尊佛像、浩如烟海的经书等，让记者们亲眼目睹西藏自治区文物所得到的令人信服的良好保护；在扎什伦布寺，记者们首次参观并聆听了僧人早课、密宗僧人早课以及西藏僧人独有的"辩经"活动，参观了十世班禅大师的灵塔以及寺中世界最大的"强巴佛"（或称未来佛、弥勒佛）像，让记者亲身体会西藏僧侣的现代生活。

我们到西藏的那年，西藏遭遇了洪灾。到日喀则的那天晚上，两岸记者不期目睹了满载着救灾物资的46辆卡车在藏族同胞的载歌载舞中驶进地委、行署大院。这些救灾物资凝聚了各族人民的同胞深情。许多记者自发站在普通群众中，参加了接受救灾物资的仪式。时任台湾《劲报》记者杜圣聪动容地说，这让他想起了1999年9月21日的台湾大地震。相形之下，受灾的藏族同胞是幸运的。百闻不如一见，通过深入走访，大家亲身感受到西藏今昔巨变。时任台湾"中央通讯社"的记者刘正庆讲述了自己的想法，他说："我最想了解台湾方面、中共方面，以及达赖集团对西藏政策的差异。过去我接触到的资讯总让我们比较同情达赖的处境。经过这次采访，我的看法有所改变。我想过去台湾或者欧美国家看西藏都是横向比较，以自己的生活水平、发展程度来看西藏，但今天我觉得这是不对的。看西藏还应该要纵向比较，从西藏的历史纵深看今天的西藏，就会更客观一些。我想这是我此行收获最大的一点。"

采访团的成员，几乎都是第一次到西藏，大家都十分珍惜这次难得的机会，工作上相互砥砺，生活上相互照应。也许是舟车劳顿，也许是工作太辛苦，有几位台湾同行身体不适，出现了较重的高原反应。每当这个时候，大陆的朋友毫不犹豫伸出援助之手，安排车辆、人手急送医院诊治。看到电视台的摄像记者不堪器材重负，文字记者和工作人员又主动为他们分担。西藏自治区台湾事务办公室和新闻办公室的同志为此也付出了许多辛劳，他们除了尽量为采访团提供各种便利，为采访团担当翻译，还提供各种咨询服务。大家虽然初次来到西藏，却处处感受到家的温暖。中秋之夜，藏族歌舞、月饼、时令鲜果，让大家忘记了身在异乡为异客。谈到这一次的西藏之旅，两岸的同行都认为这是一次难得的人生体验。

一直扛着摄像机，不顾高原反应前奔后跑忙于埋头拍摄的时任台湾TVBS 电视公司记者江国鼎说："一路非常兴奋。受到西藏风光和人文的感染，再累都不觉得累，拍再多都不觉得多。以前总觉得西藏很神秘，来了就不神秘了。"他说他曾到过达赖在印度的住地，还和达赖握过手，"可是，没什么感觉。"他笑着说："不像到了这里，使人亢奋，也为藏民族的宗教精神、文化传统所感动。西藏真正的宗教精神文化都在这里。我认为达赖应该回来。"

"以前只是在教科书上和媒体中对西藏有零星的了解，没想到今天能身临其境，作这样深入的了解"，时任台湾"中华电视"的记者张秀曼说，"我认为，两岸新闻交流很重要，通过同行之间的沟通，更能增加相互的认同感。通过这次采访，也更增加了对西藏的了解。希望今后不仅是新闻同行有机会沟通，两岸人民也能有更多的机会更深入地加强交流。"同样是这位张小姐，在日喀则度过了她的生日。那天在山东大厦的餐厅里，当一个凝聚了大陆朋友真诚祝福的大蛋糕突然出现在她面前时，她激动的心情化为不断重复的两个字："谢谢!"

青藏铁路"一路深情"

2006 年 7 月 1 日晚 9 时 30 分，两岸 19 家媒体的 28 名记者，搭上北京至拉萨的 T27 次首发列车，开始"海峡两岸记者青藏行"联合采访。两岸记者亲身见证了有着"天路"之称的青藏铁路的艰难建设和雄伟状况，在青藏两地，深入村庄、企业，走访布达拉宫、大昭寺、可可西里、青海湖等地，对青藏两地的经济、社会、文化、民族、宗教等有了进一步的了解。

当晚从北京出发的首发列车上，有外交部组织的外国媒体记者团、港澳办组织的港澳记者团、国台办组织的两岸记者团，还有铁道部组织的各地方媒体记者团。这趟列车的车票"相当抢手"，为了一张车票，从岛内刚飞过来的以及常驻北京的台湾各媒体记者动用了各种"关系"，最终只有十多位岛内记者成为幸运儿。对此，这些在一线报道青藏铁路开通的台湾记者几乎以一种"朝圣"的心情来进行这次采访。《中国时报》记者白德华在新闻稿中写道："为了这趟采访，记者铆足了劲，做好了万全准备。行前，不仅复印大量数据资料，苦读有关西藏地理、文化、人文、风情的书籍，希望以最短时间认识雪域西藏。不管是记者，还是一般旅客，都带着一种朝圣心情，有种即使牺牲，也在所不惜的精神，像前往圣山接受天国洗礼，更像朝拜。满心的期待明显感染车上每个人。"

对于只乘坐过几小时短途列车的台湾记者来说，两天两夜的列车线路（从北京到拉萨）本身就意味着一项"非常浩大的工程"，尤其是当这项工程位于海拔 5000 米左右的青藏高原时，就更是"一次世界性的工程技术跃进"，是"全体中国人的又一次骄傲"。7 月 3 日晚 8 时 55 分，在拉萨群众的欢呼声中，列车平稳驶入拉萨火车站，历时 47 小时 25 分钟。列车停稳后，人们纷纷涌上前去，向远方的客人献上洁白的哈达。一路行来，一路观察，一路采访，两岸记者们感慨良多。刚步出站台的台湾《联合报》记者赖锦宏谈到对青藏铁路的感受时说，"这是一个伟大的工程，是中国新腾飞的标志，是世界铁路建设史上一个奇迹！"他对这趟列车印象最深的是，"充分体现了环保理念和浓郁的人性化"。

在青藏铁路开通前后，台湾媒体"罕见地"为这条"天路"打起了"媒体大战"。那些天，无论是在青藏铁路的首趟列车上，还是在北京、格尔木和拉萨，采访青藏铁路的各路记者中总能看见台湾记者。台湾媒体不只是报道这一条铁路，还将铁路建设过程、相关地区生态的变化，都一一做出详细报道。

这次的青藏行联合采访，内容独特丰富，活动安排圆满，两岸媒体记者采访的积极性和发稿数量是两岸媒体联合采访以来最为突出的。在联合采访中，两岸记者在生活上互相帮助、在业务上互相交流，加深了感情，增进了了解。

每一次采访的结束，也是新交情的开始。参加这两次联合采访的两岸记者先后成立了小团体——"西藏帮"和"青藏帮"，不定时地在台北和北京进行聚会、交流，大家相知相惜，成为很要好的朋友。即使后来有朋友转换人生跑道，有朋友身患恶疾、英年早逝，都没有远离"西藏帮""青藏帮"。两次西藏之行，丰富了我的新闻经历，丰富我的人生，留下永不磨灭的记忆。

联合报系访问团历次采访
大陆涉台领导纪实

王玉燕

王玉燕：《联合报》大陆巡回特派员兼北京特派员。1988 年 2 月进入《联合报》，历任大陆新闻中心记者、大陆新闻中心召集人、大陆新闻中心副主任、大陆新闻中心主任。

两岸开放新闻交流 30 年以来，联合报系访问团曾数次到北京，采访大陆涉台领导，每次我有幸"小兵"随行。回想这些与大陆领导近距离接触的难得经历，心中仍激荡不已。

由 2000 年联合报系访问团首度采访国务院副总理钱其琛起，到 2013 年采访全国政协主席俞正声，联合报系多次访问大陆涉台领导，一个最显著的意义是，大陆涉台领导对联合报系报道的信任与肯定；而大陆对台政策，也由联合报系的独家率先报道，传到全球。

话说从头，由 2000 年那次开始吧。

2000 年 8 月，联合报系访问团应新华社邀请，由作老（张作锦）率团回访大陆。24 日，国务院副总理、中央对台工作领导小组副组长钱其琛会见联合报系访问团，就两岸关系首度提出一个中国原则新表述：世界上只有一个中国，大陆与台湾同属于一个中国，中国的主权与领土完整不容分割。

当时对两岸直接"三通"，双方各有坚持。钱其琛对联合报系访问团说，实现"三通"，在"一个国家内部的航线"下，不谈"一国"或是"两国"，双方的船只往来不挂旗，即可简单解决。

2002 年 10 月，联合报系应中国记协邀请，再次组团访问大陆；这回由联合报发行人王效兰任团长，带领报系一级主管访问北京、上海，当然，重头戏是与钱其琛的会面。

见钱其琛前两天，国台办陈云林主任在钓鱼台国宾馆会见联合报系访问团，张铭清、李维一两位发言人等陪同；16日下午，钱其琛在中南海紫光阁会见联合报系访问团。会谈下午5点开始，历时45分钟；钱其琛的谈话十分坦率，我与剑华主任、羽雯则埋头猛记笔记。项国宁社长把握机会，转头问我和羽雯说："我们记者还有没有问题?"于是，我跟羽雯又各自问了问题。事后张铭清说，钱副总理会见，让记者提问，真是很特殊。我听了，乐了半天。

会见中，钱其琛直接表示，"三通"是两岸间的"三通"，是经济问题，不是政治议题，不是要先承认"一个中国"才能"三通"；两岸通航本来就是一种特殊方式，大陆方面可以不提"特殊国内航线"，就叫作"两岸航线"。

钱其琛对"三通"性质新的诠释，为两岸日后"三通"协商顺利奠定基石。

钱其琛2017年5月9日以90高龄去世，他对两岸关系的高瞻远瞩，让人永远尊敬、怀念。

2003年，《人民日报》王晨社长亲自来函，邀请《联合报》社长王文杉率团访问大陆。正好又是10月，文杉社长率联合报系访问团，赴北京、上海访问八天。28日，国务委员唐家璇在人民大会堂新疆厅会见联合报系访问团，晤谈75分钟；唐家璇谈话的重点，包括：有利于两岸关系发展的事情、有利于两岸同胞的事情、特别是有利于台湾同胞的事情，大陆都会坚定不移地继续做下去；在重大原则问题上，大陆是不可能妥协的，特别是搞"台独"的问题；不要因政治上分歧，来影响和妨碍经济交流和"三通"直航的实现。

29日下午，全国政协主席、中央对台工作领导小组副组长贾庆林在人民大会堂接见厅，会见联合报系访问团，陈云林主任、王晨社长都在座。贾庆林强调，大陆和台湾完全可以在现有经济合作基础上，将两岸经贸合作提高到新的水平，大陆对两岸建立经济合作机制，抱持积极态度。

2009年4月7日到14日，应新华社邀请，联合报系总管理处文杉总经理率联合报系访问团，访问北京、西安、上海。相较于过去报系访问团的大陆行，这次访问团成员，囊括了报系各部门的"一把手"。

在北京期间，访问团拜会了国台办主任王毅、海协会会长陈云林；9日下午，全国政协主席贾庆林在人民大会堂新疆厅，会见联合报系访问团。

贾庆林说，要本着"建立互信、搁置争议、求同存异、共创双赢"16字方针，继续推动两岸关系和平发展；大陆将大力推动两岸经济合作、文化教育以及两岸民间往来等工作。我个人的感受是，大陆领导人的记忆力真好，六年前见的贾主席，六年后再见，他与我握手时说"你现在不常来了哦！"哇，好开心啊。

2012年十八大，大陆新的领导班子产生；2013年5月，应新华社邀请，文杉董事长三度率联合报系访问团访问北京，拜会了国台办张志军主任，海协会陈德铭会长。22日，全国政协主席、中央对台工作领导小组副组长俞正声，会见联合报系访问团。见到俞主席，让我想起他早年担任青岛市长时，我专访过他，合照的照片现在还留着；由市长到政治局常委，俞主席还是一样地和蔼可亲。

国务院台办主任张志军（右六）会见联合报系访问团。

针对十八大政治报告中提出"两岸共同努力探讨国家尚未统一特殊情况下的两岸政治关系，做出合情合理的安排"，俞正声对联合报系访问团说，合情合理安排两岸在国家尚未统一前的政治关系，是一个"进行式"，这是一个实践的过程，需要不断探索商讨，没有现成模式，需要双方相向而行，共同努力。

2000年至今，我随联合报系访问团采访大陆涉台领导，一个深深的感触是，沧海桑田，物换星移，2017年秋天十九大后，大陆涉台领导又有更迭。作为两岸资深记者，2018年是我记者生涯30年，我心中也有一个"中国梦"，那就是：联合报系再组访问团，我仍是"小兵"，能到北京采访习近平总书记，无憾矣。

海峡两岸记者聚焦新疆
"一带一路"建设

马　威

马威：中央电视台中文国际频道《海峡两岸》栏目记者。主创《"九二共识"为何是两岸和平发展的基石》获央视优秀节目三等奖；主创《北京庙会"空降"台北民众纷纷尝鲜》获央视优秀节目三等奖；主创"海峡两岸媒体前瞻论坛"获"台长特别奖"。

2012 年到中央电视台《海峡两岸》栏目工作，从此成为两岸关系发展的一名报道者和参与者。回顾过去五年的工作经历，结识了很多两岸新闻记者，也留下了很多难忘的回忆。但如果说印象最深刻的，还是 2015 年参加国台办和中国记协组织的"海峡两岸记者联合采访'一带一路'新疆行"活动。

新疆，位于中国西北边陲，面积 166 万平方公里，占中国国土总面积六分之一，是中国陆地面积最大的省级行政区。在历史上是古丝绸之路的重要通道，现在是第二座"亚欧大陆桥"的必经之地，战略位置十分重要。这次联合采访，从 2012 年 8 月 1 日开始，到 8 月 9 日圆满结束。在九天密集而紧张的采访活动中，海峡两岸 27 家媒体 40 位记者组成的采访队伍，行程 2000 多公里，对新疆的历史、民族文化，以及新疆今天的经济发展和社会建设取得的成绩进行了全方位报道，向两岸同胞乃至世界展示新疆在中国推进"一带一路"建设中取得的成绩及未来的广阔发展前景，同时深入了解新疆的历史、文化以及独特的民族风情。

8月1日这一天没有安排具体采访任务。但是陆续抵达的记者们兴致很高，并没有待在宾馆里消磨时间。特别是台湾记者朋友们，很多都是第一次到新疆采访，更是充满了好奇心，想出去逛逛。有记者在网上查到，离我们住的宾馆不远，就是有名的大巴扎，所以决定去看看。大家结伴而行，互相交流来新疆的第一感觉，不知不觉就走到了大巴扎里面。这里有琳琅满目的民族特色商品，包括干果、乐器、皮毛制品等。大家几乎都给家人或者朋友采购了礼物，最后满载而归。当天晚上，本次联合采访团团长、国台办新闻局局长马晓光召集大家开会，讲了一些采访的注意事项。希望大家能多多注意，保证采访行程顺利。

国台办新闻局局长马晓光谈两岸记者联合采访。

8月2日，采访正式开始，第一站就是乌鲁木齐。我们先后来到了乌鲁木齐新高铁建设工地、新疆生产建设兵团、乌鲁木齐台资企业等地进行采访。但其中最让大家感兴趣、停留时间最长的还是新疆野马集团的汗血马养殖基地。

史载，张骞出使西域，在大宛国发现汗血马，并将这一消息报告给汉武帝。自此之后，围绕汗血马，在中原王朝与西域诸国之间展开一系列政治、经济、文化交流。伴随丝绸之路的畅通和中外文化交流的发展，汗血马不断传入中原，成为丝绸之路上中外文化交流的见证。新疆野马集团的这家汗血马养殖基地里，有160多匹汗血马，它们的身价从几百万元人民币到上千万元人民币不等。而每匹马每天光饲料就要200多块人民币。每匹马都有自己独立的房间，房间墙壁的牌子上，清楚地记载了每匹马的姓名、产地，以及父母的相关信息。

当我们来到野马集团的汗血马养殖基地的时候，正好是一天中最热的时候，汗血马一般都会休息。但是为了让两岸记者们能够近距离看看这种传奇

作者在新疆野马集团采访。

名马的风采，养殖基地特别安排，让饲养员和骑手带着几匹汗血马小跑了一段儿。其中一匹马跑着跑着竟然来了兴致，来了一个直立的动作，更让各位记者一饱眼福。

看完了汗血马之后，两岸记者就离开乌鲁木齐，乘飞机前往阿勒泰，在那里，风景优美的喀纳斯湖正在等待着大家。

喀纳斯湖湖面海拔为1374米，蓄水量53.8亿立方米，列居中国淡水湖第三，湖泊最深处将近200米，是中国最深的冰碛堰塞湖。湖区景观主要有神仙湾、月亮湾、卧龙湾等；生长有哲罗鲑、细鳞鲑等珍稀鱼类。

喀纳斯景区位于新疆阿尔泰山中段，地处中国与哈萨克斯坦、俄罗斯、蒙古接壤的黄金地带，所以也自然拥有了发展旅游的独特优势。景区工作人员告诉我们，现在喀纳斯正在借助"一带一路"建设机遇，利用与多国接壤的优势，将喀纳斯打造成中国与西方旅游沟通、经济沟通的节点。

走在喀纳斯湖湖畔，清澈的湖水，茂密的森林，都让人感到清新的自然之风迎面扑来。但如果真想欣赏到喀纳斯湖的美景，就必须徒步攀登一千多级台阶，到达山顶的观鱼台。不知是谁喊了一声"兄弟们上啊"，开启了我们的爬山之旅。平面媒体和广播媒体记者还好，基本就是一个背包的负重。可是电视记者就惨了，一架摄像机就有20多斤，一个脚架也有20多斤。负重40多斤爬山，真不是闹着玩儿的。于是，我们电视记者便拖在了整个队伍的最后面，停停走走，正好拍摄一些沿途风景。快到山顶的时候，还险些发生事故。东南卫视记者吴申，为了做一个走动式出镜，不小心跌倒，差点儿从山坡上滑下去。幸好旁边的同行眼疾手快拉了他一下，否则可就麻烦了。

在经过40分钟的艰苦攀登后，两岸记者采访团终于成功到达了观鱼台。从这里俯瞰，能看到喀纳斯六分之五的面貌。很多台湾记者都表示，看到这里的美景非常震撼。台湾东森电视台记者陈学风说，自己久闻喀纳斯大名，这次终于亲眼见到，真是了却一大心愿。回去之后，一定精心制作相关新闻报道，让更多台湾民众了解喀纳斯的美，也希望能有更多台湾游客来这里参观。

离开了喀纳斯，两岸记者联合采访团奔向下一个目的地——石油之城克拉玛依。"克拉玛依"在维吾尔语里是"黑油"的意思。而在今天的克拉玛依市中心东北约两公里的地方，有一处名为"黑油山"的旅游景区。相传，在20世纪40年代，一位名叫赛里木的维吾尔族老人骑着毛驴来到这里，将地表上的原油用葫芦装起来，在集市上交换生活用品。而到今天，这里仍然有石油溢出地表，被当地人称为"油泉"，而整个黑油山总共有117处这样的油泉，也被人形容为"富得流油"。大家来到黑油山的时候，都对这里神奇的"油泉"感到非常惊奇。很多人在地上踩来踩去，果然有油冒出。摄像记者们纷纷抓住机会拍摄特写镜头，记录下神奇的一刻。

拍摄克拉玛依油田外景。

在克拉玛依采访的两天时间中，两岸记者展现了良好的精神面貌。一方面，当地气温一直居高不下，地表温度早已经超过40度，让人感到酷热难耐。我在一个油田开采现场采访时，感到脚底特别烫，回到采访车上才发现，鞋底已经因为连续被高温炙烤而裂开了。另一方面，由于连日来采访行程紧密，新疆的饮食又多以羊肉等肉食为主，蔬菜很少，台湾记者非常不适应。在天气和饮食的共同作用下，一些人开始出现了中暑等身体不适的现象，采访团团长马晓光还发起了高烧。但是大家并没有因此停下脚步，只是简单地吃点药，又继续奔向下一个目标——伊犁哈萨克自治州的中哈霍尔果斯国际边境合作中心。

中哈霍尔果斯国际边境合作中心，是中国与其他国家建立的首个跨境合作中心，总面积5.28平方公里，是集商贸洽谈、商品展示销售等多种功能于一体的综合贸易区。中国公民每人每日可以购买8000元人民币免税商品，哈萨克斯坦公民每日则可以购买1500欧元免税商品。优惠的政策引来了大量游客，也带来了巨大的商机。看到霍尔果斯的繁荣景象，一些台湾记者表示，希望未来台湾商人能够抓住"一带一路"的机会，到霍尔果斯、到新疆来投资建厂。

在本次采访团行程即将结束的时候，本次采访团团长、国台办新闻局局长马晓光表示，经过两岸媒体辛勤的努力，增进了大家对于新疆的了解，也增进了两岸民众特别是台湾民众对于"一带一路"的了解，为增进两岸同胞感情、推动两岸关系发展，产生积极的促进作用。采访结束后，很多台湾媒体都制作了相关节目，而且取得了良好社会反响。台湾东森电视台制作的关于新疆"一带一路"建设的专题，在播放时达到同时段收视率最高；"中国电视公司"制作的相关节目，还获得了国际电视新闻的大奖，收获了从未有过的荣誉。

大陆幅员辽阔、人口众多，特别是边疆地区更有非常特别的人文自然景观，与台湾的社会经济和人物风俗都有很大不同。如果能多多组织两岸媒体一起到这些地区共同采访，可以更好地向岛内民众展现大陆发展新成就，吸引他们到大陆旅游、投资等，促进两岸民间交流。

大变革·小时代

——纪念两岸新闻交流 30 年杂写

於慧坚

於慧坚：毕业于台湾大学政治系。1994 年底进入新闻界，历任《自立晚报》、民视、TVBS 无线卫星电视台，以及《中国时报》记者。主跑两岸新闻。2000 年至 2006 年多次派驻北京、上海驻点采访。现任职台湾微软公司。

踏入新闻界头几年我的主跑路线是外交，1998 年 6 月底美国总统克林顿赴中国访问，电视台派我前往大陆，采访克林顿与国家主席江泽民的会谈。那是第一次领到中国记协核发的记者证，当时觉得很有纪念意义，和摄影搭档还特地在记协的小院子里照了张相片。

那次国事访问的行程之一，是克林顿总统去崇文门大教堂做礼拜。由于维安与人数限制，我们只能想办法从他处取材采访。我和摄影前往鸦儿胡同的广化寺和西什库天主教堂，印象很深的是这两个建筑都年代久远，前者在元代就已香火鼎盛，后者则建于清朝。东、西风格迥异，穹顶楼塔、回廊窗棂巧妙打造宗教空间的感召力，殿堂内外石碑的皇帝题字辉映信徒教友虔诚敬拜的脸庞，颇有岁月悠悠、度尽悲喜的庄严。

一个多星期的出差任务，竟为自己的新闻工作埋下伏笔。两年后，我加入 TVBS 大陆新闻采访团队奉派北京。2000 年 6 月 9 号，拖着装满一个多月盥洗衣物的特大行李，背着手提电脑和器材包，我与摄影搭档从台湾经香港转机，几乎花了一天终于抵达。那时摄影器材入关手续繁杂，记协的杨青大哥早已备妥《器材通关批准书》在机场等候多时，协助我们办理入境。

1998 年 6 月采访美国总统克林顿访问中国时，在天安门广场留影。

那个年代，驻点采访批准以一个月为期，必要的时候得向国台办申请延期两周。当时网络还不发达，传送新闻至台湾要走中央台卫星、做连线也得先跟当地电视台预约摄影棚。交通、住宿、公务应酬再加上透过卫星讯号传送画面所费不赀，我们每次出差身上都揣着上万美金，一落地就急着去兑换人民币。透过熟门熟路者引荐指点，美金兑换人民币当年可以换到 9 块多。

那年 TVBS 的北京驻点，刚从梅地亚中心（Media Center）搬到西长安街的民族饭店。出发前听同事说有点陈旧，心里做了最坏的打算，到了以后发现虽然格局落伍，但位置极好，空间也很宽敞，反而觉得很惊喜。我们在饭店十楼长租了一个有三房的大套间，中间办公室写稿看拍摄带，两侧则各为我和摄影记者的房间；屋内的大阳台远眺对街有一大片老宿舍，绿油油的银杏树庇荫着棋盘错落的低矮平房，淳厚质朴，古意盎然。我到现在仍会不时想起，民族饭店前有个地下道可以直通对街这片老区，那里有好几间东北饺子馆，还有专卖人文史哲书籍的"三味书屋"。书店一楼卖书，二楼是茶馆，当时每周两三个晚上有文艺表演，我和一位喜欢二胡的大使馆朋友偶尔相约，吃完饺子后去喝茶听二胡，非常文青情怀。

后来随着办公室逐渐从西边的民族饭店搬往东长安街的使馆区一带，我的生活圈在朝阳区二环、三环内展开，结交了许多国家派驻北京的外交官以及外国媒体同业。适逢大陆在世界舞台崛起，逐步摸索定位与周边国家以及全球的关系，新闻素材可说是俯拾可得。2000 年 10 月中非合作论坛在北京成立，2001 年 2 月博鳌论坛首次在南海召开，同年 6 月又与中亚五国成立了上海合作组织，记得当时使馆区外交圈对这些由中国主导的国际活动虽保持观望但言谈间不免贬抑之词，没想到十几年下来，这些对话机制不仅持续运行，甚至还扩大布局！四年前国家主席习近平在哈萨克参加上海合作组织时宣布了"一带一路"的宏图、泛太平洋伙伴协定（TPP）和北美自由贸易协定（NAFTA）。因美国总统特朗普态度而前景不明之际，北京力挺的区域全面经济伙伴关系（RCEP）已悄悄地跃升为全球正在谈判的最大贸易协定；美国决定退出巴黎气候协定当天，人在德国访问的大陆总理李克强旋即表态坚定履行气候协定的承诺。中美在国际舞台的竞逐，一直是全世界媒体关注的焦点，从利益关系人（Stakeholder）、建设性战略伙伴，走到战略再思考、新型大国关系，从北京观察这两大强国在磕磕碰碰事件之间的合纵连横、折冲樽俎，大大地满足了特派员的新闻魂。

2000 年 8 月，在北京建国门外外交公寓的中央电视台
卫星传送站剪接室与摄像搭档孙铭遥在工作中。

除了中美关系，驻点那几年特别难忘的新闻事件，还有 2000 年 7 月 13 号，国际奥委会在莫斯科宣布大陆成功取得奥运申办权，北京街头彻夜庆祝；2003 年 8 月底朝鲜核问题举行六方会谈，我因此第一次接触朝鲜人，也进一步去理解东北亚对朝鲜的爱恨情仇；2005 年大陆公布《反分裂国家法》不久后，4 月底国、共领导人首次见面的"胡连会"、开启隔年 4 月在北京举行的第一次"国共论坛"。这些牵动历史发展的重要时刻，作为新闻工作者有幸在第一线近距离观察，真切感受到正在经历足以撼动时代的关键事件，而我就在那个现场，见证记录着人们的一举一动，也许是随意突发、也许精心策划，最终如何改写了历史。

新闻是历史的一部分，但不是历史的全部。作为一个记者，新闻是我生活的一部分，但也不是全部。台湾媒体竞争激烈，每天都要在交稿的压力下，在忙碌的采访工作中找到生活的平衡与乐趣，也是很重要的职志！那些年，大陆的一线城市经历着大变革，处于新与旧的并存融合之间，我也在大历史里创造自己人生的"小时代"。

2003年未爆发SARS前，悠游漫步鼓楼、北海公园、南锣鼓巷一带，品味古建余韵，甚是惬意。好几次相约好友，租一艘小船游湖，在船上喝茶嗑瓜子，湖畔的胡同人家躺在柳荫树下的长条石凳上小憩消暑，不时还传来一阵阵打呼噜的声音。在静谧的仲夏夜里小船缓缓划过什刹海水面，悠悠穿越时光，有一种岁月静好的平安祥和。当年星巴克店面第一次出现在后海荷花市场时，曾经遭到好事者批评，认为在皇城根卖咖啡这种洋玩意儿，是对中国传统的亵渎……然而随着SARS爆发，北京市民纷纷涌到这一大片空间开阔的休憩之处游玩，酒吧、餐厅熙攘进驻，破旧凋零的胡同院落拆迁，秀丽风雅抚今思昔之意境已被喧哗杂闹取代，只能在往事里回忆追寻。

在快速滚动的历史巨轮里，创建自己的小时代。那年北京电视台的黄金档热播一部改编自同名小说的《贫嘴张大民的幸福生活》连续剧，描述小区里乐观的平凡百姓，虽历经亲人病离、房子拆迁、失业下岗，仍然力争上游追求幸福人生。反映当时北京快速城市化发展，市井小民夹缝中求生存的状况，非常的写实。我周围的大陆朋友，不论是公务员、学者、上班族，或运动教练和三里屯小杂货店的老板，怀抱着让明天过得更美好的目标，所言所想透露着时代演进的蛛丝马迹，成了我后来在《中国时报》每周《天安门脉动》专栏的主人翁原型，见证着城市巨大的改变，人们匍匐前行不被浪潮淹没，抓准时机追寻安身立命之道。

当年身边许多在政府机关工作的朋友，常常与我议论时政，探讨所谓中国特色的社会主义治国思维，要如何背着五千年中国历史的辉煌、沧桑与劫难，带领13亿人口奔向小康社会，创造中华文化的伟大复兴。没有弃文从商，十多年来仍坚持在政府岗位为人民服务的朋友，经过多个职务历练，今日多半位居要职，继续推动着改革任务。不久前我们在北京重逢互诉近况，很高兴见到大家的理想与热情不减，与时俱进的职涯经历丰富了人生的视野。

十几年过去，虽然中国的经济成长放缓，但发展的企图心依旧驱动着整个社会的氛围。2000年以来，这些蠢蠢欲动的力量，让充满未知的中国具有各种可塑性。阿里巴巴成立的隔一年大手笔砸钱买下北京地铁车厢广告，我第一次看到时还纳闷这是卖什么产品的公司取这么奇怪的名号；搭乘电梯，里面贴满了搜狐、百度的宣传海报；携程、艺龙网在大马路发卡，打电话订机票当天就有专人骑着自行车把一张便宜机票送达手中。淘宝网2003年推出不久，周围朋友也曾有过一番对话，当时并不看好，理由是人们有了消费力，自然会想上商场实地走走逛逛、开开视野，在网络上看不到也摸不着，谁会想来下单呢？短短几年，优酷、土豆、大众点评等等各种创新模式接踵出现，成就了截然不同的商业天地！这些如今大家耳熟能详的公司，创办人短短十几年打造值得传诵的传奇。

而我采访过的对象中，不论是台商或大陆公司，早早搭上经济成长疾驶列车，凭着敏锐的市场嗅觉以及灵活的贸易才华而开创企业王国者大有人在。尽管如今我自己也离开新闻界了，但如今回想当年那一张张在镜头前闪着眼睛、侃侃而谈的脸庞，仍然极为感动。

两岸新闻交流30年，我很幸运参与了2000年至2006年这一小段，见证大陆的变化与发展。在历史的洪流里，我们每个人既是命运形势下的配角，但也同时是书写自己人生旅程的主角，每个阶段都形塑一个小时代。你我的小时代将岁月串起，最终成为我们这一代人的历史。谨以此文纪念两岸新闻工作者30年来的交流，也向仍坚守在新闻前线的同业们致意！

驻点采访：我与台湾的"相看两不厌"

陈斌华

陈斌华：新华社港台澳部原副主任、高级记者，现任国台办海峡两岸关系研究中心副主任。

2017 年 3 月 23 日晚上，我发了条微信朋友圈，向朋友们通报已办结所有调离手续，给自己在新华社近 23 年的工作经历画上了句号。当时心中感慨万端，感怀自己在国社大院度过的大好青春年华，感伤再不能天南海北地奔赴新闻现场。其中，最让我依依不舍的是驻点记者身份。因为从 2001 年 2 月 8 日与同事范丽青一道踏上宝岛台湾，有幸成为首批大陆赴台驻点采访记者的那一刻起，驻点就成为我工作、生活中最重要的内容之一。"相看两不厌，唯有台湾岛。"每年一度乃至两度在台驻点，是我记者生涯最艰辛也最难忘的记忆。

驻点开放来不易

我于 1993 年 7 月进入新华社工作，当了一年编辑后转为记者，主要跑对台新闻。按说即便论资排辈，我也应该有机会赴台采访，但 20 世纪 90 年代中后期两岸关系日趋紧张动荡，导致我始终与宝岛缘悭一面。

转机出现在陈水扁上台的 2000 年。当年下半年，时任新华社港台澳部副主任范丽青提出要组织一个小分队，由她、时任港台部采访室主任赵卫和我组成，到台湾进行专题采访。我们的申请成为触媒，11 月 10 日，台"陆委会"和新闻主管部门举行记者会，共同宣布开放大陆媒体记者以轮替方式到台湾驻点采访，首批为新华社等四家中央新闻媒体。

民进党当局开放大陆记者驻点，主观上应有打破僵局、缓和两岸关系的政治考量，客观上为推进两岸新闻交流打开了一道门。中央有关部门决定"接招"，鉴于新华社在对台报道中的龙头地位，决定由新华社派出两批记者"先行先试"，《人民日报》、中央人民广播电台和中央电视台等其他三家媒体视情况再跟进。于是，我们规划的专题采访顺势变成驻点采访，新华社研究决定由范丽青和我作为首批记者，并委由邀请单位中国时报社代为向台新闻主管部门提出申请，11月24日获得核准。台新闻主管部门表示，欢迎范丽青和我年底前成行。

正当我们着手行前准备，台湾方面却横生枝节。就在宣布开放驻点当天，台"陆委会"和新闻主管部门公布"大陆地区新闻人员进入台湾地区采访注意事项"，对大陆记者在台驻点采访做出种种不合理的限制。随后，台方又布置有关机构严密监控大陆记者行踪，摆出一副"保密防谍"的戒备架势。这遭到大陆方面的明确反对，遵照上级指令，我们推迟出发。我的"赴台梦"眼看又要破灭！

在岛内外舆论的强大压力下，民进党当局"撑不住"了，一些人出来表示将对不合理限制进行"检讨"。在获悉台方的表态后，考虑到赴台驻点采访毕竟有利于加强新华社的台湾新闻报道，有助于增进两岸同胞之间的了解与沟通，我们决定过了农历春节就动身，具体日期定为2001年2月8日。

当天凌晨，我和范丽青离开沉睡中的北京城，前往首都机场。之所以起早贪黑，是因为我们选乘北京飞往香港的首个航班，以确保当天能到达台北。7时45分，我们乘坐的中国国际航空公司CA101航班离开首都机场。按照事先安排，20分钟后，新华社向全世界播发简短消息《祖国大陆首批赴台驻点采访记者离京赴台》，报道我们赴台的消息，称"这是祖国大陆记者首度实现赴台驻点采访，翻开了海峡两岸新闻交流新的一页，受到了海内外舆论的广泛关注"。

万众瞩目"第一次"

当日中午11时许，飞机降落在香港国际机场。我们入境后受到驻港国社同事的热烈欢迎，随即前往位于港岛力宝中心的台湾方面驻港机构"中华旅行社"。不到10分钟，我们就领取了前往台湾的旅行证件。领证后，我们遭遇港台地区及外国媒体记者的首次大包围。受访中，我表达了初次赴台的感想：“从事对台报道这么多年，我对祖国宝岛台湾有着很深的感情。可以这么说，我爱上了一个姑娘，她的名字叫‘台湾’。我这次就是去会我的梦中情人。”这段感言当天被港台媒体反复播报，今天听来也许有点“酸”，但确是我的真情流露。

短暂休整后，下午 5 时 45 分，我们乘坐“华航”CI164 航班离开香港，向目的地台北飞去。为了表示对大陆首批驻点记者的礼遇，“华航”将我们两人从经济舱升等到商务舱。下午 6 时 52 分，飞机缓缓降落在桃园机场。从舷窗看出去，暮色中的台湾神秘而朦胧。

下午 7 时整，随着左脚迈入廊桥，我踏上宝岛的土地，心里不禁感叹：“台湾，我终于来了！”来不及抚平激动的心绪，摄像机、照相机的镁光灯已把我们两人笼罩，台湾媒体表现出非同寻常的狂热，一再询问我们抵台感受，还要我们两位闽南人用方言表达。记得我当时边走边简单地说了一句闽南话“各位乡亲，大家好！”

抵达下榻的台北某饭店后，我们忙着撰写抵台消息。稿件写好后，我们带来的三部笔记本电脑却不知何故集体“罢工”，怎么调试稿件也传不回总社编辑部。没办法，只好通过国际长途，我一字一句地念，后方编辑一字一句地记，总算发出了我们驻点后第一条“新华社台北电”。随后，又通过打电话的方式，将预先准备好的言论《期待进一步扩大两岸新闻交流》略做修改后发出，算是我们抵台后的正式表态。忙完发稿，已是子夜时分。

在我忙着发稿的时候，范丽青则忙着与中央有关部门、中时报系沟通如何领取采访证件的问题。抵达台北后，怎么领证就困扰着我们，成为我们与台方交涉的焦点。台新闻主管部门和“陆委会”坚持要我们到新闻主管部门办公区签字、领证，以彰显“公权力”，我们则坚持由中国时报社代为领证。在两岸特殊情势下，简单的领证手续变成了政治问题。争执如果不能得到解决，我们准备第二天就打道回府。

一旦我们“闪回”，民进党当局的“美意”就将变成笑话。在这样的压力下，经两岸有关方面一番紧锣密鼓的沟通、协调，台新闻主管部门被迫妥协，决定采取弹性方式化解领证争议。按照商定的安排，2 月 9 日下午，范丽青和我乘出租车来到新闻主管部门大门对面，《中国时报》资深记者王铭义走过来，手拿装着我们采访证的牛皮纸信封。我打开车门，从王铭义手中“抢”过信封，塞给坐在车内的范丽青。然后，范丽青下车和我一起步入新闻主管部门办公区，走马观花地参观了设在一楼的新闻发布厅和记者工作室后立即离开。

隐含两岸政治角力意味、台湾媒体热炒的大陆记者领证问题，就以如此特别的方式获得解决，也为此后大陆记者赴台驻点采访确立了双方都能接受的模式。一场风波就像茶壶里的滚水，在不知不觉中冷静下来。这既体现了涉台问题的高度敏感，也再度证明只要有诚意，两岸之间总会不乏解决问题的智慧。

领完采访证，电脑故障也在中国时报社技术人员的协助下排除了，我们总算能正式开工。接下来的20多天里，我们采访了在台北举行的"兵马俑·秦文化"特展、台司法部门、台"陆委会"和民进党中央党部等机构的记者会，还南下高雄、屏东，拜会了时任高雄市长、民进党主席的谢长廷，采访了在垦丁外海发生的油轮泄漏事件等，让新华社的报道从台湾源源不断地发出。期间，我们还和中时报系董事长、联合报系董事长等台湾媒体高层会面，畅叙友情，加深了解。

3月11日上午，我们离开台北飞赴香港，结束首次驻点采访行程。一个月里的大部分时间，我们的一言一行常常成为台湾和一些海外媒体追逐、关注的焦点。在他们看来，两名大陆权威媒体记者的一小步，代表着两岸新闻交流的一大步，也是当时两岸关系僵局中难得的突破。海内外媒体的高度关注，从一个侧面证明，两岸新闻交流乃至两岸关系的稳定发展，是两岸同胞人心所向，也为世人所乐见。

青鸟殷勤为探看

2001年下半年，我再度赴台采访，这次是独立带队。由此到2015年，除陈水扁当政时期被悍然中断的三年（2005—2008年）外，我年年带队到台湾驻点采访，加上暂停驻点期间改采专题采访、参加大陆中央媒体负责人访问团赴台交流、随行采访国台办张志军主任首次访台等，每年都有一至两次赴宝岛之约，共三四十次。台湾，不再是我的"梦中情人"，而是变成再熟悉不过的"身边人"。

十几年间，我亲历2004—2012年三届台湾地区领导人选举、"华航"澎湖空难、陈水扁因贪腐被羁押等重大新闻事件。"台湾有大事，我们在现场。"在我和一批又一批同事的接力坚持下，"新华社台北电"每天不间断发出，成为"永不消逝的电波"。我走遍台澎金马地区各个县市，包括一些台湾居民都未曾踏足的外岛，广泛接触、结交各界人士，既饱览宝岛好山好水好风光，也对这个社会有了超乎常人的深入了解。既为驻点采访做了筚路蓝缕的开拓，也经历了新华社、人民日报被暂停驻点的艰难时期；既欣喜看到赴台驻点大陆媒体从四家增至十家、从中央媒体扩及地方媒体，也与驻点同行们一起经受着背井离乡的孤独辛酸，大家在并肩工作、抱团取暖中结下战友一般的情谊，许多人因驻点而与我成为一生的好友。

作为驻点采访的先行者，我和许多"老驻点"一样，最强烈的愿望就是希望台方开放大陆媒体常驻。记得在我和范丽青首次赴台时，台湾《联合报》就曾撰文指出，"范丽青、陈斌华赴台驻点采访，开启了两岸新闻交流的新页；未来双方能否更良性互动，朝向最终两岸互设记者常驻，才是后续两岸新闻交流的重点"。2008年5月国民党在台重返执政，让两岸新闻界对开放常驻满怀期待。但马英九当局瞻前顾后，蹉跎八年，两岸新闻交流还是在"驻点"这个节点上原地踏步。曾经心心念念想转任新华社台湾分社首任社长的新华社港台澳部前主任端木来娣大姐，前几年黯然退休了。而曾经被内定为新华社台湾分社社长的我，也离开新闻界调到国台办工作。

在蔡英文当局执政后，两岸关系陷入僵持对抗，开放常驻的希望更加渺茫。"蓬山此去无多路，青鸟殷勤为探看。"赴台驻点记者，是大陆新闻界中最"殷勤"、最致力于增进两岸了解沟通的"青鸟"。他们在孤单中坚强，在寒风中开花，在黑夜里发光，在失望中守护希望。"总有一种力量它让我们泪流满面，总有一种力量它让我们抖擞精神。"虽然我已离队，但目光依然关注着这支了不起的队伍，精神上还与他们同在。这群"最可爱的人"，值得两岸新闻界和两岸同胞致敬。

白驹过隙，记忆难免残缺。在两岸新闻交流30周年之际，谨以此文把驻点岁月的吉光片羽尽可能地拼接起来，以为两岸新闻交流史的一段补白，更祈愿两岸新闻交流能守得云开见月明，开大门、迈大步！

沟通之桥：我代领了新华社
第一张驻台记者证

王铭义

王铭义：1960 年生于台湾台中，祖籍福建漳浦，东海大学政治系毕业。1990 年专责采访两岸新闻，曾任《台湾时报》记者，《自立晚报》政治组召集人，《中国时报》政治组副主任、采访中心副主任、大陆新闻中心主任记者、驻北京特派员，台湾"两岸新闻记者联谊会"创会会长，现任旺旺集团、旺旺中时媒体集团北京副代表。

1985 年底，台湾仍处戒严时期，执政当局宣传部门持续高压管控媒体、限制言论自由，但社会力已然蓬勃发展的年代，我先后在《台湾时报》《自立晚报》《中时晚报》《中国时报》等媒体从事有关政治、街头运动、"立法院"新闻的报道与评论，见证并参与了台湾政治民主化的诸多历程。

1987 年 12 月 25 日，我在台北中山堂采访"行宪纪念日"活动，目睹坐着轮椅的蒋经国，遭到民进党国大代表群起抗议、高喊"'国会'全面改选"随即被侍从人员快速推离的混乱场景。3 周之后，蒋经国病逝。"蒋经国时代"结束前，有关开放党禁、开放报禁、解除戒严、开放大陆籍老兵返乡探亲等已相继展开。

1987 年 11 月 2 日，蒋经国当局开放大陆籍老兵返乡探亲，如同打开水库闸门，随之而来的交流大潮如泄洪般，排山倒海地涌现，在 30 年的历史浪潮里，对两岸资讯的传递、价值观的融和、历史仇恨的消解、经贸交流的开启等，两岸媒体扮演着沟通联系的角色，并发挥化解分歧、求同存异的关键作用。

两岸新闻交流，犹如两岸沟通的重要桥梁，新闻工作者则是"桥梁中的桥梁"。随着两岸民间社会交流日益密切，台湾民众赴大陆探亲、旅游、经商、投资、就学、就业形成不可逆转的交流趋势，禁区也不再是禁忌，愈来愈多大陆记者也获准来台从事随团采访、专题采访，以至更具常态化的驻点采访等工作。

其实，国民党李登辉当局在 2000 年 5 月之前早已进行政策评估并规划完成相关法令作业，但却迟迟未能正式开放大陆记者驻台采访。在台湾首次政党轮替，陈水扁上台，蔡英文担任"陆委会主委"期间才正式开放。初期阶段，两岸官方各自的主管部门，初期仅同意核准新华通讯社、《人民日报》、中央电视台（CCTV）、中央人民广播电台四家大陆中央媒体得以派员驻台采访。

根据行政管理机构下属新闻主管部门于 2000 年 11 月 9 日公告的《大陆地区新闻人员进入台湾地区采访注意事项》，大陆记者进入台湾驻点采访，应洽请台湾新闻事业或相关团体担任邀请单位，于来台之日一个月前，由台湾的邀请单位（新闻媒体机构）代向"内政部境管局"提出驻台采访等申请手续。

因此，《中国时报》、中天电视、《联合报》、TVBS、东森电视、"中广"等媒体，都曾依据规定，邀请单位身份为大陆媒体代办来台驻点采访手续。这项规定的出台，使得两岸新闻交流，除了突发事件（如"闽狮渔事件"）的随团采访，或海基会邀请 18 位大陆记者的专题采访之外，建立了大陆记者驻台采访机制。

根据规定，"经许可进入台湾地区采访之大陆地区新闻人员，应于入境后三日内凭旅行证向新闻主管部门领取记者证。记者证效期与旅行证停留期间同。前项大陆地区新闻人员从事采访活动时，应事先征求受访机关（构）或单位之同意，并主动出示记者证。记者证仅供持证人证明新闻人员身份之用，不得转作其他用途。"

由于受到政治气氛的影响，两岸当局当时并未建立直接沟通管道，对大陆记者驻台采访，也未能先行开展双向业务联系，只是依据现行法规，各自发布或公告相关规定即径自施行。首批大陆驻台记者为了如何向新闻主管部门领取"驻台记者证"的程序问题，一度险些使得这项开放政策破局。因缘际会，我意外地参与并主动协助有关"领证程序"的应变处理，见证了这项开放政策的关键过程。

2001 年 2 月 8 日晚间，作为新华社派遣的第一批驻台记者：港台新闻部副主任范丽青、主任记者陈斌华，依据大陆记者来台驻点采访最新规定获准入境，他们在当天傍晚抵达台北市复兴南路的一家商务饭店，就在这个"临时驻地"，发出了大陆媒体第一批"驻台记者"、第一篇"新华社台北电"的驻台新闻电讯稿：

> 【新华社台北八日电】……目前，已有七家台湾新闻机构不间断地轮派记者在大陆蹲点采访，前来大陆采访的台湾记者累计已达五千多人次，大陆记者也有约两百人曾赴台采访，两岸新闻界之间也陆续开展互访、业务交流、合作制作节目、共同主办会议等合作。

民进党当局开放陆媒驻台采访，初期只允许住宿饭店或酒店公寓，不能悬挂媒体机构招牌，也不能在台从事广告招商业务，但因驻台记者普遍具有中共党员身份，国安单位担心有人借机从事"与许可目的不符"的活动，在评估开放过程，曾出现不同意见，最后虽决定开放，但要求"法务部调查局""内政部警政署"等情治单位，对陆媒驻台的采访行程与接触对象，进行必要的管制与监控。

作为首批来台驻点采访的范丽青、陈斌华，抵达台北的当夜就住在复兴南路的旅店。后来从新华社港台部副主任转任国台办新闻局副局长兼发言人的范丽青，从 20 世纪 80 年代初，厦门大学中文系毕业后，就在新华社从事涉台新闻的采访工作，她不仅是大陆首批驻点采访记者，她也曾于 20 世纪 90 年代初，随同大陆红十字会人员访台，并在台采访"闽狮渔事件"的后续发展。

中国时报当时作为新华社来台驻点采访的"邀请单位"，报社同事们为欢迎范丽青、陈斌华，当夜就约在复兴南路吃清粥小菜。就在大伙议论台媒如何关注陆媒驻点采访的新闻话题时，范丽青说道，大陆方面对"应于入境后三日内凭旅行证向（行政管理机构）新闻主管部门领取记者证"的规定有所保留，也就是说，碍于大陆有关部门的规定与要求，他们并不打算直接前往台新闻主管部门领证。

虽然只是领证的程序细节，但因驻点记者来台后的首个工作日，大批台湾记者驻守新闻主管部门、"陆委会"，等着采访大陆同行如何开展工作。范丽青、陈斌华如果没有前往新闻主管部门领证，恐将无法进入"陆委会"等部门采访，也等同两岸新闻交流措施将陷入僵局。作为邀请单位的成员，与两岸同行的情谊，加以我对海陆两会官员较为熟识，我就打了几通电话，询问是否有弹性处理的可行方案。

大伙儿一边吃着清粥小菜，苦思解套方案，我则接连打电话给台"陆委会主委"蔡英文，以及分管两岸新闻交流业务的特任"副主委兼发言人"陈明通，探询官方弹性解决问题的可能做法。但是，蔡英文、陈明通的回应态度都是一致的，即"陆委会"的立场很清楚，就是尊重新闻主管部门的权责与做法。台"陆委会"虽是开放大陆记者驻台采访的政策协调机构，但新闻主管部门综合计划处才是这项业务的实际主管单位。

蔡英文、陈明通在电话中说明业务分管权责后，他们建议我和苏正平联系。我随即打电话给新闻主管部门负责人苏正平，探询是否有弹性处理大陆驻台记者领证程序的变通做法。苏正平是我在《自立晚报》担任采访中心政治组召集人时期的老同事，他曾任《自立晚报》政经室主任，后来还曾担任"中央通讯社"董事长。

当晚在与苏正平电话联系过程中，苏正平告知，有关大陆记者来台驻点采访的相关规定，是民进党当局经过决策评估后的政策决定，对于我转知有关首批驻台记者反映的领证程序问题，他还不清楚大陆方面对驻台采访规定的态度为何，但他不认为既定的领证手续有何不妥之处。当晚并未获得明确的处置方案。

午夜的复兴南路，车水马龙，霓虹灯闪烁耀眼，"清粥小菜一条街"依旧人声鼎沸。众人无计可施，随即走回旅店。没有料到原是新闻交流新局，最后关头还是有些不可预测的干扰因素。两岸相关部门的政策立场与不同考量，恐怕也不是一时可以化解的，作为邀请单位所能提供的联系与协助，几乎都已使尽了。

虽然没有轻言放弃，但当晚是在沮丧与遗憾交织的复杂情绪下，回到家里。隔日清晨，昏睡之际，手机突然响起。新闻主管部门张国葆处长一通电话打来，二话不说，直接问道："你和苏正平熟，你再帮忙想想办法吧！开放两岸新闻交流政策要看长远，大陆记者驻点采访没有必要为了细节程序问题破局吧？"

张国葆从"陆委会"、新闻主管部门官员那里得知新华社首批驻台记者的领证手续"出了点问题"，张国葆是多年老友，他曾先后任职于海陆两会、台当局领导人办公场所、外事部门，经他提醒、激励，我匆匆忙忙出门，赶赴新闻局，寻求最后的沟通机会，希望这项攸关两岸新闻交流成败的

"程序性手续"，能有合理转圜的解决之道。

我赶到新闻主管部门请见苏正平，建议采取弹性变通方案：就是将有关大陆记者"应于入境后三日内凭旅行证向新闻主管部门领取记者证"规定，视为邀请单位代办大陆记者来台采访申请手续的最后环节，即新闻主管部门同意由邀请单位代为领取记者证（如同邀请单位代办代领大陆记者来台旅行证），再交由大陆驻台记者使用，希望以此合理弹性的处理做法，适时解决领证手续可能引发的争议。

但苏正平希望驻台记者在取得邀请单位代领并转交记者证后，仍应前来新闻主管部门与承办人员会面（并非强制性）。我认为要求合理，兼顾双方立场，因此，我在说服新闻主管部门临时同意让我以邀请单位代表代领新华社驻台记者证后，随即以手机向范丽青说明新闻主管部门的做法与态度，以及我的看法。范丽青随后赶到新闻主管部门门口，我即转交给她第一张大陆记者驻点采访记者证，终于顺利地解决问题。

台"陆委会"与新闻主管部门开放大陆记者驻点采访，初期只有新华社等四家代表通讯社、报纸、电视台、广播的党政媒体机构，但因新闻热点愈来愈多，大陆媒体对台湾政经社会动态讯息的需求量日增，其他央媒与地方媒体纷纷探询来台驻点采访的可能性，包括上海、福建、广东的媒体更是积极争取，但受限于国台办的政策考量，其他大陆媒体只得维持专题采访，无法搭上第一班驻点列车。

中国新闻社后来成为第五家获准来台驻点的大陆媒体，则与陆媒本身的主动性、积极性，以及对舆论市场的需求有关。有一回，《中国时报》大陆新闻中心同事提到，中新社一直期待能来台驻点采访，他们应有办法说服国台办，并争取到政策审批，但民进党当局的"陆委会"他们没有把握能获得支持，我当时就曾协助询问台"陆委会副主委"陈明通、邱太三，有关增加批准驻点媒体的可能性。

陈明通、邱太三是学术界、司法界出身的政务官，决策考量讲究实事求是，他们的态度明快，并表示如果有机会愿意和大陆媒体负责人直接见面谈谈，了解他们的需求与规划。因此，中新社方面很快就安排了北京总社港台部杨首民、耿军，以及香港分社社长章欣欣等人专程来台拜会"陆委会"，双方经过几次坦率交流沟通，中新社随后即成为第五家获准来台驻点采访的大陆媒体。

目前经常派遣记者驻点台湾采访的大陆媒体已有十家，包括新华社、

《人民日报》、央视（CCTV）、中央人民广播电台、中新社，以及《福建日报》报业集团、海峡卫视、东南卫视、厦门卫视、深圳卫视等，其他各省市新闻机构赴台交流、参访、采访，更是全方位展开；同样的，台湾媒体派驻京沪驻点采访的家数，经常维持在十家左右，两岸新闻交流与合作，早已成为不可逆转的潮流趋势。

（从左至右）王铭义的国新办记者证，香港回归采访证。

我与三位"宝岛母亲"的故事

廖 翊

廖翊：新华社高级记者、国内部首席编辑。1984年至2000年任海峡之声广播电台记者，此间参加过两岸北京、台北事务性商谈及香港政权交接等重大采访。2000年起迄今，任新华通讯社记者、编辑。先后派驻台北、香港工作。2005年，被评为新华社高级记者。曾五次获得中国新闻最高奖——中国新闻奖，并获第三届"范长江新闻奖"提名奖。

多次跨海来到台湾采访，值得回忆的经历不少。时隔多年，三位女性的身影不时浮现眼前，让我怀念。

她们超越了采访对象的意义，成为亲切、温暖、神圣的存在，是我心中的"宝岛母亲"。

一、杨秀霞："血"凝两岸

三位"宝岛母亲"中，与杨秀霞结缘最早。

1997年4月，北京307医院进行了一个特别的手术：这是大陆首例无关供者骨髓移植手术，是跨越台湾海峡的第一例骨髓捐赠。受捐助者，是罹患白血病的年仅17岁的安徽滁州少年。

在手术当日，来自台湾的志愿者将骨髓按时送达北京。当时两岸未能直航，辗转的过程惊心动魄。

捐髓者是一位年过50的台湾妇女，她捎来一句话，希望自己的骨髓能够挽救少年的生命，让他重返校园，做一个对社会有用的人……这是当时所能了解到的全部捐献者的信息。

更令人感动的是，为了手术保险起见，这位台湾妇女共捐髓1000cc，特别多捐出了200cc！

手术一周后，通过对讲设备，我与躺在无菌病房的少年有过简短对话。"我特别感谢台湾为我捐献骨髓的妈妈，她给了我第二次生命。我康复以后一定去看望她！"少年的声音微弱而真诚。

由于种种原因，手术最终失败了。我来到安徽滁州看望少年的父母。沉浸在悲痛中的少年母亲对记者说："海峡两岸都为我的孩子付出了努力。我是孩子的生身母亲，那位远在宝岛的母亲是孩子的再生母亲，我们全家永远感激她！"

台湾慈济骨髓中心严格尊重捐髓者的意愿，不透露捐赠者的名姓。有生之年寻访这位宝岛"再生母亲"，不只是大陆受髓少年父母的凤愿，也是我的强烈心愿。2001年春，我作为新华社驻点记者被派到台湾，经多方打听，终于了解到这位感动两岸的"宝岛母亲"的真实信息，并在台北南郊乌来的一家寺院找到了她，那天，她正在那里做义工。

"宝岛母亲"名叫杨秀霞，59岁，中等身材，穿件咖啡色圆领毛衣，眼神平和而慈祥。

2001年3月，在台北乌来采访为大陆少年捐献骨髓的"宝岛母亲"杨秀霞。

她见到我的第一句话是："劳累你这么老远来看我，这是我应该做的。骨髓捐了还能再生，孩子没能救活是最大的遗憾。"

交谈中了解，当年杨妈妈55岁，是捐髓的最后年限。考虑到她的年龄及身体状况，儿女亲友劝她放弃捐献，但她义无反顾地走上手术台，平生第一次乘飞机来到花莲慈济医院，为大陆少年抽骨髓。

“能与这孩子配型成功，说明我俩有缘，我一定要为他捐出骨髓，挽救他的生命。”上手术台前，杨妈妈抛下话。

“我在大陆也有个儿子了，不知他长得跟我像不像？”杨妈妈曾这样幸福地对亲友说。以前，杨妈妈在路桥当收费员，台湾经济状况转差后，她被提前离岗，只领到少量“资遣”费，三个孩子有两个还在读书，家境并不宽裕。但她念念不忘这位与自己有缘的安徽少年，甚至拿出积蓄打制了一块纯金的“吉祥符”，准备在日后见面时送给这位少年。

手术失败的消息传来，杨妈妈陷入了巨大的悲痛中。

时隔数年，这位慈善、平和的母亲谈及那个孩子，眼里仍闪烁着泪光：“我从没想过回报，只是希望自己能为他做点儿什么，这是说不清的缘分！”

16 年过去，我忘不了与杨妈妈在寺院槟榔树下依依惜别的情景。

二、林海音：“魂”萦“城南”

另一位“宝岛母亲”，是台湾著名作家林海音。

20 世纪 80 年代初，看过吴贻弓导演的、根据林海音同名小说改编的电影《城南旧事》后，充满灵气与纯真的小英子、“长亭外，古道边，芳草碧连天”的歌声与意蕴深植心中。

2001 年秋，终于见到了现实中的“小英子”——林海音的儿子夏祖焯先生把记者领到台北振兴医院，带到了他母亲的病床前。林海音戴着氧气面罩，插着鼻饲，已处于最后弥留之际。

病榻上，83 岁的林海音依然美丽而高雅，她那尚存的一息使整个病房弥漫着神圣和高贵。

林海音的一生实为海峡两岸近现代历史的缩影：她是台湾苗栗县人，日据时期生于日本，随父母返台后，不堪忍受日本统治，举家迁居北京；台湾光复后，重返故乡台湾。之后，海峡相隔，待重归城南寻梦，已是古稀之年，故旧过往，存者寥寥。正如其代表作《城南旧事》所叹：天之涯，地之角，知交半零落！

夏祖焯对记者说，他的母亲一生刚烈正直，20 世纪五六十年代岛内“白色恐怖”时期，出于对高压下的台湾同胞的同情与支持，林海音的“纯文学”出版社扶持了一大批乡土文学作家，使其走上文学之路。但是，近年来，在甚嚣尘上的"台独"喧嚣中，一些曾受她资助的作家竟成为"台独"鼓噪者，走向了她的对立面。一向乐观的母亲，晚年心境平添了一分感伤与苍凉。

"我是大中国作家，我以此为自豪！"夏祖焯告诉记者，晚年时的母亲做出原则性宣示。

我带去了一束洁白的鲜花，还找来了插图版的小说《城南旧事》，在林海音妈妈眼前一页页翻过，试图唤起她的记忆。

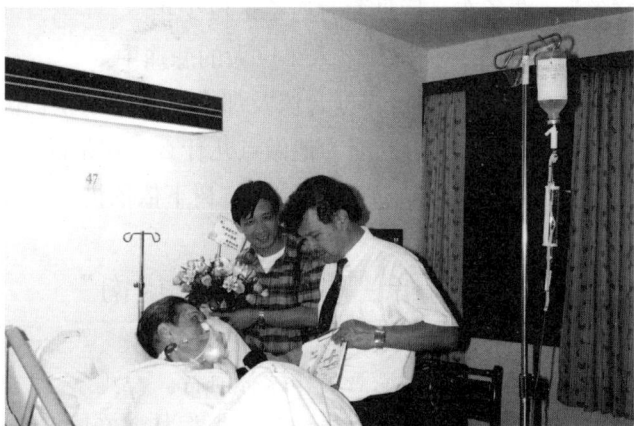

2001 年秋，在台北振兴医院探望弥留中的台湾著名
女作家林海音，右一为林海音的儿子林祖焯先生。

在台北，还见到从上海赶来的沈洁。当年，她在电影《城南旧事》中扮演小英子，此后与林海音结下忘年交。

"我感到，林阿姨认出我来了，北京的那段生活对她来说太深刻了。"沈洁说。

"青春一去永不重逢，海角天涯无影无踪。断无消息石榴殷红，却偏是昨夜魂萦旧梦……"病床边，播放着林海音生前最喜欢的白光演唱的《魂萦旧梦》。想与她对话，却不能。这成为我平生与生者唯一的无言的一次采访。

在台北，我以这种方式陪伴这位伟大母亲的最后旅程。

三、许月里：血脉"中国"

采访许月里妈妈，是 2002 年的一个夜晚。相见的日子很特别，8 月 15

日，日本投降日。

她独居在台北一个偏僻、破旧的老楼里。清瘦、坚毅、利索，根本看不出许月里妈妈90高龄。

这是岛内仅存的抗日英雄。16岁时，她就投身台湾抗日组织"工友协会"，与日本统治者展开斗争。

"我的父母不仅给了我生命，更为我注入了中国人的血液。他们对子女的训诫是'只有中国才是我们的祖国'，沸腾在我们的血脉里！"她这样解释自己的抗日行动。

但是，这位母亲一生十分坎坷不幸。光复后的台湾远非预期的那么美好，20世纪50年代，遍布全岛的"白色恐怖"更给许月里巨大的痛苦和灾难，她被以"莫须有"的"资匪罪"判刑，熬过了漫漫12年的铁窗生涯，在囚牢里生下并养大了自己的孩子。

"我痛恨当时的政府，但是，他们代表不了我的祖国，我对祖国的信仰和热爱没有任何改变。"她这样对记者说。她将狱友一本破旧的中文教科书奉若至宝，在牢里教孩子学习汉语，"就像当年父母教育我中国是我的祖国一样，我必须教会他祖国的语言和文化"。

1995年8月，是这位宝岛母亲终生难忘的日子，83岁高龄的许月里作为台湾三位抗日代表之一，被邀请回祖国大陆参加抗战胜利50周年庆典。"站在卢沟桥头，当大炮连轰50响时，我感到热血要冲出我的胸膛！是两岸同胞的共同奋战和牺牲才换来这一天啊！我们中国人团结起来，什么事情不能做到？"

她一边翻看当时的照片，一边激动地向记者回忆当时的情景。"中国人八年抗战，为的是不当亡国奴；台湾人民抗日，是想回到祖国怀抱。今天，台湾有人拼命想脱离中国，还卖力为日本的殖民统治唱赞歌。这是背叛祖国的汉奸行为，绝不能容忍！"老人义愤填膺。

永远忘不了那天采访结束，许月里妈妈摸黑将记者送下楼梯时说的那段话："我已经年过90，对于一个人的生命来说，够长了。但作为一个中国人，我觉得还没做够！"

四、无法完结的"尾声"

离开台湾十多年，对三位宝岛母亲的怀念萦回于心。那年结束驻点采访返回大陆时，给杨秀霞妈妈打电话告别。她又去寺院做义工了，先生在家。

"请转告安徽那位孩子的父母，让他们想开些，保重身体，将来有机会我们去大陆看他们，也希望他们能到台湾做客。"一席话让我无比感动：多么温情的宝岛父亲！

2001 年深秋，从台北返回北京休假，正与友人漫游香山时，接到夏祖焯先生从台北打来的电话："妈妈今天走了……"电话两头，一时黯然无语。

50 多年前，林海音告别北京时，正是秋色浓烈、红叶缤纷的时节。她多次表示想回北京看红叶。但是，眼前美好的景致，对她永远只是记忆了。"青春一去永不重逢"，她最喜欢的歌曲《魂萦旧梦》的歌词，成了她人生无奈的写照。

2005 年 9 月 3 日，抗战胜利纪念日，我当时派驻香港，给远在台北的许月里妈妈打去电话。93 岁的她已住进了医院，好不容易电话找到她。

"今年是抗战胜利 60 周年，很想回去参加纪念啊，可是，我身体不行了，走不动了，遗憾啊。我这一生，就是想看到祖国统一的这一天，但是，可能看不到了……"老人声音微弱，话里透出无奈和哀伤。

三位寻常的宝岛女性，用她们的爱心、无私、牺牲、坚定、大义，树立起中国女性的伟大形象，将祖国宝岛与祖国大陆深深地融为一体。回望三位宝岛母亲的故事，讲述采访她们的经历，不只是表达自己的感动与崇敬，更是为了两岸中国人不能忘却的纪念。

驻点心情

戴　菉

戴菉：台湾中天电视台新闻部大陆中心主任特派员，2002 年担任台视记者时开始驻点北京；2003 年担任中天记者驻点北京迄今。

2002 年夏天，长官征询，是否有意愿去北京驻点，当时从未去过大陆的我，在台视主跑"立法院"，去异乡工作对我来说不是问题，反而觉得新奇，因为一直觉得自己有流浪的基因，但毕竟对北京完全陌生，于是我自掏腰包买了一张机票，透过台视在北京的包车师傅，在崇文门台视驻站附近订了一间酒店，先自己去探路。

我当时把北京的主要景点游了一遍，在驻点酒店周围，绕了几圈，觉得崇文门附近的花市和菜市场，特别有意思，胡同里的市井生活百态深深吸引我。于是回到台北报告长官：我要驻点！不久之后，我就拎着皮箱到北京。那时台湾记者驻点签证每次入境可待一个月，我便开始了一个月北京一个月台北的轮换工作。当时每次赴北京驻点，都得先飞香港机场，停留约三小时办好签证再转机北京，从台北到北京得花上一天的时间。

不料就在我抵达北京才安顿好，陈水扁就提出了"一边一国"，这是继李登辉在 1999 年提出"两国论"后，再一次将两岸关系带往破裂边缘，我赶忙联络学者采访，飞奔到建国门外交公寓的卫星传送点，花了一百元美金，发出我驻点的第一个报道。

那是一个台湾刚刚从 BB call 传呼机迈入手机的年代，手机无法上网，视频也只能靠卫星传送，卫星传送的起价是一百元美金可传送十分钟，因此对于不着急的新闻专题，我就做好几个片子之后，集中录在一卷 Betacam 带子，寄回台北播出。

　　台湾的政党轮替，影响到"老三台"（台视、"中视"、"华视"）的高层人事，2000 年陈水扁上任后，台视高层人事"绿化"，就在 2002 年底我第二次驻点时，接到台北"撤点"的指令。于是我这个驻点新人，在一阵手忙脚乱中，退酒店公寓租约，停用手机号，关闭银行账户，把驻站的家当全部搬回台湾。

　　当时正值台湾有线电视台崛起，台视撤点，中天电视台来北京设记者站，我就转到中天继续探索这份充满挑战的工作。

　　陈水扁执政时期，两岸形势严峻，台湾记者在大陆采访十分困难，台商和台生大多低调噤声。大陆民众对台湾记者充满敌意，我遇到爱聊时政的北京出租车师傅，更是经常一路数落到下车，后来我们被问到哪里来的，都说"南方来的"避免麻烦。不过撇开政治，大陆这块土地的风情，充满迷人的魅力，大陆朋友的热情，是支撑我驻点生活的主要动力。

　　2004 年，"3·19 枪击案"助力陈水扁连任，事发当晚，我正在北京采访美国前任国安会亚洲资深主任李侃如，李侃如听闻这突来的消息，吓得当场从椅子上跳起来，无法置信。

　　两岸大闷锅在 2005 年，开了一扇窗，国民党与共产党，决定结束长达 60 年的对立，启动两岸经贸文化论坛（国共论坛），紧接着络绎不绝的国民党和亲民党高层登陆，当时各种文化影视和商业活动，兴起一股"民国"热，大陆老百姓对台湾的态度转趋友善，我不再需要假冒"南方人"。2008 年马英九执政，两岸恢复制度性协商，从两岸事务主管部门负责人多次会面，到 2016 年底的习马会，两岸进入大交流时代，驻点的工作热闹而繁忙。

　　我们记录着两岸的交流，更关注大陆的发展，2008 年的奥运，和奥运牵动的各项建设，及随后大陆跃居世界第二大经济体，占据了我们大量报道篇幅。崛起的大陆变化飞快，登陆的台湾人也出现愈来愈多年轻面孔，他们遍及科技业、服务业、文化界和新创公司。和以前到大陆设工厂的台商不同，大批台湾青年进入大陆的外商、陆企，与海归潮竞争。以前是台湾人到大陆办厂雇用大陆员工，现在台湾人为大陆老板打工已形成常态。

　　随着大陆经济崛起，台湾经济停滞，两岸的消长出现逆转，台湾传统媒体更因为自媒体发达，导致营收下滑，记者和广大劳工一样陷入台湾薪资冻涨的大萧条，对比大陆节节高涨的物价和租金，望尘莫及。

　　两岸的反差不仅仅是报道题材，也让驻点工作有些调整，因为租金高涨，我们驻点办公室愈搬愈小，预算的缩减，减少了赴外省市采访，记者和媒体共度时艰，一起过着节衣缩食的日子。

　　然而我们惊叹大陆高速发展的同时，也饱尝经济发展带来的必要之恶，早年我每逢冬日在北京闻到空气中的烧煤味，总有一股宛如回家的亲切，现在知道了这空气可不能大口吸。

　　我最精华的人生有一半的日子在北京度过，过去十几次生日，都在北京的闺蜜好友陪伴或工作中度过，驻点生活的美好、折腾和它令人劳累气愤无奈的种种，已经是我人生的一部分，我过去 15 年的记者生涯因驻点而丰富多彩。生活上我习惯了在两本证件、两种货币，在百度和谷歌之间，在微信和 line 之间，在"滴滴打车"和"台北等公车"APP 之间切换。

　　此时两岸的沉静，我想是暂时的，因为双方在忍耐，在度量，在斟酌，在冷战，怕出手太重，让对方受伤太深，无可修补，难以挽回。作为一个纪录者、观察者、报道者，我则暂且继续过着我的两种人生，守望融冰之后春暖花开的那一刻。

驻点这些年

路　梅

路梅：中国新闻社港澳台部记者，从事涉台新闻报道工作。2004年开始每年赴台驻点采访。2007年至2008年，借调北京奥组委。2014年至2016年驻中新社香港分社。十余年来有幸参与了两岸诸多历史性事件的报道，如两岸"三通"、两会商谈、台湾地区领导人选举、"胡连会""习马会"等等。

2017年，两岸新闻交流开启30年了，尽管从参加工作第一天起就在涉台报道领域直至今日，我也不过是一名小辈，但十几年来亦有幸见证了两岸关系的起起伏伏和许多历史性时刻。希望通过一些琐碎的点滴回忆，来共同回顾这些时光。

记得2002年8月，我刚工作一个月，就遇到了陈水扁提出"一边一国"论。还在懵懂之中，就见识了两岸的剑拔弩张，逐渐感到涉台报道是敏感而重要的领域。此后的两年多时间里，除了日常的涉台报道工作，中新社一直在努力争取赴台驻点采访的资格，作为一名新人，我也从前辈那里知道了许多我社与台湾新闻交流的渊源。

驻点采访是两岸新闻交流的重点之一。1987年9月，台湾《自立晚报》记者李永得、徐璐冲破台湾当局的禁令，绕道日本到祖国大陆采访，成为两岸隔绝以来首次到大陆采访的台湾记者。当时，正是中新社总社和日本分社安排和接待的。

1987年11月，中华全国新闻工作者协会负责人受国务院办公厅委托发表谈话，欢迎台湾新闻界来大陆采访、交流。两岸新闻交流的大门自此开启。

1991 年 8 月，新华社记者范丽青、中新社记者郭伟锋赴台采访"闽狮渔事件"处理情况，成为 40 年来第一次赴台采访的大陆记者。

1992 年 9 月，18 名大陆记者组团赴台采访，正式开启两岸新闻双向交流的大门。1994 年，大陆方面同意台湾媒体派记者到大陆驻点采访。而整整八年之后，台湾当局才迫于两岸新闻界的强大压力，于 2000 年 11 月宣布开放四家大陆媒体记者赴台驻点采访。2001 年 2 月，新华社记者范丽青、陈斌华赴台驻点采访，成为大陆首批赴台驻点采访记者。

涉台报道是中新社通稿业务的一大重点，入岛驻点采访是当时我社领导和前辈们的一大夙愿。当时我们部门主任耿军常扼腕道，中新社迟迟未能驻点，是一大缺憾啊！经过多方努力，终于在 2004 年 7 月，台湾当局批准中国新闻社记者赴台驻点采访，我社成为继新华社、《人民日报》、中央人民广播电台、中央电视台之后，第五家赴台驻点的大陆新闻媒体。经过一番紧张的准备，我社首批赴台驻点记者、港台部的副主任董会峰、记者曾嘉二人，由北京出发经香港转机，于当月 26 日傍晚抵达了台北，开始了为期一个月的采访工作。

2004 年 11 月，我在董会峰副主任的带领下，成为我社第五批驻台记者，开启了我的驻台生涯，原本在报纸上看到的台湾，终于成为脚下的土地、身边的人来人往和亲口品尝到的美食。今天我还记得当时的情景：在香港转机落地台北时，已接近傍晚时分，桃园机场航站楼很朴素，空气里弥漫着潮湿和些许陈旧的气味。计程车载着我们向台北驶去，一路上我看着两旁的景色，发现建筑物看起来也都有些陈旧，并不像想象中那样闪闪发亮。

随后的一个月，我渐渐发现台北这座城市丰富的层次和内涵，有些和报纸上说的一样，也有些报纸上并没有说过。初来乍到，一切都是陌生的，也是新鲜的。驻点期间，得到了《中国时报》《联合报》等一些台湾媒体朋友，以及沈春池文教基金会等致力于两岸交流的民间团体热心人士的帮助，也得到了新华社、《人民日报》等友社前辈们的指点，采访很快就顺利地展开，我如同走进了一座新闻的超级富矿，几乎每天都写稿到深夜。短短的 30 天里，写了三四十篇稿件，其中有一半是专访或通讯。一个月的高强度工作，既兴奋，也疲劳，待到驻点期满，仍觉得对这里一知半解，仍旧有些懵懵懂懂地就离开了。

起初几年，大陆记者在台湾驻点采访，每家媒体限两人，每次限期 30 天。大家深感时间太短，刚刚开始熟悉就要离开。此外，由于当地的种种限制，我们在台湾无法用自己的证件办理手机卡，也无法租公寓或民房，只能住在酒店里，生活和工作成本都很高。最令人头疼的是，如果要离开大台北地区采访，必须提前向台湾当局新闻局提交一份报备表格，详细写明行程安排，几月几日几点几分，去什么地方，采访什么人，乘坐什么交通工具，车次和航班号是多少，若乘坐出租车，还必须提供司机的手机号码和车牌号，一路上都会有警察或者便衣尾随，入住旅馆也会暗中被"陪伴"着。

记得有一次我和同事到屏东去采访，我入住的房间半夜隔壁吵得很，于是便要求前台帮我换房。不一会儿，服务员上楼来帮我拿行李换房，我走出房间，发现走廊另一头有一位男士默默站着，跟着我们进了电梯，不按楼层，跟着我到了新的楼层，又站在走廊里默默看着我走进新的房间。也有的时候，警察很客气地和我们打招呼，笑眯眯地聊几句。此外，时常听同事或者其他的驻点同行说起，警察时常"关照"，有时还被叫去喝茶聊天。

两岸新闻交流不时受到两岸政治关系的影响。2005年4月，民进党当局以《人民日报》和新华社报道偏颇为由，中止两家媒体赴台驻点。直到2008年马英九当选台湾当局领导人，才在当年7月恢复两家媒体驻点。马英九提出"两岸媒体相互驻点采访正常化"政策，台湾当局将大陆记者驻点采访每次时限由30天放宽至90天，每家人数由两人放宽至五人。驻点大陆媒体从过去的五家中央媒体，逐步增加了五家地方媒体。对于大陆记者在台湾采访的管制也宽松了一些。然而，两岸新闻界呼声最高的由驻点升级为设立分支机构，虽曾一时呼之欲出，却最终没能实现，不能不说是一大憾事。两岸新闻交流可以说仍然离"正常化"还有相当长的一段距离。

在大陆驻点记者们和相关部门不断的反映和努力协调下，采访报备制度也终于得以取消，我们和警察及便衣打交道渐渐就少了。然而，2016年底我去台湾驻点采访时，很意外地接到台北市松山分局的警察打来电话，希望和我见面聊聊天。约好时间后，女警察来到我们住处宾馆的大堂咖啡厅见面。女警很客气地说如果我们在采访上遇到什么需要他们帮助的，可以随时和她联系。后来我提到大陆记者过去驻点采访的经历，女警说，听同事说过，过去是有"跟随"大陆记者，但是现在已经不跟了。她又再次强调这次来找我们聊天，是要"为辖区大陆记者做好服务"。2016年5月台湾政党轮替，两岸关系急冷，尽管女警察满面笑容地对我说她要"做好服务"，我依然感受到了两岸政治关系的变化给新闻交流带来的阴影。

近年来，两岸新闻媒体之间的合作，随着两岸关系的发展逐渐深入。从过去的人员往来，发展到如今的项目合作、联合采访，相互学习借鉴，共同进步的同时，也加深了两岸人民之间的相互了解。

驻点记者就像是两岸新闻交流的毛细血管，疏通着两岸信息的往来。一转眼，我参加驻台采访工作已将近 13 年时间，走过了台湾的城市和乡村，结识了许多台湾朋友，对台湾社会有了一定深入的了解，通过我的笔，让大陆更了解台湾。同时，我通过和台湾民众的沟通，让他们对大陆有了一些认知，甚至澄清了一些他们过去对大陆的误解。正如一位前辈所说，台湾没有想象的那么好，也没有想象的那么坏。有先进之处，也有停滞不前的所在；有可爱的人，也有可憎的面目。反之亦然，大陆有其缺点，却也有着令人无法否认的飞速发展进步，台湾同胞也应该摆正心态，好好地了解她。

2017 年 6 月底，我又将赴台驻点，熟悉的地方，熟悉的人，也将发生不同的故事。值此两岸新闻交流 30 周年之际，希望两岸关系能够尽快重回正轨，让两岸人民共享和平红利，也希望两岸新闻交流能够进一步深入发展，两岸媒体人能够更紧密合作，为沟通两岸发挥正能量，也推动两岸新闻交流早日实现真正的正常化。

纪念神州行

王家庆

王家庆：毕业于台湾朝阳科技大学传播艺术系电影组，曾任台湾八大电视台新闻部摄影记者、年代电视台党政组与大国中心摄影记者，现任台湾中天电视台南部中心摄影记者，曾参与连战与宋楚瑜竞选台湾地区领导人时贴身采访、两岸神州行活动随行采访、连战宋楚瑜赴大陆访问时随行采访，2004—2007 于北京、上海驻点采访。

"SOS 专机已经到了，我们出发吧"，拿着摄影机坐在副驾驶座上一路跟拍，约莫花了快一个小时的时间，终于看着专机载着文翰飞往香港，身为第一个获准在军机场拍摄 SOS 专机内部的台湾记者，思绪又回到了事发当天：铃～～铃～～铃，急促的电话铃声在办公室响起，累了一天的我从卧房走出，嘴上不停的碎念："公司又有什么交代了，让不让人休息呀。"拿起电话，电话那头传来熟悉的声音，是这次神州行的伙伴："我们在新疆出车祸了，你快来，我们在哈密医院。"放下手中的话筒，心情顿时开始紧张了起来，匆忙向台北公司回报，用尽所有的渠道，好容易订到两张一早从北京飞往乌鲁木齐的班机，透过当时记协李安主任的帮助，终于赶上中午时分开往哈密的火车，冲进车厢内，拼命拨着几个伙伴的手机号码，没一个有回应的，顿时不安的气氛又更加紧张了起来。

在往哈密的火车上，车厢中的乘客一直不断对窗外的景色不停惊叹着，我却无心沉醉于此，九个小时的车程仿佛过了一世纪，这些从福州一起出发，一路上不时用手持无线电侃大山的伙伴们不知道状况如何了，心里还是慌张得紧。吃点东西吧，到哈密才有体力可以处理事情，同行的伙伴催促着，只好勉强起身，往餐车走去。正好遇到国台办张铭清局长也在用餐，我拼命拜托着："局长请多帮忙，我们的人都还在哈密医院，不知道状况好不好，如果可以的话，我们公司愿意尽一切力量把文翰运回台湾。"这时还没完全了解文翰的伤情，但心中还是不断祈祷：千万不要是我想象的那种状况呀。终于抵达哈密医院之后，碍于规定，只能先去看台办副处长陈逵，"逵哥，你要不要紧"，逵哥还能稍微挥手响应一下，可能是累了，逵哥沉沉地睡去，我也才退出病房，跟台北公司回报医院的情况。

"怎么会这么严重"，我看着车队同行的弟兄忍痛拍下来几乎是文翰预先交代遗言的影像，心头不由得纠结了起来，只是医院总有规矩，也只能等着隔天再看看吧。

看着躺在床上几乎不能动的文翰，我几乎愣住了，那个当初跟我在银川交接，看起来意气风发的大前辈呢？我的愧疚让我呆在一旁，久久不能自己。"不是你的错，是我自己运气不好"，反倒是受到重伤的人用勉强而吃力的声音安慰着我，这时我更难过了，如果当初没有在路途之中受伤，手举不起来，他不用老远从北京来跟我交换，也或许我们大伙就能一路平安的到达新疆的最后一站，开心地大口酒大口肉地交换着彼此的成就感，这样的想法在我心底不断地涌现着。

"我们到门口抽烟吧"，文翰的父亲找了我跟台北来的长官一起到门口聊天，也算是舒缓心情吧，又或许是担心大家的心情更沉重，何伯伯转移了话题，说着那边有什么样的趣事，台湾有什么样的习惯跟大陆不同，试图让气氛缓和，焦躁不安的反而是我这个没被车祸波及的后生晚辈，看着何伯伯的背影，此时的我除了内疚跟不舍，几乎找不到形容词可以形容当下的心情。几日之后，终于文翰可以搭上 SOS 的专机被送回台湾治疗，我把全程跟拍的影带交给文翰父亲，看着飞机飞离哈密，心中的压力瞬间被释放，整个人几乎快虚脱了。但也因为这些愧疚，好些年我都不敢面对因为代替我进行拍摄任务受重伤的前辈，只能从其他同业口中隐约打探他的近况，直到2014 年的冬天我们这群伙伴在台北再度相聚，我总算亲口跟文翰将我这些年的遗憾对他亲口诉说，文翰很好，没多说什么，只是安慰着我，并说了有空要常常去看他，我才稍微释怀。

2004 年的 3 月某日，"你要不要去当大陆驻点的摄影"，摄影长官透过电话询问我的意思，我想都没想就一口答应，直觉我的努力总算被人发现了，终于可以在大陆大展身手，于是准备几件轻便行李就往大陆出发。初到北京，什么都是新鲜的：看着东四环还有驴子拉着一车的砖块也拿着摄影机拼命拍；看见沙尘暴，也不管有没有戴口罩就往里头冲，只是因为想多拍点数据画面提供给台北使用，后来想想还真是勇敢，估计现在应该是不敢的；第一次去烟袋斜街，就特别着迷那属于西藏的氛围，自此之后只要朋友约见，通通都约斜街那边。或许是念旧吧，写文章的此时，特别想念当时在北京跟福建认识的好朋友们，也怀念北京小摊的摊煎饼跟陶罐酸奶，好些日子，这两样食物始终是早餐必备的，跟这些朋友的缘分也是因为一个大型的采访计划，从福州一路搭着车往新疆出发，边采访边感受当地的风土人文。

"神州行"车队在福州出发，透过车上的无线电，一路上有说有笑，大伙的感情也越来越紧密，渐渐有了一家人的感觉。无论是在高速公路一天奔驰 1100 多公里路，在黄土高原上搭着竹筏让车队的车辆一辆辆渡河，或是在龙门石窟采访，大伙热心帮我拿脚架走了快两公里的路程，都能感受伙伴们对我的照顾，心里始终是暖暖的。因为发稿的关系，常常需要忙到半夜三四点才能上床休息，隔没多久又得起床梳洗，准备接下来的采访行程，其实身体是很累的，支撑我的始终是这群朋友的热情，直到在往银川的路上，手不慎受伤，无法举重物，只能被迫请文翰接班，继续接下来的采访，接下来的故事就是车队在哈密出车祸，文翰搭着 SOS 专机回台湾治疗。

大约四年左右在大陆的采访历程，不论是从"神州行"车队的车祸事件、连战主席的初次访问大陆、宋楚瑜主席的搭桥之旅等等，都有幸参与到，虽然曾经连续 52 天都上班，是蛮累的，但也见证了不少两岸交往的过程，从以前都只能透过电视的屏幕观看，到身为历史的一部分，其实是很有感触的，一个属于我的采访小故事，也是我跟我同父异母大哥的共同回忆。在搭桥之旅中，随团跟着宋楚瑜主席采访的我，除了要做好日常的新闻拍摄之外，其实还有另外一个任务：要帮我父亲看看我在西安生活的大哥，也是我们两个人人生当中第一次见面，其实我应该可以发条独家的，不过这不是我的风格，因为战争分隔两地的亲人见面，就算是人生当中第一次，何必炒作呢，所以我没跟当时的公司多提。印象中应该是 5 月 5 日吧，在处理完宋主席专机抵达的新闻回传台北之后，便急忙赶到饭店附近的 KTV 包厢当中，KTV 包厢？没错，因为人数众多，加上时间有限，贴心的大哥帮我就近安排见面的地方，人生当中的兄弟第一次见面，就在我桌子上面有个大西瓜摆饰的特殊场合完成，KTV 的麦克风这时也不是拿来唱歌使用的，而是要跟大概现场几十个大哥带来要看我的亲朋好友们介绍我自己的工具，也是这时候,才知道我属于爷爷辈了,正确地来说,是舅爷爷与叔爷爷,也就是台湾所说的舅公与叔公,感动之余,当下也许了个愿望:如果可以的话,我希望两岸永远都不要再有战争,不要再有亲人隔海遥望,以至于老死都无法相见的悲剧。我是幸运的,父亲还健在的时候就跟大哥团聚了,虽然我还无缘跟大妈还有大姊见上一面,他们就过世了,但我还是很珍惜这分跟其他家人相聚的缘分,也谢谢老天爷,让我的人生履历,多了一份特殊的经验。

感谢李安主任的邀稿,让我有机会重新检视自己在大陆的采访经验,也是对自己人生的另外一种检验吧。仅以这篇文章纪念当初因为新疆车祸离开的"神州行"车队大哥郑键生与受到重伤、身体不便于行却能乐观向前的好友文翰,两岸互相采访至今也大约 30 个年头了,期望能够透过各式相关的新闻发展,增加两岸同胞对彼此的理解,一起找出和平的解方,也是对老祖宗们最好的交代吧。

在国民党中央党部访连战

耿 军

耿军：中国新闻社港澳台部原主任。国务院台湾事务办公室对台宣传专家组成员。1985 年进入中国新闻社工作，曾担任专稿部政文组副组长、新闻部经济组组长、新闻部副主任、经济部副主任、《中国经济周刊》（日文版）主编、澳门分社首席记者、港澳台海外部主任，先后从事过政治、经济、文化、教育、民族、宗教、港澳台问题的采访报道。

2005 年 4 月 26 日—5 月 3 日，应中共中央总书记胡锦涛邀请，时任中国国民党主席连战率团访问大陆。4 月 29 日，胡锦涛与连战在北京举行会谈，这是 60 年来国共两党最高领导人的首次正式会谈。这一历史性事件在两岸关系史上写下了浓墨重彩的一笔，产生了举世瞩目的影响。当时我任中国新闻社港澳台部主任，在组织并完成这一报道任务后不久，我就和中新社上海分社记者许晓青一起赴台湾驻点采访。

到台北后，我想：重大的新闻事件讲究后续报道。如能就此次大陆之行与连战先生进行较深入的访谈，将是有意义的。我的请示及所附的采访提纲得到国务院台办的批准，随后我就找时任国民党文传会主委的张荣恭先生帮忙联系。

张荣恭先生是中新社的老朋友，他为两岸交流做过大量工作。经他沟通、协调，连战先生同意接受我们的采访。

2005 年 6 月 14 日下午 4 时，我和许晓青如约来到国民党中央党部十一楼的主席会客室。连战先生的沙发后侧树有国民党党旗。张荣恭先生陪同连先生接受采访并担任记录。

落座后，国民党主席办公室丁远超主任为我们端上刚煮的咖啡。连战先生热情地说："尝尝吧，这是很好的咖啡。这次到大陆访问，各地都用当地最好的茶叶招待我，盛情难却。其实，我最喜欢、最想喝的是咖啡。"

我向连先生提出的第一个问题是："一个多月过去了，请问连主席现在如何看待这次'和平之旅'？有评论认为，您与宋楚瑜先生先后登陆带来的热潮已经冷却，两岸关系又回到原点，对此您个人如何看待？"

连先生回答："两岸关系对台湾来讲，是一个根本的问题。两岸的和平、安定、发展、共荣，不但是全民的心愿，也是东亚国家乃至于世界重要的国家的一个期盼。所以，它不是一个表象的问题。'热'可以退，'烧'可以降，但是，基本的问题、根本的问题不能不加以解决，所以，用那种词汇、那种形容，来定性两岸的关系，我觉得是很不适宜的。我们到大陆去访问，对于两岸这种正视当前、共创未来，可以说达到了基本共识。这是非常、非常重要的事情，我相信这也给我们带来一个契机，所以，它的影响是深远的。布什总统讲得很清楚，他说我到大陆去是一个历史性的访问。我想这个话就足以来回答了。"

我说："您与胡锦涛先生的会晤，是八天七夜访问的最高点。请您谈谈对胡锦涛先生的印象。"

连先生说："我和胡总书记的见面，有很充分的时间，在自然而良好的环境下进行了意见的交换。我觉得他是一位平实的人，一位领袖，平实包括诚恳，包括平易近人，包括很亲切，是一个我感觉到可以推诚相与的人。另外，他也是一位很务实的领袖。所谓务实，就是说，尊重历史，了解现状，面对问题，解决问题，是一位有能力、有担当的人。我的印象可以说是非常正面的。"

我又问："您与胡锦涛先生发表新闻公报，公布了两岸和平发展的五点共同愿景。请您就此介绍一下国民党落实访问成果的思路及具体措施。"

连先生思路清晰地说："我和胡先生达成五点的共同愿景，大致上来讲，应该可以分为三个方面来处理。

第一个方面的议题是大陆可以单方面处理的。比如说，关系到台湾的"国际活动空间"的机会问题，我看到大陆在今年就立即的采取了行动。我讲的就是，大陆与WHO秘书处签署了相关的文件，使得台湾能够有参与以及取得相关资料和活动的一个机会。我觉得这就是一个很好的发展。

第二个方面的议题，是我们应该采取的行动。我们应该透过立法院、学术以及相关人士的聚会，分别就这样的问题，甚至于邀请大陆相关的朋友来共同筹谋。2008年3月，台湾就要进行下一任总统的大选，假如在那个时候之前，民进党的政府毫无进展，还是意识形态作祟，牺牲台湾人民利益和福祉，我想台湾人民在那个选举的时候，会做出他们自己的决定，我们国民党也会在这方面提出我们的做法。

总之，这是双方面执政的人都应该积极地通过谈判推动的事情。

第三方面的议题，是我们可以单方面做的。比如说双方政党的平台，我们有和平的论坛，经济、文化的平台，这些平台都是党对党的协商机制，不是学术性的，而是实际要解决问题的，要针对两岸就和平、贸易、文化各方面的政策的拟订、步骤的采取等，我们透过这样的机制，提供建议。这是执政的方向，或者是执政的准备，这就是我们可以做的事情，不仅仅是聚聚会、碰碰头、增进感情。"

我说："赠送大熊猫、台湾农产品登陆、开放大陆民众来台旅游等，大陆方面言出行随，正在积极落实。但'一个巴掌拍不响'，其中有的需要台湾方面配合才可顺利推进。请您谈谈您的看法和贵党的努力。"

连先生说："对这几样礼物，我个人非常感谢。这是我在访问离开上海的那天早上，陈云林先生代表中共中央以及国务院正式宣布的。同时我也了解到，宣布之后，大陆马上履行，做了很多准备。遗憾的是这些事情在过去一个月，台湾的政府所采取的态度，是一个消极而没有闻问的态度。在这期间，我也邀集了旅游业代表数百人、农业界代表数百人，到我们这里来开会，大家都非常期盼，他们都来自于民间。各行各业，旅游观光、农业等各部门，都非常期望能快速落实，带给台湾人民真正的利益和福祉。

我必须要讲的是，我们很希望能够简单化、效率化、非政治化。我今天看到台湾一位重要的工商企业界领袖郭台铭先生就讲，现在最重要的问题是在于客机的直航。能够让它便捷化、节日化、常态化。这是能够做的、应该做的。台湾的政府这次反而没有宣布，他们强调的是货运的包机，但是一般老百姓，花时间、花金钱，来往于两岸，他们对于客运的包机更重视更关心，台商尤其是对客运的包机，非常非常地关心，所以为什么不能够把客运和货运一起来考虑。而排除了客运，这是我们很不理解的事情。

第二，农产品尤其是水果，我们台湾的农会，真正的了解产、销各方面的问题，在台湾处理农产品的销售，就已经达到了百分之七十五。民进党今天为什么去指定一个'外贸协会'，而不去利用专业的单位——农会这个体系？实质上这是不妥当的。

我在这里特别要跟您谈到，"两岸人民关系条例"第二十八条，基本的规定就是：船舶以及航空器可以经过许可，来直航大陆，那么政府相关的部门，应该在十八个月之内提出许可的办法。这个是在2003年九月、十月之间通过的，所以到2005年的四月，已经满了十八个月，政府相关的部门对这个法律的规定，没有做出应该做的事情，这已经构成了所谓行政的'怠忽职守'，这是一个非常严重的失职，我们将要追究他们的责任。根据"两岸人民关系条例"第二十八条，两岸是可以直航的，船舶也好，航空器也好，是可以直航的，而政府到现在都没有动静，所以这是一个十分严重的失误的问题。我们将要采取必要的行动。我们并不反对货运，但是我们更强调客运。"

我问连先生："去年十二月您曾提出贵党未来发展的五大目标，现在实践的如何？是否有调整？"

连先生回答："我们去年选举的时候，你晓得那个环境非常恶劣。整个的台湾好像就到了一个要面临抉择的时候。你还记得，'制宪''正名'、时间表——'台独的时间表''一边一国论'，我们任何的军方将领、国民党的将领，退休的、没退休的，也被侮蔑成为在搞柔性的政变，种种恶劣的环境，所以我们特别提出来：我们一定要走对路，台湾才有出路。什么是对的路？我提出了五点。第一就是认同这个国家。第二，两岸要和平。第三，民主要深化，不能走民粹。第四，族群要和谐。第五，经济要发展。我想这五条总路线，是我领导国民党一贯的做法。我们必须非常明确的在每个场合都要把它提出来。

泛蓝最基本的立场就是这五个方面。我们今后还是会按照这些既定的方向，来全力努力。没有什么可调整的。我想这也是台湾将来必须要走的一条路。"

我问道："有些年轻的基层国民党员担心因竞选主席而导致党的分裂，您怎么看这个问题？

连先生说："我刚才讲到我领导这个政党这么多年，参与党务的工作更久，我们都在，我们会好好来提供我们的意见。我们相信，大家在共同的理念之下，都是常年的好同志、好伙伴，尤其是今天，团结就能够实现我们的理想，这是一个大家都很了解的共识。

所以我和党里所有的干部都讲，大家要以'办喜事'的心情来迎接这一新的挑战，要有信心，也要有决心，这样才能制度化。"

"您如何评价目前国民党和亲民党合作的现状？国民党对今后国、亲合作有何打算？"我又问。

连先生回答："我们很希望两党能够紧密地团结在一起，因为我们都是有共同的理念、共同的群众基础。我也注意到宋（楚瑜）主席在大陆也讲到，他不排斥两党的合并，透过合作，他不排斥两党的合并，同时合并之后名称还是中国国民党，我们很欢迎这种看法。

我们总是希望，这个机会应该让它能够持续的存在，大家来共同努力来走向这些目标。在目标完成之前，大家一定能够基于共同的理念，对于历史也好，对于人民也好，这种共同的责任，大家一定要紧密地合作在一起，不要被分化、被裂解，我相信，我们不至于幼稚到那种地步。"

采访将结束时，我问连先生："您夫人刚从大陆回来，此次观感如何？您去大陆的时候，北大送您的礼物，您带回来给老人家了吗？"

他笑着说："她前天回来。她几十年来都没去过，上次去（大陆）我们的印象都非常好。她在短短两个月里到大陆去了两次。她希望有机会再去看。大陆那么大，很多事情很多地方都还没有看过，我们对大陆的印象非常好。北京大学的礼物，我给母亲看了。我母亲已经96岁了，还是认得出来、还记得。"

采访结束后，我将《瞬间——中新社成立五十周年摄影作品集》赠送给连先生，他对其中的历史照片很感兴趣。

中国国民党主席连战在台北国民党中央党部接受中国新闻社记者专访。右一为张荣恭。（摄影：许晓青）

这次采访的长篇报道发出后，海内外许多媒体纷纷转载。张荣恭先生告诉我：连主席的这次谈话很重要，已经由国民党中央存档。

我和许晓青还感到高兴的是，这次采访，是自1949年后，大陆记者第一次在台湾的国民党中央党部采访国民党主席。

中国国民党主席连战在台北国民党中央党部接受
中国新闻社记者专访。（摄影：许晓青）

耿军向连战先生赠送《瞬间——中新社成立五十周年摄影作品集》。（摄影：许晓青）

我的独家报道：大陆赠台大熊猫

王玉燕

王玉燕：《联合报》大陆巡回特派员兼北京特派员。1988 年 2 月进入《联合报》，历任大陆新闻中心记者、大陆新闻中心召集人、大陆新闻中心副主任、大陆新闻中心主任。

2005 年，国民党主席连战访问大陆，与胡锦涛总书记进行世纪"胡连会"，基于两岸都是一家人，大陆赠予台湾一对大熊猫。如今，大熊猫团团、圆圆快乐地在木栅动物园生活着，第二代圆仔也长大了，每回我到木栅动物园看团、圆一家，心里喜滋滋的。因为，大陆要赠台大熊猫的新闻，当年《联合报》是全球独家，而这则新闻是我发的。

2005 年民进党执政时期，4 月下旬到 5 月中旬，台湾两大党主席连战、宋楚瑜先后访问大陆，进行和平之旅、搭桥之旅。对媒体来说，是一场硬碰硬的新闻战。与随团记者不同，我带着总编辑和主任的殷殷叮咛，先到北京"备战"。

我到北京当天晚上，获知大陆准备在连战来访时，借连战之名，送给台湾大熊猫。当时我听在耳中，不敢贸然发新闻；经过一天查证，确定大陆真的准备送这份大礼，于是发稿。这则新闻经过同事在后方"加工"，非常漂亮地在《联合报》一版呈现。

大熊猫新闻果然在台湾掀起热潮，我在北京乐在心头，不过，这份乐劲到了 4 月 29 日"胡连会"当天，出问题了。"胡连会"结束，连战记者会开完了，没有宣布大陆送大熊猫，我一下子傻了，同业、台北"家里"都在问：大熊猫呢？我心里真是十七八个水桶晃个不停，万一没送大熊猫，那我自己变成大熊猫算了，给报社丢脸啊。还好，连战到了上海，国民党秘书长林丰正透了口风，而我也确认，大陆会在连战离开上海时，宣布送大熊猫。总算到了5月3日，一早同业来电说："你的大熊猫送了！"我赶紧打开电视，"送大熊猫"字幕映入眼帘。哇，心情由谷底飞上云霄，比中乐透快乐千百倍。

附带一提的，国民党有大熊猫，不知打哪来的消息，说大陆要送给亲民党金丝猴。这回我可是淡定得很，因为我知道，根本没这回事，绝不随着小道消息起舞。

不过，团团、圆圆来台，还是经过一番波折。一直到2008年国民党执政，12月23日，圆圆、团团由成都双流机场飞抵台湾桃园机场，入住台北市立动物园。9年来，它们带给台湾民众无数欢乐。圆仔的出生、成长，更

圆仔吃东西。

圆仔在休息中的萌样。

圆仔站在妈妈圆圆身旁，好奇地向外看。

积累了众多的"仔粉"。

　　大熊猫是国宝，一般外国动物园，只能跟大陆租借大熊猫，生的熊猫仔归大陆，大熊猫租借到期，也要回归大陆。而大陆送大熊猫给台湾，且让它们的第二代在台湾"开枝散叶"，不只是展现大陆对台湾的善意与诚意，更是"两岸一家亲"的最佳体现啊。

我亲历了两岸新闻交流"最好的时代"

赵 博

赵博： 新华社港台部主任记者。毕业于中国人民大学新闻学院，曾参加两岸领导人会面、两岸"三通"、历次两岸两会会谈、2012—2016 年台湾地区领导人选举、历任国民党主席访问大陆、委员长视察港澳、港澳回归 15 周年、香港政改等重大报道。

仲春清晨，吉普车飞驰在合肥机场高速上。薄雾渐渐散去，公路两旁草木葱茏，叫人赏心悦目。我刚刚将台湾《旺报》和中天电视的三位同业顺利送过关闸，此刻靠坐在副驾椅背上，心情愉快。搭乘直航班机，他们不到中午即可抵达台北，至此，为期八天的"新华旺中'台胞在大陆'联合采访"活动圆满落幕。

这是新华社首度"操盘"两岸媒体联合采访项目。距离国社前辈范丽青报道"闽狮渔事件"打破大陆记者赴台采访"坚冰"，已经过去整整 26 年。都说记者总能最早探知社会风气，那么，从事两岸新闻报道的记者更如"竹外桃花三两枝"所吟诵，也许是这卅载台海上空的阴晴圆缺最为敏锐真切的体悟者。

何其有幸！我这个人行仅十余年的"新闻小兵"，赶上了两岸关系和平发展的重要时期，由此亲历了两岸新闻交流"最好的时代"。

从行走台湾离岛到见证两岸"三通"

2005 年，我从大学毕业，被新华社港台部录取。这一年，两岸新闻界发生一桩大事：新华社与《人民日报》无故遭民进党当局驱逐，被剥夺驻点采访资格。也在这一年，时任中国国民党主席连战先生率团来访。万众瞩目的"胡连会"发布五项共同愿景，对台海局势和两岸关系的发展产生了重大影响。

三年后，主张"一中"原则、反对"台独"的国民党重返执政。"冰冻"了数年的两家大陆央媒赴台驻点工作重新启动。我很幸运，于 2008 年 10 月至 12 月实现了入岛采访的梦想。

那是终生难忘的三个月。

在时任港台部采访室主任陈斌华的带领下，我们首先完成了"台湾离岛纪行"报道，大小金门、马祖南竿北竿、澎湖七美望安，还有绿岛、兰屿和龟山岛，风雨兼程走了个遍，播发了万余字的稿件和 50 多张图片。同行的还有《人民日报》驻台记者孙立极、姚晓敏两位老师。大陆记者能够如此畅通无阻地行走台湾离岛，在过去两岸关系剑拔弩张的时代，真是难以想象！

这些风光优美的离岛，在大陆居民赴台旅游尤其是"个人游"开放后，成为备受青睐的旅游目的地。有网站将我们的报道贴在主页上，还有"背包族"撰写攻略时摘引稿件内容，看到类似"盗用"，我总是很开心。这些不太像正经新闻的"软报道"也许恰是促成读者决定去对岸"走一走、看一看"的原因。

彼时台湾，有许多期盼我们重返宝岛、再续交流前缘的"蓝营"朋友和同业，也不乏思想顽固、言行粗鲁且对我们表现出深恶痛绝的"深绿"分子。

这犹如冰火交织的采访环境，折射在两岸两会台北会谈期间圆山大饭店周边连续数晚震天响的喊骂声以及晶华酒店门口"绿营"民众挥到鼻尖的拳头、呼啸而来的石子和矿泉水瓶里，弥漫在某些计程车司机一听说我来自大陆就横加指责、谩骂的尴尬空气里；也浓缩在为了陈水扁贪腐案蹲守特侦组大楼时不知名的摄像大哥递过来的冰镇柠檬茶里，呈现在赠台大熊猫团团、圆圆入住木栅动物园后如潮人群争睹两个小家伙憨态的空前盛况里。

最具成就感的事，当属见证了两岸空运直航、海运直航与直接通邮从签署协议到正式启动的全过程。11 月 4 日下午的签字仪式历时不过五分钟，却一举跨越两岸几十年隔绝不通的蹉跎岁月；12 月 15 日，两岸各个直航（直邮）点媒体云集，竞相报道"三通"梦圆。现场所有记者都在笑，在额手相庆。因为，我们这个同样长年往来海峡两岸的群体，对"截弯取直"

的渴盼丝毫不比台商台干们少。

　　常有同业说羡慕我的首次驻点经历，短短三个月竟遇上好几桩"大事件"。我更想说，值得怀念的还有掩埋在"大事件"光环下许多润物无声的人和事。在台海局势骤然解冻的时刻，这些人和事聚成了推动和平发展的力量，让身为记者的我有幸在此后的岁月里记录下一个两岸关系欣欣向荣的美好时代。

在报道中体悟"两岸命运共同体"

　　2015 年 5 月 4 日，中共十八大以来国共两党领导人第一次会面在人民大会堂举行。习近平总书记首次提出，国共两党和两岸双方应"携手建设两岸命运共同体"。半年后的"习马会"上，习总书记说："透过历史风云变幻，可以深切体会到，两岸是不可分割的命运共同体。民族强盛，是两岸同胞之福；民族弱乱，是两岸同胞之祸。实现中华民族伟大复兴，与两岸同胞前途命运息息相关。"这番话情深意长，对两岸命运共同体做出了最好的诠释。

　　回望两岸新闻报道生涯，我发现所有工作无不围绕并凸显着这个关键概念。

　　2008 年以来，两岸关系春暖花开，大交流、大合作、大发展局面渐次成形。我们这群从事两岸报道的记者犹如上足了发条的陀螺，奔波于各类论坛、展会、研讨会和专题采访之间。从中央领导人的重要讲话到专家学者的精辟见解，从经贸合作的翔实数据到产业融合的可喜成绩，从老一辈台商的打拼故事到台青创业历程，从惠台政策的施行细节到两岸同胞的"点赞"心声……我们认真记录、客观报道，并传播到海内外各个角落。

　　如果说，两岸新闻交流之门开启初期，记者报道的意义在于提供源源不断的信息，改变两岸因长期隔绝导致的"鸡犬相闻却老死不相往来"的境地；那么，今时今日的两岸新闻交流，最大意义就是捕捉两岸交流不断加深、民众感情日渐融洽的趋势，记录两岸同胞在携手建设命运共同体道路上不断相向而行的故事。

　　这从我跟随报道了十年的"全国台联台胞青年千人夏令营"可窥一斑。最初接手时，夏令营活动以游山玩水为主；随着大陆不断推出惠台政策，营员在学科深造、创业就业等方面的信息需求明显提升，主办方不断添加针对性内容，我的采访本上也记录下越来越多台湾青年"来大陆找未来"的精彩讲述。

近年来，新华社港台部接连策划了"新台商故事""台青创业记""台商与'一带一路'"等专题报道，充分动员分社资源，将采访触角从京沪苏闽粤延伸到中部地区、西南边陲，甚至青藏高原，发掘出许多鲜为人知的"创业经"。采访中，我们不止一次听到台胞朋友说"互利双赢是两岸百姓之福""两岸要携起手来赚世界的钱"……通过采访在事业单位就职的台湾青年，我们更真切地看到，和平发展作为一种制度和理论已经开始得到不少理性思考的台湾同胞的认同。

2016年10月至12月，我再次赴台驻点。面对民进党重新上台，大部分公开活动不适合发稿的情况，我与担任领队的港台部发稿中心主任李凯商量决定转向"软新闻"。经过细致采访和史籍核阅，我写下了《鹿港走笔：袅袅香火里的"两岸印记"》《台南走笔：古堡那头是故乡》《台湾孔庙：源流一脉中华情》等稿件，以两岸血脉相亲的事实对"台独史观"进行了无声驳斥。此次驻点采访环境比之八年前恶劣有加，我的内心却无比坚定。因为深知，只要朝向构建"两岸命运共同体"这个目标前行，就能做到"不畏浮云遮望眼"。

联合采访夯筑两岸同业情谊

人员往来是两岸交流的题中应有之义。对于新闻交流而言，这就意味着两岸"媒体人"的相识结交、友好互动。在我的手机通讯录里，存有50多位台湾记者的联系方式。他们当中很多人，都是通过参加由国台办和中国记协联合主办的"海峡两岸记者联合采访"认识并迅速熟悉起来的。

短短一至两周，辗转多地甚至多省，同吃同住同车、一起采访一起赶稿，如此亲密无间的"并肩战斗"经历，想不成为朋友都难！

犹记那年"西北行"，我们穿越了三个省份，风尘仆仆却收获颇丰。在敦煌莫高窟，两岸记者共同感慨要大力宣传，让更多台湾同胞认识这份中华文化瑰宝；在宁夏沙坡头，从没见过"麦草方格治沙"的台湾记者瞪大了眼睛，相机、摄像机拍个不停；在陕西杨凌农创园，我们又一同发出黄土高原如何培植台湾农作物的质疑；在祁连山深处，我们还与裕固族老乡一起欢乐地跳起广场舞……

尽管生长在不同的社会制度里，一样受过的新闻专业主义教育和全球化背景下越来越趋同的生活习惯，常常让我们觉得除了口音，彼此没有什么分别。聊到政治话题也不曾急红脸，"搁置争议、求同存异"已然成为默契。更有不少常驻大陆的台湾记者，看到我们日新月异的发展变化时真诚地竖起大拇指，遭遇某些社会阴暗面时也会理性看待，而不是以偏概全、乱下结论。

这些天，我读了有关台湾《自立晚报》两位前辈"破冰"采访的回忆文章。对比他们当年的谨慎防备和大陆接待单位的小心翼翼，今天的新闻交流显然开放许多、坦诚许多。这不正是两岸隔阂不断化解、情感日益加深的生动写照吗？

2017年4月，新华社首次组织两岸联合采访，我有幸从参与者变为名副其实的"主办方"。八天里，我们在武汉、合肥采访了五位颇具代表性的定居台胞。5月初，新华社通稿、社办报刊、新媒体平台和《旺报》、中时电子报、中天电视同步刊播报道成果，形成一股不小的舆论合力。

2017年4月6日，新华旺中联合采访团在湖北经济学院采访"对台引智"。（赵博摄）

活动期间，我顺利办理了摄像器材通关、涉外住宿预订，及在12036客户端用台胞证号购买高铁票等事宜，从中再次真切感受到两岸社会融合步伐是如此迅猛，和平发展带来的福祉是怎样惠及我们身边的每一个人。民心所向即大势所趋。肩负"妙手著文章"使命的我们，在这个荆棘难挡正途的伟大时代，除了竭尽所能为两岸携手共创民族复兴"鼓与呼"，还等什么呢？

我的驻台日记

叶青林

叶青林：东南卫视首席主持人、首席记者，大陆驻台记者联谊会秘书长，《海峡新干线》《台湾新闻脸》主持人，复旦大学中国研究院客座研究员，华中师范大学台湾与东亚研究中心研究员，《国际先驱导报》《两岸关系》杂志、观察者网、《人民日报海外版》等媒体专栏作者。

从 2008 年 12 月 18 日开始，每年在台湾半年，转眼间已经进入第九个半年。驻台工作已经成了生活的重心，这八年多的经历，有太多的故事，太多永远难以忘怀的记忆。作为第一批赴台驻点的地方媒体记者，在见证两岸关系和平发展非常重要的八年历史，也让自己成为两岸新闻交流的一部分，是新闻的采访者，历史记录者，也是新闻的当事人，在台湾工作生活的每一天，都是两岸新闻交流、两岸人民交流、两岸关系发展的一部分。翻一翻自己的驻台日记，赫然发现能让自己的新闻理想和家国情怀连在一起，是何其幸运。在两岸新闻交流 30 周年之际，我想选取我的几篇驻台日记，和大家分享大陆驻台记者在台湾的工作生活点滴，两岸记者在重大新闻报道中建立起来的深情厚谊。

赴台驻点第一天：有惊无险　温暖贴心

托运大包小包行李、准备好随身携带的采访设备、接受献花、和大家握手告别，2008 年 12 月 18 日中午，带着紧张兴奋的心情，我们终于登上了福州首航台北的厦门航空班机。尽管飞机上的时间很仓促，但是采访报道进展的还是很顺利。机组、乘客都超级配合，气氛也很融洽。在兴奋的"台北，我们来了"的叫声中，飞机降落在松山机场。报道完喷水洗尘等迎接仪式后赶到行李厅，就剩我们几个记者的行李没拿了。一清点，居然发现装话筒、电池、伴手礼的行李箱不见了，却多出一个跟我们的行李箱有几分相像的箱子，显然是被错拿了！在机场联络半天也没有结果，只好填完一大沓单子委托机场寻找。来接我们的 TVBS 的同仁一直在门口耐心地等我们处理行李遗失的申报，一个热烈的拥抱把焦急的心情扫去一大半，而兑换好的新台币、新的电话卡还有入住的房间全都已经准备好。晚上参观了 TVBS 的各个部门，看到大陆事务部已经帮我们准备好办公位，还特意把我的位置安排

赴台驻点出发。

赴台驻点 TVBS 同业前来接机。

在跟我同一天生日的佩芬旁边，翠芳已经提前帮我们领取采访证甚至最近的采访安排。之后又接到中天、东森、年代、《联合报》等记者朋友的电话，真有回家的感觉啊。晚上 8 点，接到一个从台中打来的电话，原来是错拿我们行李的乘客打开箱子才发现错了，还好里面有一张 TVBS 大陆新闻部的电话表。机场没找到的人竟然自己找上门来了。终于是有惊无险。这就是状况百出但又精彩贴心的台北第一天，或许这也预示着接下来的三个月也会精彩不断吧。

赴台驻点第二天：争分夺秒抢新闻

早上 7 点起床，送来的《中国时报》上已经登出我们到达的消息，还写了行李被错拿的插曲。TVBS 早新闻也播出了在机场迎接我们的采访。驻台记者要正式开始工作了，我有点点紧张，第一天的新闻到底做什么？一早到 TVBS 上班，在同行的帮助下，完成 23 号迎接大熊猫，27 号去花莲参加太平洋旅游节的报名手续，然后浏览各大报纸，进入 TVBS 网站梳理新闻，可直到中午还是没有合适线索。和后方编辑继续沟通后，决定去木栅动物园拍摄门口的熊猫商品热，突然接到通知：14 点整，长荣航空要召开"熊猫专机"筹备说明会。立刻兴奋起来，有料了！匆忙吃完饭赶到长荣总部，说明会很生动，觉得自己的报道也抓的不错，一盘算，时间点也控制得正好，编完正好可以赶上 TVBS 每天给我们的固定卫星传送时间。正得意首日任务圆满完成时，又接到通知，正在台北新光三越展出的德化白瓷展，所有参展艺术家 3 点半会集体亮相，咱福建自己的活动可不能错过。可是去拍，要耽误传片时间，不拍，肯定不行。赶紧给台北的合作单位连昌公司电话求援，派摄像支持。让一同驻台的摄像黄晟去传片子，我继续转战下一场。采访完，台湾摄影帅哥小欧飞车送我回到酒店处理今晚播出的稿件。然后又和小欧一起回公司完成陶瓷展的画面编辑。有"自己人"还真是方便。

驻台第三天：卫星连线　感受默契

今天的工作相对轻松，去长荣航空做了关于"熊猫专机"的补充报道，就前往连昌公司的摄影棚录制《海峡论坛》。接通卫星通道后，看到在福州东南卫视演播室里的主持人成洋和在忙碌着的同事们，还真有一点小激动，成洋一开口就说：叶青林，辛苦了，行李找回来了吗？简单两句家常，心里真是暖洋洋的。今天的录影，我和《中国时报》的张景为副总编辑是台北演播厅嘉宾，谈"三通"时代到来对两岸尤其是闽台交流的作用。录影进行得很顺利，也充分见证了台湾电视人分工明确、协作默契的工作氛围，导播、摄影、灯光、化妆和在福州演播室里的同事沟通配合起来也都非常顺畅，感觉就像在福州的演播室里录节目没有两样。也深深感受到东南卫视与台湾同行多年合作的默契。这些合作也不正是我们今天能够水到渠成到台驻点采访的一部分水流吗？

赴台驻点第四天：暖身暖心的汤圆

来台湾四天了，很多人都问我对台北感觉怎么样。我总觉得实在没有特别的感觉，因为一切看起来是那么的熟悉和亲切，何况还有那么多之前在大陆采访涉台活动时就早已熟识的台湾记者同行。在写这篇文章的时候，正吃着酒店经理送来的酒酿汤圆，因为今天是冬至，怕我们吃不到汤圆会想家，心情真的像热乎乎的汤圆一样的温暖。

驻台一周年：暖暖的"似曾相识"

这个年底，有本台湾青年写的书很红，叫《我们台湾这些年》。讲述的是30年来政治巨变下，台湾老百姓自己的事。作者说这是一个台湾青年写给大陆13亿同胞的一封家书。尽管我并不认识这位作者，但是读到这本书的时候却很是亲切，还逢人便推荐。或者是因为常年从事涉台新闻工作的职业病，但其实更多的是因为那一份"似曾相识"，很容易想起"我们驻台采访的这一年"。

作为首批大陆地方媒体驻台记者，扎扎实实地在台湾生活了三个月。放下新闻记者的使命，松开肩负新闻交流的责任，以一个久别亲人的视角，融入台湾老百姓的生活。就像我看这本书的感觉一样，会发现很多的不一样，但更多的是那份亲切的似曾相识。

很奇怪，最近经常碰到这样总让自己心里有暖暖感觉的"似曾相识"。这个冬天有一部在我驻台采访期间就在岛内很火的话剧即将火到大陆，叫《宝岛一村》，讲述的是1949年随蒋介石撤退到台湾的国民党军人和家属群居的眷村中发生的种种故事，在北京开新闻发布会的时候，看到那些在台湾人眼中是外省人，在大陆人眼里是台湾人的遭遇，尽管没有相同的生活经历，但依然打动现场每一位记者和大学生。导演赖声川说，因为这里面的血脉亲情能让两岸的观众都产生共鸣。

2017 年还有一出反映大陆改革开放 30 年的话剧《陪你看电视》，台湾的导演和编剧，两岸的演员共同演出，在台湾演出时的反响远远超出主创人员的预期，参演的两岸演员都很惊讶这样一个完全大陆的故事，台湾观众竟然完全看得懂。马英九先生的夫人周美青女士亲自购票观看后感慨，她看这个戏竟然没有一点陌生感，真高兴看到两岸文化交流已经到了这么密切的地步。

不久前，北京文博会上台湾馆也是人气最旺的场馆，大家看到五花八门的台湾文化创意产品，尤其是在台北故宫的展区前，总是有一种"意料之外又情理之中"的感觉，惊讶于台湾业者创意的同时，又发现这些创意又无处不体现着深厚的中华文化，这种情理之中的"似曾相识"就是像血脉一样无法割断的共同民族文化。

这份"似曾相识"就是交流的意义。作为文化情感交流一部分的新闻交流，自己能参与其中，于过去的一年来说，是莫大的荣幸；于今后，会是我生活的一部分，通过大家一点一滴的努力，相信不久的将来，这份"似曾相识"就会变成无法割舍的水乳交融。

2015 年 11 月 7 日："习马会"上的两个细节

今天在马英九记者会上提问后，很多同行给我打来电话祝贺，作为一名专门做涉台报道的记者，能在这样的历史时刻获得提问的机会，自己也很兴奋。其实今天的机会也是两岸新闻交流的成果，有两个细节想和大家分享。第一是在握手之前，大家从电视画面可以看到，500 多名记者挤在一个 600 多平方米的宴会厅里，前面一半还要留出来给领导人会面，所以后面不到 300 平方米，大家还带着摄像机、三脚架。尽管做了阶梯，但是前排记者还是会挡到后面的记者。大家没有推挤，大家用非常有意思的手段来提醒前排记者，希望他们把脚架不要架太高。一会儿是大家一起齐声喊：一、二、三，前排摄影大哥请把脚架放低一点，谢谢你！感恩！一会儿大家用有节奏性的鼓掌"啪啪，啪啪啪"让前面来听到。这个过程很有趣，因为这么多年的交流交往，在场的两岸记者平常私底下大多本来就是好朋友。我这次带去的摄像是第一次参加这种场合，很好奇问我为什么这么多人都和你熟。我说我在这行十年了，很多人都是长期跑这条线的，我们早都熟透了。

第二个细节大家可能没有注意到。如果有看电视直播，在张志军主任的发布会上，我是跟另外一位资深记者两个人同坐一张椅子的。因为我找到位子之后，发布会马上要开始的时候，台湾 TVBS 电视台的执行副总经理杨盛昱先生，也是我非常尊敬的一位媒体老前辈，他见证过 1993 年在新加坡的"汪辜会谈"，这次是专门飞过来一定要见证这个时刻，他跑过来跟我说：青林，我能不能跟你分享一张椅子。我一看到他，我说杨执副您坐您坐，我站起来就可以。他说不行，你要站起来我就不敢坐了，咱俩一起坐我才愿意坐。后来我俩半个多小时一起挤在一张椅子上。我说我们两个的关系就像两岸关系，同坐一张椅子，谁突然站起来那个椅子就会翻了，必须要保持平衡。杨执副也非常认同我的看法，说非常可惜，张主任那场没有叫到咱俩，咱俩本来就是这一次两岸领导人会面历史性成就的真正的实践者。昨天，我们很晚才到达会场，东森电视台一位资深驻大陆记者就跟我说："青林，明天会面的宴会厅一会儿就要清场了，你要去探营的话赶紧去。"我才没有错过。在香格里拉酒店大堂也碰到很多很熟的主播，像是 TVBS 的方念华、中天的卢秀芳、东森的黄伟瀚都很熟。大家互相采访，你需要我的看法，我也需要你的看法，真的是两岸记者互相扶持、互相帮助，共同出彩地完成了这个重要采访任务。

尽管在刚过去的这一年，两岸关系发生了波折，两岸官方交流冰封。但我的驻台工作生活还在继续，我的新闻采访依然忙碌，我和我的台湾媒体同行感情依然稳固，我周围的台湾的朋友也依然热情，所以我的驻台日记也一定会继续，两岸媒体人的新闻交流故事依然会继续精彩上演。

三十而立向前行

——记两岸新闻交流 30 年

林大法

林大法：台湾政治大学新闻传播学院硕士学历。历任台湾省警察广播电台记者、香港传讯电视主播、制作人，台湾 TVBS 香港特派员、资深政治记者、大陆新闻中心副主任、主任、新闻部经理、副总监。现任 TVBS 海外发展部总监。

人生有几个 30 年？

回想 30 年前，我 20 出头，还在部队当兵。对一个土生土长的台湾小孩来说，大陆是一片遥远而未知的"故土"。说是"故土"，因为从小念的书，不管语文、历史、地理，都说那 1142 万平方公里的"秋海棠"是我们的家园。中学开始要我们背诵各省的省会、气候、物产、交通，以后才不会陌生。后来听说我们背的"东北九省"早成了东三省，才知道我们背的地理早已成为历史。

后来再听说大陆，大概是 1984 年吧。我在世新念书，经常下着午后雷雨的一个下午，同学们昏昏欲睡。我们的导播学老师万道清教授，用他一口带着大陆地方口音的"国语"，语重心长、苦口婆心地对我们说："你们要好好用功呀！'光复'大陆之后，大陆有一两千家电视台都需要台长，你们要先把电视工程学好呀！"从此，万老师的课我不缺席，不打瞌睡，勤做笔记，发愤用功。

20 世纪 80 年代初，日本 NHK 和大陆 CCTV 合拍了《丝绸之路》纪录片，配上喜多郎的音乐，那是对"故国山河"的怀念；1987 年 9 月，台湾

《自立晚报》记者徐璐、李永得经日本前往大陆北京、杭州、广州、深圳和厦门等地采访；1989年中，台视开播了《八千里路云和月》，台湾民众开始有机会在小小的荧光幕上，看到了海峡对岸民众的生活。

1991年8月，新华社记者范丽青和中新社记者郭伟峰是第一批到台湾采访的大陆新闻工作者。当时他们来台采访"闽狮渔事件"，我则作为台湾警察广播电台的记者，追踪采访首次登台的两位大陆同业。

1993年3月，海峡两岸为了筹办首次的"汪辜会晤"，时任海基会副董事长兼秘书长邱进益先生将赴北京与海协会常务副会长唐树备先生进行先期磋商。当时因为"台湾省警察广播电台"隶属台湾省，所以身为警广记者的我比其他同业多了一道申请手续——我必须先赶到位于南投中兴新村的台湾省政府新闻处申请出境采访的批函。说这一段因为我也是第一：我是台湾第一个具"公务人员"身份，而且还是"警察人员"身份去大陆采访的记者。因为这样的身份，我那次在大陆采访期间，都必须说"警广记者林大法在北平报道"。"北平"，也是一个早已成为历史的地名。

也许是机缘。就在我第一次到大陆采访的半年之后，1993年9月，我从警广辞职，到当时还被台湾视为两岸第三地，而被外国人视为是进入中国跳板的"东方明珠"——香港，加入了筹备中，宣称"全球眼光、华人观点"的香港传讯电视（传讯电视开播时有中天及大地两个频道，分别是新闻及娱乐频道，后来几经改组，并于1999年3月将总部自香港迁到台北，并更名为中天电视台）担任新闻主播、论坛主持人及专题组制片人的工作。

在香港传讯电视工作期间，我经常自香港进入北京、深圳等地采访或旅行。因此，作为一个在香港工作、生活的台湾人，我跑的最多的政府机构不是台湾派驻在香港的"中华旅行社"或是光华新闻文化中心，而是大陆派驻在香港的新华社香港分社。生活中除了香港本地的同事，来自大陆各地到香港工作的朋友也越来越多。我比生活在台湾的同行有更多机会接触到来自大陆各地的官员及朋友，渐渐地比较能用换位思考（台湾称"同理心"）的方式来看各种问题。北京往来的朋友多了，不知从何开始，口头的惯用语也从在台湾常用的"没关系"变成了"没事儿"，"不错不错"变成了"还行"。

1999年底，台湾陷入2000年台湾地区领导人选举的政治热季。我结束了自1997年3月开始担任的TVBS香港特派员的任期，调回台北担任资深政治记者，开始主跑国民党候选人连战先生的竞选活动。陈水扁上台后，

2000 年底，我担任 TVBS 新闻部大陆新闻中心主持工作的副主任，负责规划大陆新闻采访及管理 TVBS 三个大陆记者站（北京、上海及福州。TVBS 于 1997 年获国台办批准，成为第一家在大陆主要城市设记者站的台湾新闻媒体）。那时，我也轮派北京驻点，国台办原主任助理、现任厦门大学新闻传播学院院长张铭清先生及现任北京联合大学台湾研究院院长李维一先生都是我在北京驻点时的国台办新闻发言人，他俩主持的新闻发布会时不时都会头一个点我起来提问。

在北京驻点期间，我开始有机会比较近距离的观察大陆民众的生活。我记得有一次在我们采访车的师傅家里吃饭，看到他家刷卡的电表觉得很新鲜。我们台北当时还是人工抄电表度数。另外有件记忆深刻但百感交集的事是：2003 年前后吧？北京长安街有一个商品房开出了一平米 6000 人民币的"高价"，当时身边的大陆朋友觉得真贵，我当时还做了"北京房价创新高"的新闻。可惜当时没有理财观念，如果当时懂得"众筹"在北京买个房，也许年过半百的我已经结束了"为五斗米折腰"的生活。

上面说的只是我作为一名新闻工作者，搭两岸新闻交流的顺风车的个人生活感触，而这仅仅是近 30 年岁月中的前 15 年。之后，大陆发展的速度就一年快过一年了。

总体来说，我个人认为：两岸新闻交流 30 年可以分为三个阶段：

第一个十年，是自 1987 年底到 1997 年底。这十年间，两岸民众开始有了有限度的接触，新闻媒体开始了"选择性的报道"。这里的"选择性"是指不全面的：不是所有媒体都有能力或意愿报道两岸或对岸的事件，有能力或意愿报道的媒体也有自身特定角度的选择。所以，这段期间的报道多半受到无形框架的限制。1997 年的香港回归，主权移交仪式中两面国旗的一降一升，也显示了一个时代的终结与另一个时代的开启。

第二个十年，是自 1997 年底到 2007 年底。这十年间，两岸关系进入一个转折与综合实力的消长阶段。2000 年台湾第一次的政党轮替，让两岸关系进入强化民间交流与媒体机构合作的阶段。虽然大陆在 90 年代末期已陆续准许台湾报社、电视机构在北京等城市驻点，但是台湾方面在 2001 年才开始开放五家大陆中央级媒体赴台驻点。2003 年的第一次台商上海春节包机，两岸媒体机构还是各做各的。2005 年的台商春节包机，两岸的电视媒体开始合作、分工，大陆的央视就与台湾 TVBS 在内的电视台跨海合作转播，2005 年 4 月，时任国民党主席连战访问大陆会见中共总书记胡锦涛的

"跨世纪的握手"或台湾说的"破冰之旅"、2006年初大陆宣布选定两只赠台大熊猫、2006年5月大陆开通青藏铁路等等，两岸电视媒体采取资源整合、共同策划、分工采访、内容互播的方式进行。每一次的合作案都要经几轮会议商讨细节。如前所述，这十年也是两岸经济成长出现消长的阶段。经济发展情况的改变，让台湾媒体机构更加重视成本投入与经济效益，而大陆方面则更加注重资源的整合与宣传的效果。

本文作者2002年于北京驻点采访期间，飞赴
上海独家专访时任海协会会长汪道涵。

第三个十年，则是自2007年底进入台湾第二次政党轮替至今。这十年的变化是两岸政经实力的消长更加明显，两岸媒体机构进入资源整合内容合作的高峰后，进入融媒体时代的各自发展。

由于2000年台湾的政党轮替，接近八年的时间，两岸官方授权的海基海协两会没有协商的政治基础，两岸交流全部集中在民间的组织及团体。2008年3月，在北京奥运的五个月前，台湾再次出现政党轮替，马英九代表国民党参选赢得"大选"，两岸间再次在"九二共识"的政治基础上恢复官方接触及协商，两岸媒体合作进入新高峰。2008年9月，大陆发射神舟七号太空飞船，TVBS接受中央电视台邀请，派主播方念华到北京参加央视新闻频道的神舟七号发射特别节目的现场直播，另派一组记者到酒泉卫星发射中心现场采访报道神七发射情况。TVBS记者不仅是第一位到酒泉卫星发射中心采访的台湾记者，也是第一位前往采访的境外记者。2009年5月，大陆央视组成庞大的采访团，应TVBS邀请到台湾进行长达三个礼拜的《直播台湾》现场卫星联机直播，每天中午在 CCTV 中文国际频道，每天半小时，一天一个城市，介绍台湾各地的风土民情、特产及两岸亲情。当时创下的赴台人数最多、停留时间最长的纪录至今未被打破。筹备期间，我率TVBS 同仁分赴台湾各县市，不分蓝绿，沟通央视直播的细节，很多情境至今仍历历在目。而随着两岸民间交流的全面开放，大陆民众赴台观光的热潮，双方官方接触的渐次普遍，每月都有大陆各省领导率团来台交流、采购，两岸各式各样交流互动的新闻登上各报版面，攻占新闻频道的重要时段。遇有重大突发事件，两岸零时差跨地域直播进入常态。

2009 年 TVBS 与央视中文国际频道、福建广电集团在台进行《直播台湾》。
三方参与直播人员（部分）合影。本文作者为最后一排中间着西装戴墨镜者。

2013 年 4 月，央视首开全球创举，克服万难，大队人马开往巴西，进行珍贵的《探潮亚马逊》直播，唤起世人对环境生态的珍视。TVBS 也获得央视邀请派遣三名记者随央视大队人马奔赴巴西，通过央视的卫星直播设备，为 TVBS 的全球观众呈现出亚马逊热带雨林的神秘诱人。

2016 年台湾又一次政党轮替，两岸官方交流互动在缺乏"九二共识"为基础的情况下，又陷入另一次的僵局。

回顾过去这 30 年的两岸新闻交流，媒体为两岸民众搭建了相互认识、交流的桥梁。随着传播科技的日新月异，随着传统媒体向新媒体融合过度，两岸媒体在不同区域的法规限制下各自发展，但也可以继续努力成为两岸民众情感及思想"融合"的平台。

从"张王会""张夏会"
到"习马会"

蓝孝威

蓝孝威：英国谢菲尔德大学政治传播硕士，曾任"中广"新闻记者、《联合报》大陆中心记者、中天新闻大陆中心记者、《中国时报》政治两岸中心大陆组副主任。

在马英九执政的八年中，两岸关系突飞猛进。从国台办主任与台陆委会主委王郁琦、夏立言的会面，一直到习近平、马英九的历史性握手，我都有幸参与采访，在现场见证历史的上演。

2014年2月11至14日，王郁琦率团赴大陆访问南京、上海。上午10时39分降落南京禄口机场，当时还是寒冷的二月天，王郁琦穿着大衣踏出机舱、迈出历史的脚步，国台办副主任陈元丰接机，热情欢迎。陈王握手后，王郁琦一行随即经由贵宾通道，搭乘座车离开机场，前往下榻的紫金山庄。

王郁琦11日下午2时与大陆国台办主任张志军在南京紫金山庄会议中心会面并交换意见，进行众所瞩目的"张王会"。这是两岸1949年以来首次的官方访问、主管两岸事务主管交流，备受瞩目。

虽说是第一次"张王会"，但二人也非第一次碰面。前一年2013年10月印度尼西亚峇里岛的APEC会议，各自随团出访的张志军和王郁琦在会场不期而遇，短暂见面、相互寒暄，双方同意两岸事务负责人应定期互访。

就是这个口头约定，让张王二人在短短四个月后真的正式见面，成为陆委会与国台办成立20多年后，两位首次正式会面的"两岸事务最高领导机构负责人"。

12日上午王郁琦一行拜谒南京中山陵，并发表祭文。值得一提的是，花圈署名写着"大陆委员会主任委员"王郁琦暨全体同仁敬献；王郁琦在博爱广场致辞时，提到海峡双方应当正视两岸的现实，务实的面对问题、解决问题。

中山陵是孙中山陵墓，近年台湾地区多位政坛人士到大陆交流，都会去中山陵谒灵，如2005年3月江丙坤、4月27日连战、5月7日宋楚瑜、2008年5月27日吴伯雄等。

当月12日下午，王郁琦则在南京大学为两岸青年交流，以"一诚天下动"为题进行演讲，传递台湾"自由、民主、多元"的主流价值，期盼两岸青年学子多交流，用诚意抚平两岸历史隔阂，让两岸和平共处成为可能实现的理想。

事实上，不管是王郁琦个人或是台湾，都和南京大学渊源深厚。例如王郁琦学生时代和南京大学打过辩论赛，台湾的许多名人，包括被誉为台湾地区科技之父的李国鼎、《中国时报》创报人余纪忠、台湾农业发展重要推手蒋彦士、哲学家方东美、著名诗人余光中、著名学者胡佛、王作荣、楚崧秋等人，均对台湾发展具有重要贡献。

演讲中，王郁琦主动谈到从政的心情，表示台湾地区的言论"高度自由"，"记者无所不在、媒体无所不报、名嘴无所不知"，加上"立委"的充分监督，在台湾担任官员的确很辛苦，"但这正是民主的核心价值，民主虽不完美也有缺陷，但台湾官员因此不敢滥权舞弊，这正是我们引以为傲的生活方式"。

王郁琦直指两岸的根本差异，并举两岸正在商谈的互设办事处为例表示，双方应异中求同。他重申，海基会派遣人员应当可探视在大陆人身自由受限的台湾民众，"这是基于人道关怀，符合普世价值，更是台湾社会的共同期待。"

在问答互动环节，一名历史系同学想不通，为何台湾高中历史课纲更动会引起争议？王郁琦表示，因为台湾地区是多元意见的社会，每一个人的意见都可以被讨论，一般民众不因为是在野政党，就不能表达意见。

王郁琦说，台湾地区是民主社会存在不同意见，习惯经由讨论和争议达成共识，"你的不解，主因是对台湾的意见冲突感到不安，因为和谐相处不是挺好吗？你的不解，对台湾而言是稀松平常的，有机会请多了解台湾。"

结束南京行程，王郁琦13日转赴上海，除了赴上海社科院，与上海重要智库学者专家座谈、参访上海广播电视台外，晚间国台办与陆委会一行于著名和平饭店进行闭门茶叙。

和平饭店位于上海黄浦江畔，所在的外滩热闹非凡、游人如织。1998年，海协会长汪道涵与海基会董事长辜振甫，正是在和平饭店顶层16楼会晤；时隔16年，景色依旧，人事已非。黄浦江畔依旧潮起潮落，但汪辜二老俱往矣，换成张王二人在此聚首。

张王在茶叙中，就"习马会"议题短暂交换意见。当张志军提出后，王郁琦也响应，希望在APEC的场合来进行两岸领导人相关的会面，"但是大陆也表达既有立场，表达在APEC并不适合"。至此"习马会"仍处只闻楼梯响的阶段。

第二次采访两岸事务首长会议，是2015年10月13至15日的"张夏会"。陆委会主委夏立言赴广东、深圳参访，并与张志军见面。

2015年10月13日，国台办主任张志军与台陆委会主任
夏立言，在会谈前握手。（蓝孝威摄）

"张夏会"于10月14日在广州东方宾馆举行。由于来年1月台湾就要进行地区领导人选举，民进党候选人各种民调和指标均处领先状态，而国民党阵营则陷入苦战，两岸关系也进入"对未来有高度不确定感"的预期心理。

当时张夏二人都发出意有所指的呼吁。张志军强调，当前两岸关系处于重要节点，应坚持"九二共识"、反对"台独"的共同政治立场；夏立言则说，当前绝大多数台湾民众希望维持和平繁荣的台海现状，并继续展开"两岸制度化协商"及"官方互动"。

这次"张夏会"，不仅是夏立言接任陆委会主委会首次访问中国，也成为 2016 台湾地区领导人选举前后，两岸最后一次事务首长正式会谈。

采访"张夏会"的两岸媒体。（蓝孝威摄）

当时令媒体意想不到的是，张夏二人在 14 日的珠江夜游时，双方对"习马会"碰撞出火花，但对媒体守口如瓶。在当晚的游船上，官方刻意阻绝记者上船，仅少数工作人员随同。约一个小时时间，迎着秋天还有些燥热的晚风，张夏在游船的露天甲板上畅所欲言。

张志军当晚主动提起"习马会"，夏立言主张可在菲律宾 APEC 的场合会面，但张志军认为国际场合不适宜，夏立言又建议可在"汪辜会谈"举行的新加坡举行，张志军表示可带回去报告。

经领导研究，半个月后，11 月 3 日深夜，"习马会"7 日将在新加坡举行的消息震撼国际。

两岸分离 66 年，历经炮战、对抗、冷战、互不往来的年代，两岸领导人终于要会面，地点在新加坡香格里拉酒店。马英九和习近平握手长达 80 秒，后来应媒体要求，两人挥手 25 秒，期间闪光灯和快门声从没停过。

7 日下午 2 点 59 分，习近平与马英九分别系着红色及蓝色领带，从右、左两侧走进"Island Ballroom"会场，两人先是面对面微笑握手，互道几声"你好"，之后就共同转向媒体接受拍照。

由于现场挤进好几百名记者，习近平与马英九配合记者拍照，两人默契十足。

过了 80 秒后，习近平举起右手，马英九举起左手，向媒体镜头挥手微笑。

在 105 秒的握手加挥手中，习近平则显得内敛而含蓄，抿着嘴微笑。马英九始终保持灿烂的笑容，露出洁白的牙齿。

"习马会"堪称两岸分离 66 年来，双方领导人首度会面，两岸关系和平发展迈入新的里程碑。这件两岸大事，吸引两岸和全球媒体高度瞩目，据国台办统计，有 600 多名中外记者报名采访，香格里拉大酒店陆续有媒体进驻。

采访"习马会"的媒体在新加坡香格里拉酒店挤得水泄不通。（蓝孝威摄）

以台湾为例，中天电视和"中视"出动多组记者，并出动当家主播卢秀芳赴新加坡采访。由于事前得知习近平访问新加坡，央视"租光"了新加坡的卫星设备，许多台湾电视台还自己扛了卫星传输设备至新加坡。

除了两岸媒体，外媒也没有缺席。西方媒体如 CNN、BBC，不仅出动驻新加坡记者，还有驻北京记者飞来新加坡采访；日本媒体《读卖新闻》调动台北、北京、广州等三位记者飞到新加坡，《朝日新闻》更是大阵仗，来自中国台北、中国北京、日本东京、新加坡的记者，组成五人采访团队。

"习马会"不仅是两岸间的大新闻，也是新加坡当地媒体的关注焦点。新加坡当地最大华文报纸《联合早报》，6 日在原本的 A 落新闻外，还加印了一张"报衣"，由中国工商银行、太平船务等公司分别买下四版广告，欢迎习近平抵星访问，相当引人瞩目。

2008 年至 2016 年，在马英九执政期间，"习马会"将两岸关系推上最高潮。但随后继任的民进党上台之后，两岸关系立即下跌。

作为曾经见证两岸关系荣景的第一线记者，我衷心期盼，两岸关系能尽早拨云见日。

蔡英文执政一周年　我在台湾做街采

鲁子奇

鲁子奇：北大中文系硕士毕业，中央电视台中文国际频道《海峡两岸》栏目记者、编导，赴台湾驻点，采访两岸交流活动，报道台湾社会生活、文化、经济等方面的新闻。曾任中央电视台发展研究中心研究员。

在台湾街头，随机拦下路人做采访，真是件让人头大的事。我操着口北京话，一听便知是大陆媒体人，台湾人会不会反感？问的又是政治议题、两岸焦点，人家会不会顾虑重重、躲到老远？调换角色来看，自问若是我走在北京街头，面对陌生人的镜头，又有多大可能吐露心声？听说台湾有极端"独立"人士，会不会直接动手打我……

这是 2017 年春天，我第一次到台湾驻点。即便心里直打鼓，还是决定硬着头皮上。因我真的想知道，蔡英文执政一周年，台湾普通人，尤其是青年人，心里到底怎么想。而当我开口和第一个陌生台湾青年攀谈时，之前的顾虑烟消云散。

一、"访问就这样播出来吗？"

出乎意料，被我搭讪的台湾青年人，愿意停下谈谈的，超过了八成。即便是在桃园机场，行色匆匆，竟然也有七成愿意简单讲讲。在台湾大学校园里，甚至有好几位，一再担心自己在镜头前表现不够好："这段访问就这样播出来吗？""啊，我说得不是太好！""天哪，我现在这个状态没有问题吧?"

我特意用了迷你麦克风和 gopro 摄像机,没用传统的大摄像机和手持话筒。也许这种形式,看上去很像拿着自拍杆网络直播,和年轻人距离拉近不少。不过,更重要的沟通技巧是:别拿自己当外人。不要用外来者的立场去沟通、去提问,而是应该站在台湾社会里,把自己当其中一员,以这样的态度告诉受访者,你不是来窥探他们,而是想分享感受。

2017 年在台中彰化采访当地传统肉粽制作。

操作起来,方法是循序渐进,先问问对方大致情况:上班还是上学、做什么领域,再问社会问题,最后问政治议题。事实证明,许多人并非不愿意谈,而是面对陌生人和镜头(哪怕是微型镜头),需要时间来放松,进而打开话匣子。而记者,也需要通过交谈,找到采访对象的兴奋点。

另外就是,不要太在意被"拒绝",拒绝采访的人要么是对方对这些问题真没啥想法,要么是性格内向或者赶时间。我所遇到的大部分人,都非常和善,就算拒绝也带着深深的抱歉。而且这只是少数,多数都说说笑笑聊了起来。

一旦双方都进入状态,我发现,台湾的年轻一代,大多心态非常开放。不信?来听听他们的想法吧。

二、"上次我去杭州,真的惊呆了!"

台湾人到底怎么看我们?大陆观众恐怕是迫不及待地想知道。

在我采访到的台湾青年里，几乎是无一例外，都谈道：大陆经济高速发展、基础设施建设速度之快让他们震撼。

当被问到"你对大陆有什么印象？"回答的高频语句是："大陆这几年真的发展很快""硬件设施没的说""经济很棒"，语气是感叹式。还不只年轻人，这其实是台湾各个年龄层的普遍看法。有位开出租车的 50 多岁大叔，甚至好奇地问我："大陆人是怎么富裕起来的？"听我讲改革开放，听得津津有味。在桃园机场，一位台湾青年，对还没到过的目的地温州，心理预期也是："硬件设施应该很好"。

受访时，还有几位已经工作的年轻人，表示到过大陆："上次我去杭州，真的是惊呆了，硬件发展同时软件发展也很快，我走在路上，车子都会让人！"

这样的采访结果，看上去简直像是刻意筛选，其实全部都是客观事实。

前几年，网络上一则台湾"名嘴"说大陆人"吃不起茶叶蛋"的视频，至今还让人记忆犹新。但事实是，台湾不少普通人对大陆的经济进步乃至人民修养提升，不吝赞美。一方面，这当然是因为大陆全方位崛起，不容任何人忽视；而另一方面，其实也可见，台湾普通民众的心胸——他们在赞美同时，心中其实别有一番滋味。

三、"想看看，为什么人家做得比我们好"

"亚洲四小龙"时代的辉煌，常常被台湾人追忆。

"这一带，以前全是代工厂，当时台湾但凡是愿意干活的，都能迅速致富。"有位大叔一边讲一边指，带着自豪和惋惜。20 世纪八九十年代，台湾占据地利、迅速发展起来，而彼时大陆刚刚迈向市场经济。我遇到十几位大陆配偶，是在 20 多年前来台湾，他们都谈到当初两岸经济差距。

今天，情形全部倒转。尤其是，大陆占据了互联网这块高地，连人工智能也被认为仅次于美国。在台湾，许多人向我提到了手机支付、淘宝、乃至于刚刚兴起的共享单车。站在大陆的立场，对于这些正向评价，大约无法不沾沾自喜。但同时，是不是也应该看到，从优势变劣势，台湾民众的平和心态真值得我们赞赏。

台湾大学一位女生说："我会去大陆，因为总想看看，为什么人家比我们做得好。"大方承认别人的优势，代表具有学习、调整的动力，反观我们自己，是不是有时候太过自满、太过于飘飘然了呢？

四、"维持现状"？"蔡英文激怒大陆"？

街头采访的结论很清晰：台湾青年愿意来大陆发展。但蔡英文上台后，却竭尽全力要远离大陆。她就任一周年的民意调查显示，青年人从原先最支持她的人群，变成了各年龄段中不满最多的。这与两岸政策，有多大关系？

答案两极化。

我问一位台湾青年："以蔡英文现在的两岸政策，你是否希望她未来有所突破？"我的"突破"，指蔡英文回到"九二共识"。但这位青年却回答："我不希望她有什么突破，那会引发两岸的冲突，我希望就这样维持现状就好"。显然，他理解的"突破"是指谋求"独立"。这一年两岸急剧冰冻，对他而言，并无感觉。

在台南，一位地方党派人士告诉我，这里70%的水果以前都依靠大陆市场，蔡英文上台后损失很大。而台湾当局的数据也显示，2016年，台湾出口市场排第一的是大陆，占总量的40%（排第二的东南亚十国加起来才18%），而台湾对大陆贸易顺差有670亿美元。2017年一季度，大陆游客赴台人次减少40%，旅游业断崖式下滑。然而，相当一部分青年人，对这些并无太大感觉，许多受访者都希望"维持现状"，他们还并不知道"现状"已然改变。

另一部分人，对目前的两岸现状极度不满。一位火锅店店长说："以前我们的客人以陆客为主，现在生意很惨。"一位很关注政治的学生，甚至谈到了2017年台湾未能参加世界卫生大会，主要是因为："蔡英文并没有搞好两岸关系，反而是激怒了大陆，导致我们健康利益受损。"类似声音，多数来自于关注政治，或者年岁偏大的、已经工作的人。

五、"年轻人薪水太低"

如果说，两岸关系"冰冻效应"，还有待显现。那么是什么让年轻人对蔡英文的耐心消磨殆尽？答案全部指向：低薪。

台湾当局公布的数据显示，2017年第一季度，台湾经常性薪资，刨除通货膨胀影响，还不如2000年高。街头采访中，被问"对蔡英文执政有什么不满",几乎没有犹豫的回答就是:"年轻人薪水太低""年轻人不好找工作"。和昔日经济蓬勃的荣景相比,这种落差更明显。有一位年轻人说:"现在和过去不一样,现在如果想要创业,除非有相当出色的主意,否则很难。"这种焦虑,也渗入到代际压力之中。有一位台湾学生很激动地说:"现在的长辈,总是说我们太娇气、没有毅力,但是麻烦想想,我们现在面临的环境是怎么样的?我们现在的薪水比他们当时还低!"

与这互为因果的现实就是,台湾经济发展停滞。在街头采访中,这也一再被提到,当问到"对蔡英文有什么期待",不少年轻人脱口而出:"经济好一点吧"。台湾只有 2300 万左右的人口,内部市场不够大。因此在北京召开"一带一路"峰会时,台湾各大媒体高度关注,连篇累牍报道,其中隐含的担忧是:台湾这一次如果再被落下,经济何时才有起色?

六、"'一带一路'是我的机会"

在这种情况下,大陆对台湾青年而言是一个机会。

无论学什么专业、从事什么职业,当我问台湾青年:"想不想去大陆发展?"受访者中几乎没有任何一个人表示拒绝,好多位已经有明确计划:

"我本学期就要到上海交大交流学习,选了一个与创业有关的课程,和一个中国当代社会课程。"

"我是学农学的,我上次遇到一个广西农场主,他说他的农场,有半个台北这么大。"

"大陆基础设施建设很多,我是学土木工程的,应该会有机会。"

"我是学旅游的,这学期要去大陆,跟导师做一个关于旅游的研究项目。"

甚至有人提到了"一带一路":"我是学企业营销这一块,'一带一路'已经小有所成,依靠这样一个市场,我相信会有好的发展。"

哪怕是大学本科一年级,对未来比较迷茫的青年,也模模糊糊地知道,去大陆交流或者工作,似乎是很不错的选择。

在桃园机场有好几位,就是返回大陆继续工作的,有做烘焙的,也有做电子器件的。他们谈的问题更深入,希望台湾人在大陆待遇更好、生活更方便。有一位大叔甚至直言:"干嘛弄台胞证那么麻烦,仿照身份证一样不就好了?"

当下，经济和就业的吸引力，几乎可以取代千言万语。从事对台报道的人，可能都走访过大陆各个省市的"台湾青年创业创新基地"。从需求来说，是恰逢其时，接下来就看如何真正落地并形成规模。

西门町、台湾大学、信义区、桃园机场，四个街采地点，将近100个随机受访人。我将以上这些观点，压缩到了一分半的电视新闻里。作为主流媒体，我们呈现的内容，有时候会被怀疑是"选择过"或者找了"托儿"。但我所讲，都是扎扎实实的客观情况——面对大陆媒体人，这些台湾青年不"护短"，不介意谈自己的缺点，更不介意公开表达观念。

不过，我也理解这种"怀疑"，因为即便两岸开放交流几十年，还是有许多大陆观众没有到过台湾，不熟悉台湾人。而通过网络，观点容易被扭曲，而扭曲带来距离，距离带来误解，误解产生抗拒。

如何消除它们？一个途径就是：公共媒体要不断呈现事实。放下顾忌、投入街采，原先的疑虑马上烟消云散，这让我这个媒体人，也亲身体会到了，沟通的力量。

第三章

综　述

新闻研讨会的起始与举办

柏亢宾

柏亢宾： 中华全国新闻工作者协会台港澳办公室原主任。先后就职于《东北日报》社、《中国报道》杂志社，是海峡两岸及港澳新闻研讨会的发起人之一。

说起海峡两岸及港澳新闻研讨会的起始，得先说说楚崧秋先生。他是台湾新闻界翘楚，一心推动两岸新闻交流的先锋。不幸，楚公于去年3月驾鹤西行，享年98岁。我们相识25载，往事历历若隐若现。

1992年9月5日，18名大陆记者受海基会邀请赴台采访，启开了海峡两岸新闻双向交流的大门。9月9日台湾"中国新闻学会"理事长楚崧秋为大陆记者团举行"两岸新闻同业联谊餐会"。他说，新闻界在两岸交流的大道上"背负着最为积极而沉重的责任"，彼此应"坦诚朴实，互敬互重"诚意善良地交往。大陆记者团团长翟象乾说，海峡两岸新闻双向交流的大门打开了就不能关上。餐毕，楚先生想托我带一件东西到北京。在我离台的前一天，他来到我住的房间给我以台湾"中央大学校友会"会长名誉为高等院校校友会"北京海外联谊会"五周年题词："以学术报效邦国，以友情融弥疏隔，以民族大义追求中国人的尊荣"。听过他在餐会上的讲话，看了他的题词，我钦佩先生的民族大义。随之我们谈起两岸新闻交流事宜。他说，你是记者团的副团长又在中国记协供事，希望两岸新闻界的往来不要中断。我说，中国记协是为全国新闻界服务的团体，也是与海外媒体沟通的桥梁和纽带。在两岸记者增多异地采访的同时，希望为两岸新闻界高层人士交流提供一些机会。我们两个新闻团体最好每年能够组织一两次互访。楚先生说那当然好了，要是有实务观摩或学术研讨性质的接触就更好了。接着我们谈起以学术交流方式举办新闻研讨会，交流各自的新闻运作、经营方式、媒体的社会作用，还谈到会议形式以及与会人员的资历限定等。彼此越谈思路越靠近，心往一处想。我们想到了邀请香港新闻同业参加。楚先生说第一次会议最好在香港召开。我同意，以后承办地点轮换。虽然这是我与楚先生第二次接触，但是相互敞开心扉，坦诚善意地传递了两岸新闻界高层迫切沟通的心声，交流了同业间相聚切磋的设想。先生年过七旬，思维前瞻，为推动两岸新闻交流，真诚、热心的精神令我景仰。同楚先生交谈的内容，我返京后向中国记协书记处做了汇报。记协领导很重视，让我尽快回复楚先生，希望以学术研讨形式开展新闻界高层人士交流。同年 10 月楚先生回信倡议举办"两岸三地"新闻研讨会。中国记协领导原则同意，同时指定我继续与楚先生联系，并参与相关事宜。

1993 年春，楚崧秋先生应中国记协邀请来京做客。记协副主席李彦、书记处书记唐非与楚先生就两岸新闻研讨会的相关问题深入地交换了意见，认定这是中国新闻人的盛事，要排除干扰努力促成。午宴我为楚先生安排有他家乡风味的湖南饭馆。席间主人不时地为楚先生挟菜。我说，您不怕辣多吃点。楚先生笑了说，谢谢你们的好意，我是湖南湘潭人，和毛泽东先生是同乡，可是比不上毛先生，我怕辣，吃不了辣椒啊。宾主的笑声烘托了餐桌上的亲情气氛，增添了乡愁的话题。楚先生抵台后电告我。他离京返台途中落地香港，将中国记协领导人与他会晤的情况与香港新闻行政人员协会主席、《成报》副总编辑杨金权，副主席《大公报》总编辑曾德成做了通报，邀请香港新闻同业参与并举办首届"两岸三地"新闻研讨会。二位主席积极响应愿意为此作出努力。随后他又拜见了新华社香港分社社长周南，希望得到在香港举办新闻研讨会的支持，周南社长欣然赞许。

不久，曾德成先生来北京同我商议首届研讨会议程和细节，并确定请杨金权先生主持和运作会议的各项事宜。5 月上旬，我赴港与楚先生再次会晤，并同香港新闻行政人员协会执委共商研讨会宗旨、议程及多项细节等问题。我建议会议名称"两岸三地"不如用"海峡两岸与香港新闻研讨会"更清楚，大家赞同。有人建议将"与"换成"暨"，香港协会执委认为"暨"字不妥，有附属的感觉。经过一再斟酌决定用"及"，沿用至今。虽然"三地"的新闻体制有差异，但是新闻传媒界高层人士与学者专家相聚却是破天荒的大事情。楚先生一再表示，都是自己的事情，大家商量着办。

我们顺利地取得多项共识。例如每届筹委会人员组成、与会者资历、会场无"旗""歌""徽"，论文不攻击他方、不涉及政治敏感等问题。

第一届海峡两岸及香港新闻研讨会于 1993 年 11 月 24 日至 26 日在香港会展中心举行。23 日晚东道主为来宾接风。杨金权先生用广东韵的"普通话"致辞，笑声不断，消除了宾客间生疏寡言的僵局，为晚宴增添了亲切、浓厚的地域风情。席间为楚先生敬酒的亲朋故友称他"楚公"，这是对长者亲切、至高的尊称。我也易樽致谢，为劳心劳力的楚公祝酒。

翌日上午首届海峡两岸及香港新闻研讨会开幕。主礼嘉宾是资深报人查良镛博士。他说我们新闻工作者有着共同的理想和热诚，共同的爱好和经验，共同的社会责任，共同的历史文化传统和文字语言。"三地同业，皆兄弟也"，希望彼此尊重各地不同的社会制度、办事方式和生活习惯。他热情洋溢的致辞缩短了闻者的感情距离，颇受称赞。首届研讨主题：1. 大陆、台湾及香港传播事业的发展概况；2. 新闻传播在推动大陆、台湾与香港经贸发展中所扮演的角色；3. 传媒的经营和管理；4. 电脑在中文传媒的应用和发展；5. 新闻专业人才的培训和交流。与会者 60 多人，宣读论文 16 篇。大家本着相互尊重的情感，畅所欲言，各抒己见。在告别酒会上，众人高歌翩跹起舞。台湾《新闻境》周刊社社长欧阳醇，不顾年迈，激情满怀地用乡音演唱"莲花落"《上海大世界》，韵味十足感人至深。我和楚公分别时，他握着我的手说："国人大义、民族情深有了好的起始，后果可观啊！"。

1994 年 9 月，第二届海峡两岸及香港新闻研讨会由中国记协主办。我是本届筹委，征得台港筹委同意在三峡游船上举办研讨会。17 日于江城武汉开幕。中国记协主席吴冷西在书面致辞中称，新闻舆论承担着高尚的社会责任和历史使命。在祖国统一事业中有许多事情可以做。大家会各尽所能为实现统一大业做更多贡献。楚公说，我未见过吴冷西先生，可是久闻大名。我同意中国新闻人要为统一大业做贡献，绝不赞成把台湾从中国的版图上划出去。

武汉长江日报社为我们承包了长江轮船总公司的"巴山号"客轮逆流而上，进入风景区，会议暂停，人们踏上甲板饱览上下天光；客轮行驶到旅游胜地，停泊登陆欣赏名胜古迹。尤其换乘小舟在遐迩闻名的"小三峡神农溪"漂流，体会李白"两岸猿声啼不住，轻舟已过万重山"、杜甫"无边落木萧萧下，不尽长江滚滚来"的诗情画意。9 月 22 日是我们在船上的最后一天。香港电视广播有限公司总经理助理黄应士不时地端起相机，忽而对准奇峰壁立的名山，忽而端详幽深秀丽的美景。他说："我的锦绣山河影集就要完成了"。我注意到楚公不时地向舱外瞻望，便跑过去问"您在找什么?"他说："我什么也不找，就是要多看几眼山山水水……"行程五日，与会者朝夕相处，倾盖如故，增进了友谊，加深了感情。新华社新闻研究所所长文有仁拉着台湾《新生报》副社长周光斗的手兴奋地告诉我，他们是湖北襄樊同乡还是中学校友。台湾文化大学传播学院院长马骥伸，在游船中秋联欢会上即席赋诗："夕辞武汉掌声间，新闻经验互往还，两岸亲情涌不住，岁岁中秋忆巴山。"9 月 23 日会议于山城重庆闭幕。研讨主题：1. 怎样增强新闻媒介的可读、可视和可听性；2. 通讯科技的发展对新闻传媒的影响；3. 新闻媒体如何为市场经济服务。宣读论文九篇。与会者及嘉宾夫人共计百人。

第三届海峡两岸及香港新闻研讨会应于 1995 年由台湾"中国新闻学会"主办。可是台湾当局领导人李登辉访美大肆宣扬"台独"言论，搅乱了两岸的正常交流。研讨会推迟于次年 12 月 17 日至 20 日在台北举办。大陆新闻团 14 人，中国记协原副主席李彦为顾问，团长王哲人是记协书记处书记，副团长徐学江是新华社副总编辑，团员为中央和省市新闻单位的主要负责人，我是本届筹委兼新闻团秘书长。香港新闻团 21 人。澳门新闻界 4 人列席，从第四届加入本会，更名为"海峡两岸及港澳新闻研讨会"。

我退休前后参加过七届新闻研讨会，深感各届主办者求真务实、精心运作，与会者谦逊切磋、坦诚交流。这个"学术交流，倾诉心声"的平台在同业的支持爱护下日益坚实；新闻务实和理论探讨逐步深化。每届主题总是走在时代潮流的前端，把握时事风云的脉搏。从首届的"新闻传播在推动经贸发展中所扮演的角色"到第十三届的"传统媒体的战略转型与数字化发展"，以及如何应对"信息革命"时代网络对新闻传播的冲击等。这是研讨会创议人当初所未预料到的前景。而今时贤者同心协力应对挑战。彩霞总在风雨后，冀望诸位先进为大中华的新闻事业繁荣昌盛不断地谱写新篇章。

从传媒人到学术人：30 年见证
两岸的风云变幻

倪炎元

倪炎元： 台湾政治大学政治研究所博士，现任铭传大学传播学院院长，曾任《中国时报》总主笔、文化大学传播学院、政治大学大新闻系、台湾大学新闻所、世新大学传播学院兼任教授。曾担任台电、"财政部""外交部""劳委会""司法院""监察院"及多个企业内部训练有关媒体公关、危机处理、新闻写作等课程的讲座教授。

过往 30 年，我从报纸走到学院，从传媒人转身为学术人，中间横跨了世纪交替，不仅见证了两岸传媒乃至传媒学界在这 30 年间的交流，也很有幸同步参与了这个过程，仿佛同步参与这个历史的书写一般，在这篇短文中，我不再去回顾大历史的断片，而是尝试捕捉过往的相关记忆，梳理这个大历史的进程中，自身所参与记忆较深刻的所见所闻。

我个人是在 1987 年进入《中国时报》服务，两岸开放探亲恰好就那一年的 11 月，但由于两岸互动解禁的氛围已在弥漫，没料到当时的台湾《自立晚报》记者李永得、徐璐竟赶在 9 月就提前冲破执政当局的禁令，绕道日本赴大陆采访，这个冲击对当时的台湾媒体委实不小，这清楚的意味，那个全用改写外电处理两岸新闻年代，将一去不返了，台湾的记者有机会可以亲身踏上对岸现采访了！这个变化在今天看来或许不算什么，但对当时的台湾媒体而言，却是桩很了不得的大事！

而也就是几乎在开放探亲的同时，当时台湾的新闻工作者协会负责人宣布受国务院办公厅委托，负责受理台湾记者来大陆采访事宜，并欢迎台湾记者前来大陆采访交流，两岸新闻交流的大门就此正式开启了。我清楚记得那时节我任职的报社立即扩大原有处理大陆新闻部门的编制，从原有几个负责通讯电文的编译，增加了采访记者的员额，也顺势开启了记者赴大陆驻点的年代。那时节我在报社的职掌是专栏约稿，没机会登陆采访，很羡慕那些有机会去北京、上海与深圳采访的同仁。虽没机会赴大陆采访，倒是借着两岸开放之便，随母亲赴四川成都探亲，见到了父亲老家的亲人，这一分隔的重聚，差不多 40 多年了！

距离台湾记者赴大陆采访差不多三年后，也就是 1991 年 7 月间，由于两岸渔船在作业发生争执，促成了当年 8 月间新华社记者范丽青和中新社记者郭伟峰赴台采访，成为两岸相隔 42 年后首次访问台湾的大陆记者，也揭开了两岸新闻交流另一波新的序幕。记得这两位记者踏入台湾采访之际，他们两人也成了台湾媒体竞相采访的对象，形成一种台湾记者采访"大陆记者采访"，两岸记者相互采访、相互拍照的奇观，此后两岸新闻交流的每一个微小进步，都成了两岸关系进展的一部分。

接下来就是大历史的变革了，包括 1990 年台湾当局成立"国家统一委员会（"国统会"）"；1991 年北京成立了海峡两岸关系协会（简称海协会），同年台北成立了财团法人海峡交流基金会（简称海基会）以及"行政院大陆委员会（简称陆委会）"。1992 年海基会、海协会在香港会谈之后经由口头协商而逐渐形成的"九二共识"、1993 年 4 月海协会会长汪道涵和海基会董事长辜振甫在新加坡举行会谈，这是两岸 40 多年来首次以民间名义进行的高层会谈，俗称"汪辜会谈"，以及 1995 年 1 月国家主席的江泽民所提出的关于发展两岸关系的八点主张等。那时节我所任职的《中国时报》，在这些历史进程中，一直都扮演正面推手的角色，除了报纸版面大幅报道外，并透过社论、学者专栏、座谈会等形式进行意见的表达，而我的主要任务，就是负责采集学者精英的意见。

那时节我所任职的《中国时报》董事长余纪忠先生，虽已 80 多高龄，却相当心系两岸关系前景。他与海基会董事长辜振甫私交甚深，在与我们开会时念兹在兹的话题就是两岸关系。1999 年 4 月余先生获颁"中央大学"颁授荣誉博士，为了准备他在典礼中的讲稿，早在前一年年中就特别指名我帮忙他撰稿，记得当时有整整两个月的时间，我每天往返他家里，记录、誊写、润稿、查证资料等，讲稿全文长达 15000 字左右，他的讲稿题为《五十年来的理念与实践——一个报人为历史存证》，这其中最主要的部分还是投注在为两岸前景筹谋划策上，这篇长稿在报上发表后，曾受到广泛关注。我也因顺利帮他完成此一任务，稍后不久就从编辑部调到主笔室，开始处理报纸的言论事务。

1999 年余先生重返故乡江苏常州，在上海接受海协会会长汪道涵的接待，并在当年 5 月在钓鱼台国宾馆与江泽民主席会晤，晤谈长达 110 分钟，就两岸前景交换意见，余先生向江泽民主席表示两岸如果最终不幸走上战争，不仅联系两岸的民族感情将化为乌有，半世纪来辛勤缔造的建设成就同遭摧毁，同时也必然导致中国与美国的严重冲突。余先生完成这趟返乡之旅没多久，正好碰上李登辉接受德国之声专访，将两岸关系定位在"特殊的国与国关系"（后被简称为"两国论"）。这个事态发展在当时让余先生非常忧心，也使他对李登辉的两岸政策从以往的善意建言变成了严言批判。那以后有关两岸政策的社论开始都由我执笔，我在随后不久接任报社总主笔。

我在《中国时报》担任总主笔差不多十年之久，这中间经历了台湾两次的政党轮替，当然也历经了起伏落差挺大的两岸关系。这中间最主要的就是民进党执政的八年，记得那时节的两岸关系几乎低荡到谷底，从 2000 年 5 月陈水扁就任初始提出"四不一没有"（不会宣布"独立"，不会更改"国号"，不会推动"两国论入宪"，不会推动改变现状的"统独公投"，也没有废除"国统纲领"与"国统会"的问题）。2002 年 8 月提出"台湾中国，一边一国"。2004 年 3 月间提出依"公民投票法"举行防御性"公投"，两岸对立日趋激化。这期间我所服务的中时报系对当局政策多半都采批判的态度，由于报社与当局政策方向抵触，所承受的各方压力也相当大，甚至数度陷入被"独派"团体围剿的境地。2008 年 5 月间马英九领导国民党重返执政，强调"九二共识"，两岸关系开始回温，那年年底国家主席胡锦涛提出了六点对台政策方针，其中特别强调加强人员往来，扩大各界交流，才没多久"三通"就实施了，两岸终于实现了直接通航，此时的时报也成了推动两岸扩大交流的推手。

2012 年我从《中国时报》的总主笔任上退休，转任铭传大学传播学院院长，展开了我生涯的另一个阶段。由于早在 2010 年 8 月间"立法院"通过"陆生三法"，大陆学生自 2011 年起就可以在台湾高校入学。台湾每年开放大陆学生的名额是 2000 人。我正好就赶上这波两岸高教交流的热潮。而铭传传播学院由于很早就与大陆内地多所传媒学院建立关系，也就成了学校拓展大陆生源的桥头堡。记得当时在大陆推动闽台合作计划的支持下，本校与厦门理工学院签订了"3 + 1"的协议，厦门理工学院数字创意学院每年送两班大三的学生，到我所主持传播学院修习相关学分，加上内地多所高校传媒学院学生来短期交流，一时之间校园内多了不少操内地口音的陆生，由于这些陆生多半来自大陆"985"或"211"级别的高校，成绩都相当优秀，他们学习认真的态度，不仅获得师长好评，也感染了台生。

为了强化铭传大学与内地高校的交流，我必须频繁往来两岸之间。与在报社"坐而言"的情况不一样，我开始亲自走访许多高校，有时是陪同铭传校长出访，有时是自己单独出访。几年间，我先后走访过上海、北京、厦门、广州、武汉、长沙、南京、杭州、成都、吉林、桂林等城市，交流的高校近 30 所，由于行程紧凑，其中大部分行程都未安排当地景点参观，虽然有些遗憾，倒是与许多高校传媒学院的院长与教授建立了深厚的友谊，并经常邀约互访，共同为培养下一阶段两岸传媒人而努力。除了高校交流之外，我也先后与大陆的媒体交流，包括湖北报业集团、湖南卫视、厦门卫视、北京日报集团等，也见证了大陆媒体的进步与发展。

我接任院长不久，就立即承办由"陆委会"委托的两岸新闻报道奖，这个奖总共办了 19 届，铭传传院承办了其中的 17 届，奖励了不少报道两岸新闻的优秀作品，我接办了最后四届，很可惜的是这个奖后来在 2015 年被民进党"立委"施压而停办，由于认为停办太可惜，我转向民间募款，后来在台湾爱尔丽集团的支持下，2016 年成功续办，并邀请马英九出席颁奖，同时受邀的还有厦门大学新闻传播学院副院长阎立峰教授以及北京中央财经大学的王晓乐教授等。除了两岸报道奖之外，2012 年被誉为广告界奥斯卡的艾菲奖的大中华区艾菲奖，在当时大中华区执行主席贾丽军的主导下，决定将台湾据点设在铭传传播学院，并在传播学院的协助下，总共办了三届的征件与评审会，有效拉近了两岸营销界的距离。

至于参与两岸学生的竞赛交流就更频繁了，从 2013 年起我连续四年带着学生赴厦门理工学院参加他们所办的"台湾周"，并投入该校的纪录片竞赛。2015 年我受厦门大学新闻传播学院阎立峰教授之邀，连续两年暑假带团参加由厦大主办的两岸大学生华语影像联展暨凤凰花季毕业影展，有机会观摩来自大陆与港台高校学生的影像作品。2016 年 10 月间，我带着铭传传院师生参加由上海琼瑶文化基金会与上海师范大学、上海教育报刊总社主办的首届两岸大学生文化交流暨魅力"上海 48 小时"竞赛，其他我没亲自带队，由其他师长带队赴大陆参与的各种赛事就更多了，看到两岸年轻人聚在一起交流，几乎完全没有隔阂，也对下一个世代所书写的未来两岸关系，有更多的乐观与信心。

不讳言说，我是在两岸对立的年代中成长的世代，战乱的记忆深植在我父母的世代，战争的恐惧也弥漫在我成长的岁月，但值得庆幸的是，我这个世代终于目睹了两岸从对立走向交流，我从媒体人到学术人，30 年间见证了两岸新闻媒体交流，也参与了两岸学术文化的交流，我的朋友知交横跨两岸，我的学生更是遍布内地大江南北，这一路行来，是真的没啥遗憾了！我对未来唯一的祝愿，就是祈愿两岸的明天会更好！

往事如昨

—— 抹不去的记忆

冬　艳

冬艳： 1971 年进入中央人民广播电台。先后担任中央台播音部播音员、对台湾广播《空中之友》和《冬艳时间》节目主持人，《空中之友》节目组组长、对台中心专题节目部主任。她从事对台广播工作33 年，《空中之友》栏目也荣获 2003 年度中国广播电视新闻奖"首届十佳公共栏目"奖。

人生有许多经历……

回忆起来，有些是需要费力搜寻一番才能浮出心海，且影影绰绰，忽隐忽现；有些则是从来不需要想起，永远也不会忘记的，它总是清晰地犹如昨日之事。从事对台广播工作几十年的时光里，便留给我不少后者这样的抹不去的记忆。在纪念两岸新闻交流开启 30 周年之际，选取职业生涯中亲历的几则故事与同仁和读者分享，也算是对自我职场人生的一种慰藉。

临时主持

1987 年 10 月 27 日中午，忽然接到中国记协一个朋友打来的电话，说台湾《环球新闻社》副总编辑皮介行，作为台湾记者第一人上午采访了中共"十三大"，鉴于中外人士对他的特殊身份的兴趣，下午两点记协新闻中心，将为他举行一次记者招待会。打电话的朋友说，信息告诉你，如何进入会场你自己想办法，据说需要持有参加"十三大"采访的记者证。

放下电话，我请示部门领导之后准备持中央台记者证和采访介绍信一试。乘车赶到记协新闻中心，果然看到人家胸前都戴着印有彩色照片的十三大记者证，相形之下，顿觉自己逊色一筹，行至门口，自然被唤住询问。当我解释之后，他们居然对我十分友好，顺利予以放行。我大松一口气，没想到如此简单！进了会场，也就用不着再客气了，管他有没有十三大记者证，我照例挤到前边，把录音机放在最佳位置上。

皮介行到来时，中外记者先以频频亮起的闪光灯，报以职业仪式的欢迎。他经过我身边时，我站起来对他说："皮先生你好，我是中央电台对台湾广播的节目主持人冬艳，很高兴能在这儿见到您。""噢，冬艳小姐！在台湾我听过你的广播，从收音机里听你的声音和面对面听一样亲切，一点儿没有变。"我回答："那我们就是没见过面的朋友了。"几句轻松地交谈使双方顿时消除了陌生感，关系变得亲切又熟悉起来。

由于此次记者招待会是临时安排的，匆忙中记协忘记了确定一个会议主持人。时间到了，皮介行看看无人司仪，便冲我笑笑说："冬艳小姐可不可代劳主持一下？"我欣然应允。多像开玩笑，一个"混"进来的记者，竟然成了招待会的"主持人"。

此后不久，皮先生在他的一篇回忆文章中曾这样写道："……下午，来到"十三大"新闻中心，即受到大群记者包围，我散发了"十三大"采访声明'和平、奋斗、统一中国'。随后举行了个人记者招待会，数十位记者济济一堂，几部摄影机，桌上放满录音机，如此阵仗平生还是头一回，但在众人钦佩仰慕的眼光投注之下，我竟觉得能量贯彻，自信而平静。只是台上只有我一人，自拉自唱的开口总不太好，于是，我将眼光投向近旁一位美丽的红衣女子——中央人民广播电台节目主持人冬艳，请她帮忙担任主持人，她微笑点头走上台前，并开始大度而优雅地主持本次记者招待会，的确具有大中华儿女的雍容气质，真的非常感谢她。"

回想起来，那个时候作为对台广播的编播人员都有一种清醒的使命感，而当自己的付出被承认被赞誉之后，心中又不免几分得意。做"临时主持"的那个下午，我就始终被这样的使命感和得意之情激励着！

在这儿，我还要多说一句的是，皮介行先生热衷于两岸文化交流，自从作为先行者踏上这片他深爱的土地开始，便不知疲倦地为此而奔波。不幸的是，2011年7月8日在异国他乡的我听到了这样的消息：因高血压促发心脏病，皮先生于当日清晨在浙江桐乡逝世，终年56岁。我真的非常难过！

"邻居"相见

在互称"蒋帮"与"共匪"的年代，无论大陆人提起台湾，还是台湾人说到大陆，都难免几分恐惧，几分不寒而栗的感觉。记得 20 世纪 80 年代初，台湾人收听大陆广播犹如做贼一般，非待夜深人静，门窗紧闭，确信万无一失之后，绝不敢轻举妄动，因动辄就有被抓去坐牢之虞。

从听众口中得知，当年《空中之友》节目的频率与台湾警察广播电台的频率十分接近。在收听大陆广播被台湾当局视为"通匪"的年代，我们的许多听众，便把本意用来干扰大陆广播的台湾"警广"当作保护伞使用，因为在波段的选择上，两台不过差之毫厘。那个时候，在我们心中"警广"的形象是与"恐怖"相连的。

对台广播节目《空中之友》主持人冬艳。

1993 年 5 月，首届"海峡两岸暨香港女性文化传播者研讨会"在港召开，我有幸出席并获得了论文演讲的机会。在我提报论文的广播电视专场，刚巧是台湾警察电台台长赵静涓做主持人。我们相邻同坐在主席台上，感觉陌生又熟悉。赵台长用亲切的语言先把我介绍给大家。论文演讲之前，我说了这样一段话，我说："谢谢主持人把我介绍给与会的各位同行，且用了那么多溢美之词。其实，我和赵台长是老朋友了，今天我们在这儿相邻而坐，过去在收音机的波段上，我们一直都是'亲密无间'的近邻，我要谢谢您的电台在两岸关系紧张的年代，掩护了我的许多听众。"赵静涓台长听后爽朗地大笑起来："的确，的确！我们是老熟人了，我也要谢谢你，为我们的电台招来了不少收听者……"台下一片掌声和笑声，昨天的芥蒂转瞬间在欢声笑语中变成了今天的友谊。

至于台湾"警广"，实际上就是我们今天的一个交通服务台，它报告路面状况，帮人寻找遗物，播放轻松美妙的音乐，与"恐怖"毫无关联。

初识台湾

1995 年秋天，我第一次造访台湾。

那一年，跟随中央人民广播电台安景林台长率队的中国广播代表团，我与大陆 20 多家广播电台的台长及相关同仁一起，参加了在台北举行的首届"海峡两岸广播交流研讨会"，实现了我的第一次圆梦台湾行。

2002 年访问"中广"，从左至右：冯小龙、冬艳、赵亦红、杨菁惠。

1995 年 10 月 15 日，中国广播代表团一行，于当天下午 1 点 50 分在香港启德机场登上了"华航"从香港飞往台湾的班机，踏上了赴台的最后一段旅程。

50 分钟的空中飞行之后，我的双脚扎扎实实地落在了台湾的土地上，此时内心有一种难以言表的情感，兴奋的同时又有几分怅然。作为一个对台湾广播节目的主持人，声音融入这块天地间已经很久很久，而脚步却滞后了 13 年……

我扬起头，想让景物来转换一下心境——抬眼望去，一点儿也不觉陌生，就像在祖国大陆南方的某个城市一样，像福州、厦门、海口……如今看上去再一般般不过的桃园机场，当年在我的眼里很宽敞，且整洁又美丽。记得在机场通道上走了很久，两边墙壁上有许多广告橱窗，有个橱窗里写着一句话："回家的感觉真好！"竟让我很感动，不知为何当时我正是这样一种心境。再看来接机的"中广"同仁，个个笑容可掬，耳际是一片轻柔、亲切的语言……

22年前在台北，当我在中山纪念堂广场上，看到晨练的人群打着太极拳、舞着太极剑，练气功、跳交际舞的时候；当我花33元新台币（相当于10元人民币左右）在台北街边的"永和豆浆店"买一份豆浆加烧饼、油条的早点时；当我用相同的语言在巷子里问路并得到热情地回应和指点时；当我紧张地意识到计程车司机拉着你来回兜圈子而后被告知"免费带你看街景"时；当我不慎要在不适宜的背景下按动照相机快门，而被台湾同行朋友善意提醒时，我们还会怀疑这不是在跟自己的兄弟姐妹相处吗？还会怀疑大陆、台湾不是我们中国人共同的家园吗？

第二届两岸广播交流研讨会，从左起：林亨利、冬艳、安景林。

"海峡两岸广播交流研讨会"自1995年首次在台湾举办，1996年第二次在大陆举办之后，每两年分别在两岸轮流召开，至今已至第十二届。这是两岸广播界规格最高、范围最广、参与人数最多的交流盛会。2016年10月在甘肃敦煌由中央人民广播电台主办的第十二届交流研讨会，与丝绸之路文化印记采访活动相结合，吸引了海峡两岸60余位广播业者、专家学者及几十家广播机构与会，大家济济一堂共话两岸广播的发展与未来。

首批驻点

2001年5月作为中央人民广播电台首批赴台驻点采访的记者我第二次

踏上台湾的土地。

2001年5月22日清晨，不到5点从北京家中出发，晚上9点多才到达台北下榻的福华饭店。中途要经香港转机，转机前要出机场到金钟道台湾派驻的"中华旅行社"领取入台签证，之后再回机场乘台湾航班入台。一路上十五六个小时的奔波，真的让人筋疲力尽。好在首批赴台驻点采访的一份兴奋，调动我们还是一下飞机就进入了工作状态。在今天直航的情况下，十五六个小时打个来回都绰绰有余！

2013年的2月6日，台湾正式启动了人民币业务。截至今日台湾外汇指定银行办理人民币存款的已经有百余家，人民币存款余额超过了3000亿元。而当年赴台却如此令人窘迫——临行前在中国银行购买了旅行支票，以便支付驻点的费用。到了台湾却遇到大麻烦。台北的银行之多，三步五步就一家，可家家看到我们手里的旅行支票都犯难。原因是台湾和大陆的银行之间没有直接业务往来，和中国银行的金融业务要通过第三地银行周转。每兑一张支票，银行业务员都要打一通国际漫游，到美国、到瑞士、到……且一家银行每天只接受一张面额500美元的支票兑换申请。更有甚者，花旗银行的一间营业厅，一次只换250美元。真让人无可奈何！

2001年民进党在台执政之初，两岸之间意识形态的对立十分尖锐。新华社、《人民日报》、中央人民广播电台、中央电视台首批赴台驻点采访的八位记者，受到台湾当局非同寻常的"安保礼遇"。首先，所有的采访计划都要报备台湾"新闻局"，何时、何地、访问何人？何时出发、何时到达、住在何处、乘何种交通工具往返？均需详细呈报，获准后才能行动；行动中情治部门会对你进行人盯人防守，不夸张地讲，无论你做什么，十步之内一定有人跟踪。我们也经常用游击战术甩掉"尾巴"，一旦如此，很快就有陌生电话打到你或你身边朋友的手机上，谎称一家什么报社或什么机构想采访大陆记者，借此来确认你的行踪，真的很难让人相信自己是置身于台湾这样一个自称"自由民主"的地域中！时间久了我们也学会乐享这种"礼遇"，并且替台湾当局解嘲——权当是对我们人身安全的一种特殊保护罢了！

如今在台湾驻点的大陆中央及地方媒体已达十家以上，仅中央人民广播电台已派出115批次赴台驻点记者。回顾历史，1996年12月，国务院台湾事务办公室即公布了《关于台湾记者来祖国大陆采访的规定》，正式开放台湾媒体到大陆采访。年代、东森、三立、中天和TVBS五家电视台，《中国时报》《联合报》及"中央社"早有多位记者在大陆各处采访。五年之后，台湾有关方面迫于各种压力公布了"大陆新闻人员进入台湾地区采访注意事项",尽管这个"千呼万唤始出来,犹抱琵琶半遮面"的规定存在诸多不合情理的东西,但随着2001年3月至6月间,大陆中央媒体的八位记者陆续赴台驻点采访,两岸双向新闻交流的一个新时代毕竟从此开启。

往事如昨,清晰难忘。最后我想说,能作为这些两岸重大新闻交流项目的首批参与者,见证这段珍贵的历史,我感到格外的幸运与欣慰!

回顾两岸媒体交流看见
中华文化新的历史

赖连金

赖连金：台湾《南华报》社长。生于台湾，旅居日本近 20 年，1992 年兼任东京《华报》月刊人物专访记者，之后任台湾《大成报》驻日本特派员，《中央日报》国际版撰述，并于 2000 年在神户创刊《南华报》，2002 年回台，并历任《台湾公论报》社长，2004 年任中华资深记者协会副理事长、第三和第四届理事长至今。目前任世界华文大众传播媒体协会副主席、国际中文记者联合会副主席、亚洲华文作家文艺基金会副董事长、中华资深记者协会理事长、台湾《南华报》社长等职。

"本着为民众喉舌，为政府诤言，扮演国家社会之中流砥柱角色理念。"虽然两岸存在政治、社会生活方式的差异，形成了两岸新闻交流的特殊性，但不可否认的，两岸媒体交流的发展趋势是无法阻挡的，必须持续向前推进。14 年来新闻界同仁的共同努力取得了有目共睹的成绩，两岸新闻友善交流与台湾媒体访问团参与人数已经逐年增加且广面扩散，获得空前的丰硕成果。

2002 年从日本回到台湾岛，正值两岸关系紧张时期。我当时担任《台湾公论报》社长，目睹台湾政局一片混乱所引发企业倒闭潮、逃难潮，及人民失业潮；之后我与志同道合的资深媒体人洪锡铭博士于 2004 年共同创办中华资深记者协会和创刊《诤报》，开展两岸新闻媒体交流活动。由洪锡铭博士当选首届及第二届理事长（现任荣誉理事长），并由本人接续当选第三四届理事长至今，不忘"诤言"的初衷。

　　为促进两岸媒体交流互动，2004 年起本协会在时任中国记协台港澳主任李安的协助下，拜访国台办、社科院台研所、北京大学、清华大学等并进行座谈；并由本会与中国记协举办两岸媒体参访团，拜访单位有中央媒体如：《人民日报》、新华通讯社、中国新闻社、中央电视台、北京电视台等；并由本会邀请人民日报、新华社、中新社及各省级媒体来台进行交流活动；系两岸媒体交流活动的开擘者。

本会应邀出席参加《人民日报海外版》20 周年庆座谈会。

　　回顾十多年来，本协会在李安主任长期协助下组织两岸记者联合采访活动、台港澳新闻研讨会、两岸媒体组团互访等多项交流活动，至今两岸媒体赓继互访仍络绎不绝，备受重视，乃因李安主任而起，才有今天两岸新闻交流工作成果；同时，也积累了大量两岸及台港澳新闻界的人脉，对于两岸及台港澳地区新闻媒体的情况和运作都有一定的帮助。

本会致赠墨宝予李安主任（中）、钟顺虎社长（右）留念。

　　2008 年 5 月 26 日应中国新闻社邀请中华资深记者协会参访团访问，受到中新社郭招金社长、夏春平副总编辑的热情接待，就两岸新闻事业发展现状等问题进行座谈，并对汶川发生的大地震表达关切之意。

中新社郭招金社长（左三）与本会展开座谈。

时至2010年，中华资深记者协会与中国记协已连续三次组织台湾媒体到北京访问《人民日报》、新华社、中新社、中央电视台、北京电视台、国台办和中国社科院台湾研究所，在传媒思维方式和经营理念上进行交流。

本会一行前往国台办拜会，时任国台办副主任叶克冬（图右五）亲自接待，新华社台湾驻点前高级记者、时任国台办新闻局副局长范丽青（图右二）合影留念。

2012年，为促进两岸新闻交流，中华资深媒体记者协会于4月19日应中国记协之邀请，由我率团带领台湾多家媒体成员，前往北京进行为期七天的参观访问，双方针对两岸媒体的采访工作进行座谈交流相互沟通了解。中国记协祝寿臣书记对前来北京访问的参访团成员表示欢迎。

中国记协特别安排访问团拜会国务院台湾事务办公室、中国社会科学院台湾研究所、宋庆龄基金会、中央电视台、人民日报社、新华通讯社、中国新闻社、中国新闻网等单位。

访问团拜会国台办前合影留念。

2014 年 5 月 6 日中华资深记者协会应中国记协邀请，由我及荣誉理事长洪锡铭博士率团赴大陆广西展开为期八天的参访交流，分别拜会了广西电视台、广西广播电台、广西日报集团等新闻媒体，深度了解当地新闻事业发展现况，并与广西记协李启瑞主席签订了交流合作意向书，对促进两岸媒体合作与交流意义不凡。

本会理事长致赠墨宝予广西记协李启瑞主席（中立者）。

翌日，中国记协王冬梅书记专程飞往南宁会见中华资深记协访问团表示欢迎，她对近年来两岸保持了良好的交流互动表示赞赏和肯定。

2015 年 1 月 20 日，应本会邀请，由中国记协组织"台湾中南部媒体访问团"，团长为《陕西日报》钟顺虎社长及中国记协台港澳部李安主任等一行 16 人，到台中市本协会及台湾《南华报》造访，并参观台中市文化资产局文创园区，受到施国隆局长热诚接待。

本会理事长与王冬梅书记（右）于广西南宁会晤合影。

中国记协台湾中南部媒体访问团于台中市文资局文创园区合影。

致赠墨宝予夏春平副社长（右一）、副总编辑张雷（左一）。

2015 年 4 月 8 日，本会理事长专程拜访中新社夏春平副社长，受到中新社新闻同仁的热情接待。

2017 年 1 月 6 日应中国记协邀请，中华资深记者协会一行 16 人前往海南省参访。

本会访问团合影。

2017 年 1 月 7 日，在中国记协王冬梅书记安排下，本会海南访问团一行人访问海南日报集团。

由访问团长致赠墨宝予海南日报社钟业昌社长（左二）、
王冬梅书记（左一）、洪锡铭荣誉理事长（右一）。

2017 年 1 月 8 日，本会海南访问团一行人访问海南省旅游发展委员会。在中国记协王冬梅书记主持下，展开台琼两地旅游交流合作座谈会。

2017 年 4 月 18 日上午，国际中文记者联合会、世界华文大众媒体传播协会访问团，在北京访问中华全国新闻工作者协会，访问团一行受到中国记协相关领导的高度重视与热情接待，在中国记协台港澳工作部副主任沈毅兵的带领下参观了解了中国记协的发展历程。

本会与海南省旅发委进行台琼两地旅游交流座谈会。

国际中文记者联合会于中国记协前合影。

　　2017 年 4 月 21 日，国际中文记者联合会海南访问团来到白沙黎族自治县，对白松涛天湖、细水岛、黎寨、海南省黎锦艺术博物馆项目等进行参观考察。

　　文化先行才是一场文明沟通、灵魂交会的大工程。

　　历经 14 年的考察与交流，两岸在文化交流上可以找到许多共鸣。文化是国家和民族发展最根本、最长远的历史底蕴，两岸的深度报道可以实现具特色的媒体文化与魅力，创造出在国际上具有竞争力的"体验中华文化"深厚底蕴及"'一带一路'丝路精品"的题材，这将是未来发展的关注焦点。

国际中文记者联合会代表团访问海南合影留念。

　　两岸媒体交流在中华文化领域还要进一步开放，进一步让中国真正优秀的文化精品走出去，并鼓励发掘利用文化资源，发展出主题新闻报道特色，以增加新闻文化发展。我们期许未来安排国际华文媒体参访行程，让全球华人都能拥有因"丝路之旅"闻香而至，起到促进"让台湾民众向往或接受的生活方式"而息息相关。对未来的两岸新闻接地气交流，我们已经准备好且充满着信心。除了持续展开考据与报道，将以世界华人为诉求目标。

两岸新闻交流卅年的回顾与前瞻

项国宁

项国宁：马里兰大学新闻学博士，现任联合报社社长。历任《联合报》华盛顿特派记者、纽约《世界日报》总编辑、旧金山《世界日报》编译、《联合晚报》总编辑、《民生报》社长、《联合晚报》社长。

两岸关系从 1949 年以来，跌宕起伏，但最具关键性的应该就是 1987 年。台湾在那一年宣布开放老兵回大陆探亲，开启了两岸人员交流的新篇章。中国记协负责人也在那一年发表谈话，欢迎台湾记者到大陆采访，两岸新闻交流于焉展开。

新闻交流开始之后，两岸间有了沟通的管道，观念得以交流，歧见可以讨论，误判的机会也随之下降。尽管两岸之间仍有很多不同的认知，但整体评价新闻交流卅年的成果，仍是正面的意义居多。

《联合报》于 1951 年创立，一直都极重视两岸关系这个领域的报道。早年因为两岸隔绝，只能在内部设立大陆研究室，经有关单位准许，从香港订阅大陆的报纸杂志，是台湾极少数可以阅读大陆新闻数据的地方。大陆研究室几经演变，就成了现今的联合报系大陆新闻中心，专门负责大陆新闻的采访工作。《联合报》也从 1987 年后每天固定开设大陆新闻版面，卅年来从未间断。

自 1991 年起，《联合报》即不定期派记者到大陆采访；1994 年大陆正式宣布允许台湾媒体到大陆驻点后，《联合报》即定期派记者到北京常驻；另在上海也设记者。大陆重大活动，如每年人大与政协两会，《联合报》均派出采访团采访。

台湾于2000年宣布开放大陆中央媒体来台驻点，2001年新华社记者范丽青、陈斌华成为大陆第一批赴台湾驻点采访记者。两位记者来台申请手续，由《联合报》代办；其后来台驻点的《人民日报》记者来台手续，也由《联合报》代办。时至今日，大陆媒体来台驻点，新华社、《人民日报》、深圳报业集团均由《联合报》代办手续。

1998年两岸关系热门焦点，是海基会董事长辜振甫与海协会会长汪道涵10月上海"汪辜会晤"。在此之前，我和《联合报》编辑部几位同事于6月中旬，在上海衡山宾馆，与汪道涵晤面。两小时晤谈中，84岁的汪老从大陆总体情势、两岸面临的问题、未来发展，与我们谈得非常深入。

联合报系在两岸往来这些年间，数度组成参访团赴大陆，一方面和涉台事务领导座谈，另一方面也和北京、上海的新闻同业交流，每次都有具体的成果。参访团拜会的对象包括陈云林、王毅、张志军三位国台办主任，两次采访国务院副总理钱其琛，两次采访全国政协主席贾庆林，一次采访国务委员唐家璇，一次采访全国政协主席俞正声。

2000年8月，联合报系访问团应新华社邀请，由张作锦先生率团访大陆。国务院副总理、中央对台工作领导小组副组长钱其琛会见联合报系访问团，就两岸关系首度提出一个中国原则新表述：世界上只有一个中国，大陆与台湾同属于一个中国，中国的主权与领土完整不容分割。

钱其琛对联合报系访问团说，实现"三通"，在"一个国家内部的航线"下，不谈"一国"或是"两国"，双方的船只往来不挂旗，即可简单解决。

2002年10月，联合报系应中国记协邀请，再次组团访问大陆，由《联合报》发行人王效兰任团长，带领报系一级主管访问北京、上海，重点仍是与钱其琛的会面。

钱其琛在中南海紫光阁会见联合报系访问团。钱其琛直接表示，"三通"是两岸间的"三通"，是经济问题，不是政治议题，不是要先承认"一个中国"才能"三通"；两岸通航本来就是一种特殊方式，大陆方面可以不提"特殊国内航线"，就叫作"两岸航线"。钱其琛对"三通"性质新的诠释，为两岸日后"三通"协商顺利奠定基石。

2003年，王文杉社长应《人民日报》社长王晨之邀，率联合报系访问团赴北京、上海访问八天。这一次是国务委员唐家璇在人民大会堂新疆厅会见联合报系访问团，晤谈75分钟。唐家璇谈话的重点包括：有利于两岸关系发展的事情、有利于两岸同胞的事情、特别是有利于台湾同胞的事情，大陆都会坚定不移地继续做下去；在重大原则问题上，大陆是不可能妥协的，特别是"台独"的问题；不要因政治上分歧，来影响和妨碍经济交流和"三通"直航的实现。

次日下午，全国政协主席、中央对台工作领导小组副组长贾庆林在人民大会堂接见厅，会见联合报系访问团。贾庆林强调，大陆和台湾完全可以在现有经济合作基础上，将两岸经贸合作提高到新的水平，大陆对两岸建立经济合作机制，抱持积极态度。

2009 年 4 月，应新华社社长李从军邀请，联合报系总管理处王文杉总经理率联合报系访问团，访问北京、西安、上海。在北京期间，访问团拜会了国台办主任王毅、海协会会长陈云林；全国政协主席贾庆林则在人民大会堂新疆厅，会见联合报系访问团。

贾庆林说，要本着"建立互信、搁置争议、求同存异、共创双赢"16字方针，继续推动两岸关系和平发展；大陆将大力推动两岸经济合作、文化教育以及两岸民间往来等工作。

2012 年十八大新的领导班子产生。2013 年 5 月，应新华社邀请，王文杉董事长三度率联合报系访问团访问北京，拜会了国台办张志军主任、海协会陈德铭会长。

全国政协主席、中央对台工作领导小组副组长俞正声，也会见了联合报系访问团。针对十八大政治报告中提出"两岸共同努力探讨国家尚未统一特殊情况下的两岸政治关系，做出合情合理的安排"，俞正声对联合报系访问团说，合情合理安排两岸在国家尚未统一前的政治关系，是一个"进行式"，这是一个实践的过程，需要不断探索商讨，没有现成模式，需要双方相向而行，共同努力。

联合报系每一次访问，都揭示了两岸发展的方向，也见证了两岸的发展过程，留下历史的足印。2017 年是两岸新闻交流卅年，我们认为不论两岸政治如何发展，交流永远是促进双方了解最重要的基础。因此，联合报系除了加强两岸新闻采访报道，两岸媒体互相沟通互访之外，还在以下几个领域投注人力和资源：

（一）文化交流

在两岸举办多项重要活动：
2000、2007 年两度在台湾办兵马俑展，参观人数 165 万人次。

2009 年，举办陕西汉阳陵彩俑展。

2013 年，主办上海世博清明上河图展，破台湾展场人次纪录，北、中、南共 200 万人参观。

其他还有沈阳故宫"大清盛世展"、北京故宫"雍正文物展"、湖北"道教千年文物展"。

我们也将两岸最受欢迎的歌星邓丽君的文物，带到大陆数个城市展出。

联合报系的联经出版公司在 2004 年和上海外图出版社合作，在台湾成立专门销售大陆图书的"上海书店"。

（二）教育交流

2010 年起，联合报系主办的联合杯作文大赛邀请大陆学子参赛，以文会友，发展两岸写作交流。累计与 14 省市单位合作，有湖北武汉市、上海市、北京市、山东青岛市、山东淄博市、四川成都市、内蒙古包头市、江苏常州市、江苏南京市、浙江杭州市、广州市、辽宁沈阳市等。两岸历届参赛人数，台湾累计约 34 万人次，大陆约 85 万人次。

2014 年起，联合报写作课程结合云端，落地大陆推广示范课程。开课地区达六个省市，分别为成都市、武汉市、北京市、银川市、贵阳市、沈阳市。

另外与武汉市交流，共同办理楚才杯作文竞赛及夏令营、行读"三国历史"夏令营；与江苏常州钟楼区办理行读龙城夏令营；与成都办理双城新诗征文比赛。

（三）医药信息交流

联合报系因设有健康事业部，报道健康相关信息，也举办健康医药相关活动，因此将此领域扩及至两岸。2015 年联合报系与大陆健康报社共同主办首届海峡医疗信息标准与移动健康研讨会。会议在北京举行，透过论坛，推动两岸医疗信息沟通，让两岸医界开展多面向合作，从实体活动、内容交流扩及视频及网络社群，推展有利两岸人民的健康与公共福祉。

2016 年《联合报》与北京清华长庚医院共同举办"海峡两岸肝脏移植与健康论坛"，于清华大学举行，邀请"亚洲换肝之父"、台湾高雄长庚医院荣誉院长陈肇隆，与清华长庚医院院长董家鸿讨论肝脏移植医学的最新进展。

两岸关系的发展中，交流是极重要的基础。两岸隔阂近40年，在各方面都要靠交流来增进了解，化解歧见。而在各种形式的交流中，新闻交流尤应扮演领头羊的角色。中国记协在过去卅年内，一直努力促进新闻交流，化解媒体采访的障碍，推动媒体人员互访，成为重要的触媒。联合报系则在各相关领域，抱着尽其在我之心，投入资源、人力、版面，希望两岸能有正向发展。

两岸新闻交流的路还很长，也仍有许多困难有待解决，例如媒体互设办事处，媒体报道的深度和广度也有待加强。此外，新闻交流的场域也和以往大不相同。新媒体的快速崛起，也使新闻交流产生新的课题和挑战。但从过往卅年的经验来看，两岸新闻及媒体持续交流、扩大交流，仍应是改善两岸关系的关键。唯有坚持此一方向，才有"两岸猿声啼不住，轻舟已过万重山"的前景。

两岸新闻交流 30 年札记

黄清龙：《旺报》社长。台湾政治大学新闻学系毕业。历任《联合报》"国会"记者，《自立晚报》政治组主任，《中时晚报》总主笔、总编辑，中时网路供稿部主任，《中国时报》采访主任、总编辑、副社长。

一、欧美同学会见证两岸情缘

1991 年 5 月第一次到大陆采访，当时正是台湾钱淹脚目的年代，报社出差费拿来住北京饭店还绰绰有余。登记入住后我在附近闲逛，来到故宫东侧的南河沿大街，迎面是一排古色古香的建筑，很是气派，门檐下的牌匾写着"欧美同学会"几个大字。由于印象实在太深刻了，后来每回到北京只要时间允许，常绕着南河沿大街步行，为的就是再看一眼这栋古建筑，也才渐渐知道原来"欧美同学会"的存在可以上溯自清朝末年，是个已有百年历史的社团组织，见证了近代中国的沧桑与崛起。

对于像我这样生长于台湾、求学时熟读中国五千年历史、又经受多年国民党教育熏陶的媒体人来说，第一次踏上神州土地时的心情总是复杂的，眼前的景象既陌生又熟悉，一开始与人交谈不免有些疑神疑鬼。但很快地，记者的好奇心压过了内心的忐忑，等到与大陆同行酒过三巡，话匣子打开了之后，所有的陌生与隔阂立刻消散，取而代之的是彼此对历史、文化的共鸣，以及关于两岸关系与中国未来的探索，两岸同属华夏子孙血浓于水的情感，也就在一次又一次的争辩中更加凝聚了起来。

就好像我曾多次驻足凝视的这栋"欧美同学会"老建筑，原本是明朝的皇家禁苑，明英宗在"土木之变"中被俺答俘虏，放回后即幽居此处。清顺治年间改建为喇嘛庙，到民国时已经十分破旧。19世纪中叶，清廷开始派学生出洋留学，这些学生回国后，先后在北京和天津成立了留美、留英、留法比德等同学会。1913年在顾维钧的倡议下，于北京成立欧美同学会，成为第一个全国性海归组织，首任会长梁敦彦，几年后集资买下北京南河沿街老喇嘛庙——普胜寺作为会址，经过几次重修扩建才有了现在的规模。

老建筑难挡岁月风霜，但昔日硕彦的风华永远让人缅怀。当时北京知识界经常在此举办各种文化和学术活动，1919年的五四运动就是从这里发轫的。一些新派人物如梁实秋、周培源、陈西滢、陈铭德等还在这里举办结婚大典，胡适之更是常客，曾在此为才女凌叔华与学者陈西滢证过婚。抗战爆发后，欧美同学会大部分成员都撤离了北平，胜利后短暂恢复活动，旋因国共内战而停顿。

1949年底内战结束，广大知识分子历经"南渡北归"的纠结之后，留下来的重新在北京恢复活动。这时期欧美同学会主要任务是争取海外知识分子回国建设国家，"中国导弹之父"钱学森和巫宁坤是其中的两位。

20世纪70年代末，大陆恢复留学生出国，此后留学的路越来越宽，出国留学的人越来越多，"欧美同学会"也逐步恢复运作。90年代后期，两岸各有新的气象，两岸当局并有私下的密使互通，海外人才之争也在这个背景下趋于缓和。21世纪初两岸同步加入世贸组织，2004年大陆扩大调整"长江学者奖励计划"，更于2008年启动"千人专家计划"，招募海外知名技术、专利博士或学术研究博士返国创业。

2015年12月初，我应欧美同学会企业家联谊会会长徐昌东之邀，前往北京参加由欧美同学会主办的第十四届"中国企业走出去战略论坛"，席间有机会与多位长江学者、千人计划专家交流请益，有几位还是从台湾到美国深造再到大陆发展的。看着人民大会堂内济济多士，畅谈十三五规划与"一带一路"的战略机遇，忍不住想起两年前欧美同学会成立100周年的庆祝大会上，习近平出席并致辞时所引用墨子的一句话："尚贤者，政之本也"。走过一百年风雨岁月的欧美同学会，就像北京故宫内的柏树，老干弯曲却是新枝益然。

二、媒体在两岸交流的作用

2009年8月《旺报》创刊，成为台湾唯一专门报道中国大陆及两岸新闻的媒体。随着两岸人员往来的扩大与交流层次的深入，两岸媒体对对岸的报道频率大为增加，当时笔者曾与几位朋友探讨，能否设计出一套机制，针对台湾媒体如何报道大陆、大陆媒体如何报道台湾，透过报道数量的搜寻与关键词的界定，统计得出正负分数，作为两岸关系的阴晴指标。

当初的出发点是认为，媒体报道影响两岸人民如何看对岸，也反映出两岸整体的氛围，可惜后来因故未能执行。但在几次讨论过程中，我们得到的大致印象是在2010年—2013年那个阶段，大陆媒体关于台湾的报道以正面居多，很少出现负面的消息。

最典型的，莫过于2012年广州《新周刊》以全本200页、15万字篇幅刊出的封面故事：《台湾最美的风景是人》。这个封面标题后来不断被引用，成为既让台湾人骄傲、惕厉，也让大陆人羡慕、向往的台湾代名词。相较之下，台湾媒体对大陆的报道则是好坏皆有，倾蓝倾绿各有取向，呈现的是多元缤纷的色调。

两岸媒体如此强烈的对比，留下诸多值得深思的问题。原本我们以为两岸毕竟隔离太久，彼此不了解乃至误解很深，因此借由媒体广泛的报道，有助于增进彼此的认识，进而达到互信与互谅。然而就如同两岸其他领域的差异一样，两岸媒体也存在着明显的体质差别，大陆所有媒体都隶属于党和政府，虽然已经走向市场化运营，至今仍然没有真正意义上的民间媒体。台湾刚好相反，自2003年"立法"通过官方退出媒体后，所有媒体都是民营的。尽管台湾媒体很少没有政治倾向的，执政当局、政党、政治人物也仍然想方设法要影响媒体，但台湾媒体的自主性很强，商业导向显著，已非党政军所能操控。

这样的体制差异，让台湾媒体即使面对政党轮替、两岸关系丕变，对于对岸的报道仍然是正负参半、好坏皆有，形成一种微妙的平衡。媒介舆论风向跟随政党。当然这也和蔡当局不承认"九二共识"，导致两岸政治气氛急转直下有关。

三、媒体作为沟通平台——以《旺报》"两岸征文"为例

2009 年《旺报》创刊后不久，从读者调查中发现，两岸隔离太久，彼此不了解乃至误解很深，因此除了经贸层面的交流，两岸更需要在价值观、生活习惯与文化认同等深层面进行对话分享，逐步建立两岸社会共同的历史记忆。于是，我们决定开辟"两岸征文"栏目，以"台湾人看大陆""大陆人看台湾"为视角，公开向两岸读者征稿，希望透过两岸人民的亲身体验，分享彼此看对岸的所见、所思、所感，让大家看到自身的优点和缺点，进而学习对方的长处，增进彼此的认识。

2010 年 1 月 17 日，《旺报》"两岸征文"栏目正式推出，并邀请到海基会董事长江丙坤以及海协会会长陈云林，分别以"换位思考、开创双赢"与"我的台湾印象"为题作为开版专文，引起很大回响。一开始，"两岸征文"逢周六、日刊出，随着读者反映良好，两个月后就扩大为每周七天，天天见报，至今已历七个寒暑，一直都是《旺报》最叫座的栏目之一。

为了感谢并鼓励更多读者参与，2010 年底《旺报》与凤凰网、海峡之声合作组织了"两岸征文奖"评选工作，邀请两岸专家针对过去这一年刊登在《旺报》上的几百篇征文文章，选出得奖作品，各给予新台币一万到十万不等的奖励。这些得奖作品连同其他佳作，构成了《台湾人看大陆、大陆人看台湾——两岸征文选粹》的内容。"两岸征文奖"年年评选，《两岸征文选粹》也年年出版，至今已出版了七册，并先后获国民党荣誉主席连战、文化总会前会长刘兆玄、佛光山开宗法师星云、大陆人大前副委员长许嘉璐等两岸政界、宗教界、文化界领袖专文写序。

《海峡两岸征文选粹》年年出版，每一本都是在为两岸关系书写记录。

每一本《两岸征文选粹》都是在为当代的两岸关系书写记录，从中也可看出两岸人民看对方的细微变化。粗略来分，头几年大陆朋友看台湾，更多的是想从台湾寻找两岸"同"的部分，而这几年则有越来越多人去认真探索"异"的元素。无论是"求同"还是"寻异"，随着两岸更多的交流与接触之后，彼此换位思考、异地而处，相互理解与谅解油然而生，两岸人民的互信感也跟着提升了。

当然，两岸交流的意义远不止于此。从历史发展的角度，两个长期隔离的社会恢复接触之后，一开始必然会有疏离与陌生感，必须经过从政治、经济，到文化社会等各层面的深度往来过程，才能逐渐打破隔阂、增进了解。尤其大陆大、台湾小，加上过往的敌对意识与反共教育影响，使得许多台湾人不明了统一有什么好处，更多人则是对统一感到害怕，这是当前两岸问题的症结所在。

四、结语

两岸关系走到今天，从过往的冷战敌对与长期丑化，转为如今的密切交流与互补合作，是很不容易的成就，弥足珍惜。在两岸政治关系陷入瓶颈之际，两岸媒体的桥梁角色更为重要，应当发挥积极正面的作用，促进两岸了解，消弭两岸误解。未来两岸如何以经济关系作为基础，以文化交流当作促媒，借此来维持并深化两岸的社会联结，并随着大陆进一步的改革开放进程，以及两岸社会发展程度的趋近，深化"两岸一家亲"理念，进而产生两岸共同体意识，达到真正的"心灵契合"，这是两岸关系发展的核心要义，也是两岸媒体职责所在。

媒体在两岸关系中的角色

——记录者、沟通者、守护者

孙立极

孙立极：《人民日报》高级记者。自 2002 年作为《人民日报》记者赴台驻点采访，前后驻台近 20 次，累计驻台时间四年以上。采访过两岸关系发展中重要历史时刻：2005 年作为随团记者采访时任中国国民党主席连战首次访问大陆；2008 年 11 月两岸两会在台北举办会谈，签订两岸直航协议；2015 年两岸领导人在新加坡会面时驻台采访，以及采访台湾"八八风灾"等台湾重要新闻。

两岸领导人新加坡握手、两岸直航、国共两党一笑泯恩仇……作为往返两岸的媒体人，在有限的新闻生涯中，我们比其他领域的记者，有更多机会见证了里程碑式的进步，但与此同时，由于两岸关系的特殊性，我们也承担了更多超出媒体范畴的责任。

站在两岸新闻交流 30 年的节点上，回望前尘，百感交集。我们是复杂两岸关系的见证者、记录者，也有责任成为两岸人民的沟通者、和平稳定的守护者。

记录历史一刻，更记住背后的默默推动者

谈起两岸新闻交流 30 年，最先想到的是 1987 年 9 月台湾《自立晚报》记者李永得、徐璐打破台湾禁令，到大陆采访。这是两岸阻隔 30 多年后首

次媒体接触。不管这两位新闻前辈后来如何，他们当年勇敢跨出第一步都值得钦敬。当然，促成此行的是《自立晚报》社长吴丰山，更不能忘记两岸交流大门开启的真正英雄——1949年前后随国民党迁居台湾的老兵，台湾称为"老荣民"。

两岸新闻交流30年，前15年是单向的，台湾记者较容易到大陆采访。1994年大陆开放台湾媒体驻陆。后15年是双向的，2001年台湾开放大陆四家媒体赴台驻点采访。我有幸成为《人民日报》的驻台记者之一，往返两岸15年，面对面采访过不少老兵，也间接听说过很多老兵故事。今天再翻那些报道，尽管当时年轻的我并未完全体会他们经受的苦难，本能写下的文字仍然让自己泪流满面。

他们是被时代牺牲的一群人，请容我引用自己以前的报道："很多士兵终身未婚，苦苦期盼着回到家乡。1987年，压抑近40年的情感终于溃堤般爆发，老兵们走上街头要求开放。和大多数抗议不同，这个游行队伍发出的不是愤怒，而是悲情。当街痛哭的白发老人，举着'抓我来当兵，送我回家去'的牌子；参加集会的老兵们，伴着'雁儿呀！我想问你，我的母亲可有消息……'的歌声哭成一片……最终，'想家'这个简单却心痛的诉求，撼动了台湾当局'不接触、不谈判、不妥协'的铁板政策，开启了两岸交流往来的大门。"

每位老兵的经历都可以写一首十四行诗。我曾采访老兵高秉涵。2012年高秉涵因帮助100多名老兵遗骨返乡，被评为"感动中国十大人物"。他讲过这样一个故事，台湾还没有开放探亲的1981年，一位同乡辗转带回台湾三公斤家乡的泥土。100多位同乡每人分到一勺。这勺故乡的土，高秉涵是这样收藏的：分七次泡水喝下去。他回忆："水喝了下去很甜，但在一刹那又从我眼睛里流出来，而流出来的又何止是那七杯水啊！"实际上，每个台湾老兵都对应着大陆一个破碎的家庭，不止一次听到老兵子女讲这样的故事："爸爸在大陆结过婚，后来到台湾娶了我妈妈。前几年他回老家才发现原来的太太一直没有再婚，还在等他，愧对啊……"

2005年驻台时我和同事采写过一篇《台湾老荣民：被遗忘的角落》。当时我在报道中质问："也许历史根本不会记录他们这群渺小而卑下的小人物，只是，小人物的惨淡一生就可以被轻易磨灭吗？"现在我知道了，大时代下的小人物只能接受命运的安排，但所有的他们聚合在一起就是巨大的力量。他们是两岸关系的铺路石，没有石头留下姓名。但正是这些沉默而浩瀚的民意，托着两岸的和平与稳定。

有所不报，以增进两岸互信的大节为重

当我们看到那些生活在两岸夹缝中的普通百姓，两岸报道便不再是简单的新闻报道。我们希望自己不仅记录所见所闻，更希望可以借助手中的笔，为两岸关系和平稳定努力。或许这是一个功利且宏大的目标，但犹如建造一座摩天大楼，作为"砌砖工人"的我们，不能仅仅看到每块砖的样子，还应以大楼的稳固、安全为指向。

从事两岸新闻报道十几年，我感受最深的就是两个字"互信"。"互信"二字看上去简单，没有它，代价沉重。从 2003 年至 2008 年，我有幸亲历两岸直航从试探到达成，深切感受到因为互信不足，两岸直航比孩童学走步还要艰辛的步伐。

还记得 2003 年 1 月台商返乡春节包机出人意料成行。1 月 26 日凌晨 3 点，我们几个大陆记者就赶到桃园机场，等着凌晨 6 时"华航"首飞班机——54 年来第一架正常飞往大陆的台湾班机。当天的机场空空荡荡，因为台湾当局规定，只有台湾飞机可以飞行，只能空机飞往大陆、从大陆载客回台，只限台商及眷属乘坐……那一年，更离谱的是高雄小港机场，迎接包机的队伍有荷枪实弹的军人，因为台湾一直有人描绘解放军如何搭包机攻入台湾的情景。这就是艰难的第一步。

2005 年 1 月，台商回乡春节包机停飞一年后再次启动。这一次，大陆的飞机获准参与，我在高雄小港机场，目睹大陆飞机抵达的欢迎仪式，锣鼓喧天，彩狮奔腾。论起来，这又是一次不计成本的飞行，因为包机乘客仅限台商及眷属，连台生也排除在外，怎么可能客满？有台湾学生要硬闯机场，广邀新闻媒体到场见证。我们没有去采访这条新闻。作为记者，我们失职了吗？眼见着两岸不能直航，每年付出的巨额人力、物力成本，如果当时我心中有影像，就是烧香祈愿两岸包机平平安安、无风无浪，为日后持续不断的包机乃至定期航班累积信任。因此，不愿意有任何小波澜，就算是失职也认了。

此后又三年，2008 年 11 月 4 日，海协会与海基会在"九二共识"的基础上签署《海峡两岸空运协议》《海峡两岸海运协议》《海峡两岸邮政协议》等四项协议。还记得那天下午的签字仪式，台北圆山饭店大会议厅，

海协会会长陈云林与海基会董事长江丙坤签字、互换文本、拍照……不到20 分钟，仪式就结束了。难于上青天的两岸"三通"，与现实其实只是一张纸的距离，但这层纸背后是付出多少努力才累积起来的两岸互信。

必须承认，这些年的驻台采访，我们并未完全遵照真实性原则。正如忽略 2005 年包机时台湾学生闯关一样，我们过滤了一些东西，比如，早期在台湾我们会被称呼为"大陆妹"；2009 年台湾发生"八八水灾"，大陆捐赠的活动板房（台湾叫"组合屋"）抵台后，受到方方面面的杯葛……我们没有如实报道，这是否有违新闻伦理？

季羡林晚年曾说："真话不全说，假话全不说。"是因为不是所有真话都产生正面效果，只要不说假话，少说几句真话无碍大节。我相信两岸新闻报道也是如此，真实地写出那些闲言碎语，只会为两岸增加不快和误会。两岸很多问题解决不了，就是因为互信不足。在这种情况下，何必让一些个别人的过激言行，破坏本来就不厚实的互信呢？有所报有所不报，在两岸关系敏感时期，媒体人需要如此变通。如同作为建筑工人的角色，我们不能每块砖都砌，如果它为大楼的安全造成隐患，弃之不用也不可惜。

减少两岸误会，媒体沟通之外更有守护之责

厚植两岸互信基础，必须增进两岸人民的了解与理解，这方面媒体无疑大有作为。驻台早期常常遭遇"神提问"，比如我被问过："你们也过元宵节吗？"也被问过："北京还有古迹吗？都拆了吧？"还被问过："你们是不是女孩子越来越少了？听说女婴都被溺死了。"啼笑皆非得让我不知如何作答。

作为最早驻台的大陆媒体之一，我们深深懂得自己的职责所在。除了报道台湾动态性新闻，还主动采写了大量台湾方方面面的报道。这些报道在台湾人看起来可能根本没有新闻性，比如台湾多元化入学、健康保险制度是怎么回事，写过台北如何走过交通黑暗期，写过一位年轻里长的竞选过程，写过台北如何推广性教育，甚至还写过台湾妓女上街游行争自由，但依然远远不够。

两岸新闻交流 30 年，彼此似乎了解很多，其实仍然有些陌生。比如最近台湾媒体热炒日前抓获的前陆生"共谍"是共青团员。大陆的大学生有几位不是共青团员？前几年一位非法滞留、身份不详的大陆人士，台湾媒体

郑重其事地报道说，他曾在大陆参加过的政治团体——少年先锋队。台湾人不清楚少年先锋队只是大陆的小学生组织。所以，"名嘴"一句"大陆人吃不起茶叶蛋"，很多台湾人信以为真，也就没什么稀奇。

媒体通过新闻报道努力增进两岸了解之外，也需时刻警醒，不要由于报道不实为两岸增加不必要的误会。"茶叶蛋"造成的误会无关痛痒，甚至颇有娱乐性，但其他误会或许没有这么幸运了。一次脱线演出、一个极端称谓，都可能擦枪走火。轻则让某些人、某些职业无端躺枪，利益受损；重则可能影响两岸关系发展的进程。

当前，新技术带动下的新媒体发展蓬勃，每个人都有扩音器，都可以表达个人意见，关于两岸的过激言论此起彼伏。从 2015 年开始，两岸有识之士已不约而同提醒，两岸民意发生碰撞的几率越来越高。倘若两岸民意发生对撞，两岸媒体要扮演什么样的角色？煽风点火，挑动仇恨，可以吸引眼球、提高点击率，媒体激烈竞争下尤其充满诱惑，但媒体毕竟不是简单的营利事业，而是背负责任的社会公器，不能仅为一己私利，不顾社会影响和后果。

社会责任要求媒体报道成为冲突的缓冲器、融合剂，引导舆论走向理性平和。或许理性报道的点击率、传播率都不如煽动性报道，但时时想想那些因两岸关系分隔与动荡受苦受难的人们，想想两岸关系和平发展这一远大但值得努力的目标，两岸媒体有责任成为和平稳定的守护者。两岸新闻交流30 年，媒体人担当了记录者、沟通者，期许我们在继续的 10 年、20 年中，更成为两岸和平的参与者、守护者。

台湾海峡之此岸·彼岸

——两岸新闻交流 30 年

金蜀卿

金蜀卿： 1968 年出生于台湾高雄，籍贯四川合江，资深两岸媒体人。毕业于台湾中国文化大学中文系，纽约大学新闻学系、北京大学哲学系佛教研究生班、中国社科院世界宗教所在职进修。现职《人间福报》社长，历任 TVBS、中天电视台、年代电视台驻北京特派员、新闻大陆中心主任，多家杂志社特约撰稿员。获颁第三届两岸关系暨大陆新闻电视报导奖。

　　车子驶在北京长安街上，时空交错，脑海中浮现出好几张采访地图。1997 香港回归至 2007 是两岸关系最诡谲多变的十年，期间经历了汪辜两次会谈、李登辉"两国论"引发台海演习、陈水扁上台两颗子弹悬案未决、大陆通过《反分裂国家法》为"台独"运动画出底线。2007 至 2017 近十年，全球金融危机，世界目光聚焦中国。北京举办奥运、神舟七号飞船升空、十三五规划提出"建设北京至台北"的高铁路线，福建段从平潭岛经海底隧道直通台湾桃园海滨，进而达到台北。世界最大规模的中国高速铁路网将"一带一路"推得更远。马英九执政八年，两岸领导人交流"习马会"达到高峰，机遇难逢。陈水扁银铛入狱六年保外就医。蔡英文当局不认"九二共识"，两岸关系倒退。《人间福报》创办人星云大师以"赵无任"笔名著述《慈悲思路两岸出路》，其生命书写与家国情怀致力于推动两岸和平发展，我的新闻史观，亦复如是。

1997 前后两年　历经两次台海危机

1995 年 6 月 27 日到 TVBS 上班第一天，台北圆山饭店着火了！当时还是手写稿，午间新闻压力大，主播念着头条新闻干稿，导播冲出副控室大喊："圆山失火拍摄带，不用剪，直接 on。"电子媒体分分钟练兵，10 月 TVBS 成立台湾第一个 24 小时新闻频道，每个整点都是截稿时间，SNG 现场直播成为新闻台主力后援。两岸关系牵动着股市与房市，1995 年至 1996 年之间，解放军为反击李登辉访美举行军事演习，导弹危机笼罩在台海上空。我负责跑政经线，上午在证券公司连线，收盘后转到"立法院"或海陆两会采访。市场作空翻炒郑浪平《1995 闰八月》，股市震荡、房市下滑，一波人移民海外。

1997 年 7 月 1 日，阵容庞大的国际媒体陆续进驻港岛，以"香港主权移交"看似不带政治立场的标题做报道。我在维多利亚港连线，目送英国查尔斯王子与香港总督彭定康搭船离开，紫禁花旗升起。董建华特首海报高挂在中环闹区，"一国两制"新政，港人希望马照跑、舞照跳，50 年不变。

全球盯住中国 13 亿人口红利，TVBS 低调部署大陆驻点采访。1998 年 2 月，摄影记者杨秉海与我奉派北京长驻，重头戏是 3 月全国政协、人大"两会"。不到 30 岁菜鸟把大陆新闻当财经实时新闻跑，抢得唐树备独家访问，自己也成了新闻人物。两会期间，台办安排台湾记者前往天津采访，出发前得知唐树备将与人大台湾团代表张克辉于皇城饭店会谈。海哥与我临时脱队，载着摄影器材苦候三个钟头，被警卫驱赶了十几次。突然，一个熟悉身影出现，唐的座车快速离开，立即加油尾随。马路旁积雪未化，唐树备知道有台湾记者追车，生怕意外，让司机停车并摇下车窗接受采访。这个飞车独家暴露看似春天到了的两岸关系，外松内紧。

7 月底，从律师口中获知高雄市议员林滴娟疑似在东北遇害，向国台办报备要离开北京，前往沈阳海城采访。搭了九小时的火车赶往鞍山，访问到当地台办罗小刚专员，证实林滴娟遇害消息；透过辽宁省电视台协助与台北连线，林男友韦殿刚被隔离，手伤躺在床上的画面顺利传回，并独家采访中兴医院院长张崇利及海城市长助理宋兴胜，谈整个案情发展。其他电视台再怎么调兵遣将，已然鞭长莫及。敏感人物发生敏感事件第一时间，如实报道、厘清疑点，避免过度解读是跑大陆新闻原则。

10 月 28 日，中国国际航空 CA905 航班由北京飞往昆明途中，遭机长袁斌劫持至台湾中正机场。台北同事传真袁斌身份证数据，上头有一行地址。摄影记者许志冠与我意识到事件的严重性，二话不说，车子停在他家小区，麦牌取下，直接上楼。门半开半掩，几个壮硕男子已在屋内搜索，没有任何人理睬我们，摄影机一直开着，拍完迅速离开。当画面传回台湾播出，同业打越洋电话致意，他说十几年跑大陆新闻经验，即便主管要求也会拒绝。"你们竟然直接跑去他家拍摄，输得心服口服。"据闻，这段新闻画面被作为劫机动机的分析参考。2001 年 6 月 28 日，袁斌夫妇及另外六名劫机者被遣返回大陆。

1999 年 7 月，摄影徐国平与我在新疆拍专题，9 日李登辉抛出"两国论"，我们立即中止采访赶回北京待命。9 月初，解放军在山东中部山区首度集结演练。几天后，又在浙东、粤南沿海举行了大规模的诸兵种联合渡海登陆实兵演习。台海危机一触即发，我们在央视建外公寓卫星连线，气氛异常紧张，主管担心股市崩盘。董事长邱复生回答："跌就跌。你有买股票吗？"就在台海紧张局势不断升级的时候，台湾发生了"9·21 大地震"。大陆出于人道主义考虑，也为了避免国际社会的不理解与误会，在地震发生后停止了各项军事演习。数日接到台办与受访者打来慰问电话，泪水盈眶，台海局势得到缓解。

"十一"报道不在计划之内。1999 年建国 50 周年举行大阅兵，公司指示要在天安门广场作连线。我没有当过兵，而三周后要报道解放军兵种、方队与重装备。暗愁几天后发现，夜间好几条街戒严阅兵演练。于是在北京饭店订了一间靠长安街的房间，摄影记者徐国平从阳台拍摄。此举被人盯上，并被请去问话一宿。主管杨盛昱经理、中国记协李安主任与国台办杨毅处长等出面说情，理解了我们是出于工作需求，别无企图。10 月 1 日直播工作照常。CNN 北京分社社长齐迈克（Mike Chinoy）也在一旁连线，询问哪些新型重装备是否登场？我答非所问，说只想结束后回去倒头大睡。

1999 年 12 月，搭档张志旻与我以"这一年 1998"专题报道，获"新闻局"颁发"第三届两岸关系暨大陆新闻报导奖"。

"互联网 +" 两岸媒体新格局

2000 年 9 月，我到中天电视台任职大陆新闻中心主任，主持《纵横台海》《世界公民》节目。2004 年为年代电视台北京设点，兼《TVBS 周刊》

《凤凰周刊》《今周刊》特约撰稿。在大陆工作、求学、生活的时间长达17年，近距离了解大陆，远距离观察台湾。各地台办与记协组织大江南北采访活动，足迹遍布大陆23个省、五个自治区、四个直辖市、两个特别行政区。司马迁少年壮游，增广见闻，开阔胸襟，写出《史记》。采访两岸暨大陆新闻记者，有机会参与重要国际活动报道，如上海APEC亚太经合会议、2008北京奥运、"一带一路"高峰论坛等，对个人与新闻事业提升意义重大。

驻点结识的、采访过的人无数，具传奇色彩的如黄植诚、李大为、林毅夫，两岸密使沈诚，竹联帮元老白狼张安乐等，每个人物故事都是一段两岸史话。独家新闻光环的背后，内心常感淡淡哀伤。每座岛屿，都向往着一片大陆。情感上无法割舍对台湾，对身为中国人的情怀，面对工作上，总要求自己实事求是，作为两岸相互理解的一座桥梁。

"三通"未通，佛教先通。早前，《联合报》张圣岱经常访问宗教局长叶小文，后来在中台禅寺出家。星云大师来北京常邀我一起吃饭、看京剧。热爱京剧与票戏的海基会辜振甫董事长说过："谈判也是在聊戏啊，当双方谈着谈着谈到瓶颈，就开始说戏。"老一辈人透过电影、戏剧、佛教、音乐、体育等，紧系文化中国纽带。之后跟着大师一笔字书法大陆巡回展采访，了解人间佛教以人为本，中华传统文化核心价值即是菩萨道。历经战火的星云大师一生致力推动两岸和平，两岸却都把他当作是"对岸"。无奈，他说："那就做一个世界地球人吧！"90岁高龄仍在两岸舟车往返，"你来我往，我往你来，来来往往，两岸一家"。他一直有着一股力挽狂澜的决心与勇气。星云大师年轻时就想办一份报纸，2000年创办了《人间福报》。我于2014年6月回台接任社长。

2017年两会上，李克强总理提出"互联网+"，年内取消手机国内长途和漫游费，降低国际长途电话费。我们经历过电话拨接上网传搞、卫星讯号一分钟100美元的年代，现今采访新闻动动手指，滑滑平板，几秒屏幕就秀出两岸交流大事记。近日人机大战结果，AlphaGo三盘完胜中国围棋职业九段棋手柯洁。两岸人都怀念的邓丽君在日本被5D全息投影技术复活了。下一个十年，两岸新闻圈也许会出现一位人工智能超级记者；下一次选举，大数据记录和分析你的职业、个性、兴趣喜好，告诉你应该投票给谁最适合？

面对强大的人工智能，两岸新闻报道的第三只眼须在直播、分析、评论的数据流中保留空白，理解万岁。媒体新时代来临，前方的路没有了旧时的月色，正是我们在心中掌灯的时候。

三次和台湾记者过中秋

赵 兹

赵兹：曾任《经济日报》高级记者、海外中心副主任兼港台部主任和香港《经济导报》第一副总编辑兼总经理，1992年曾作为首批大陆记者团成员赴台湾采访。

中秋，是家人团聚的日子。在和台湾朋友的交往中，我有着三次和台湾新闻同行一起过中秋节的经历，不能不说是一种缘分。

一、台北中泰宾馆

第一次是在1992年9月11日，那天恰逢中秋佳节，也是我们这些首批赴台访问的大陆记者们，在台湾停留的最后一天。

中秋与春节、端午是台湾民众十分看重的三大节日之一，全岛放假三天，各单位还会加发一个月的薪金。一大早，台北的街头就车水马龙，热闹非常，不少人还纷纷赶回台南和东部过节。

但安排我们在台各项活动的海基会工作人员却放弃过节，一部分陪同我们搭机赴台东花莲继续参访，一部分则留在我们下榻的台北中泰宾馆筹备当晚的"中秋惜别晚会"。

黄昏时分，我们搭机赶回台北，出席海基会为我们精心准备的中秋晚会。晚会在中泰宾馆的露天游泳池畔举行，十五的圆月倒映在池水中，波光粼粼，十分迷人。舞台后方的大屏幕中央画有嫦娥奔月图，两旁则挂着

"月圆人庆圆　千里共婵娟"的对联。

海基会副董事长陈长文和秘书长陈荣杰等悉数出马，来宾中除了大批七天八夜和我们朝夕相处的台湾新闻同行外，还有台湾"新闻局长"胡志强和他的家人。

陈长文简短致辞后，晚会拉开序幕。在大家的期待中，绚丽的灯光突然熄灭，只能看到天空一轮皎洁的明月，就在这时，海基会的几位小姐登场了，她们人手一根发光的蜡烛，跳起了优美的舞蹈，夜幕中点点火星烛影，把人们带入一个充满遐想的梦幻世界。

舞毕，灯光复明。大陆记者开始登场，合唱一首在台湾走红的大陆歌曲《思念》："你从哪里来？我的朋友，你像一只蝴蝶，飞进我的窗口，不知能作几日停留？"歌声飘荡在夜空，寄托着浓浓的惜别之情。

之后，陈长文率海基会同仁演唱了罗大佑的《恋曲1990》。陈荣杰也不甘示弱，跳上台来，转身问大家："是唱？还是跳？"在台下热烈的掌声中，大跳起迪斯科。在强烈的音乐节奏下，两岸记者们纷纷起身加入，一时间，乐曲奔放，灯光四射，把晚会推向高潮。

听台湾媒体朋友告诉我，陈长文和陈荣杰与马英九都是台湾大学法律系的同窗好友。在抵台当晚海基会为我们举办的欢迎酒会上，陈长文在和我交换名片后，略作思忖说："嗯，你是国务院的。"他是指我所在的《经济日报》隶属国务院，而一般台湾民众只认为我报是一张专业性的财经报纸。

海基会董事长辜振甫2005年去世后，陈水扁当局接掌海基会，并在2006年废除"国统纲领"，这时，已仅任海基会董事的陈长文，发表"沉痛声明"，辞去了在海基会的这一最后职务。

当天的晚会最后是以一曲《月亮代表我的心》结束。新华社记者端木来娣和海基会综合服务处处长张全声携手走上舞台，张处长首先提议，将歌名改为《月亮代表我们的心》，由单数变为复数，获得了台下一致掌声的赞同。于是，台上台下歌声同起："你问我爱你有多深？我爱你有几分？我的情也真，我的爱也真，月亮代表我们的心。"

此刻，月上中天，星儿闪烁。歌声在台北的上空回荡，这不是情意绵绵的恋曲倾诉，而是两岸同胞的骨肉心声。

二、浙江南麂岛

第二次和台湾记者一起过中秋节，是 1995 年 9 月 11 日在浙江南麂岛举行的两岸新闻界中秋联谊会上。南麂列岛是浙江离台湾最近的岛屿，距大陆最近的距离仅有 45 公里，其主岛因形似奔麂而得名，是国家级海洋类型自然保护区之一，被列入联合国教科文组织生物保护圈网络海洋类型自然保护区，也被称为"贝藻王国"和中国最美的十大海岛之一。

这次联谊会是由《人民日报》、新华社、《经济日报》、中央人民广播电台、中央电视台、中新社和浙江省平阳县政府联合发起，邀请了台湾《联合报》《中国时报》、"中国广播公司""中华电视公司"等多家台湾媒体记者参加，与会的还有《光明日报》《中国青年报》《北京晚报》的同行。

我们一行 20 多人，从平阳乘一艘铁制渔船，一路颠簸了两个多小时，终于来到了南麂岛。这里长期受海浪和潮汐的侵蚀冲击，岸线曲折，海湾众多，岬角丛生，基岩裸露，且多为陡崖峭壁。

两岸记者搀扶着从船上跳到岛上，四下除了海涛声，听不到其他声响。礁石上长满了密密麻麻的淡菜，扑面而来的是一阵阵鱼虾的海腥味道。岛上鲜有住家，遍地青草丛丛，满目绿色。

大家安顿好后，两岸记者聚集在一起，开始了中秋座谈会。中央人民广播电台的王求率先发言，在他的带动下，《人民日报》的何煦昭、连锦添，《中国青年报》的李勇，《北京晚报》的洪红，《联合报》的汪莉娟等踊跃发言，气氛活跃，交流热烈。

岛上物质条件有限，宿舍里的被子、枕头略泛霉味儿。吃饭的碗碟都是从平阳临时运过来的，听说午饭准备的全是些平时吃不到的各式海鲜，等大家兴冲冲走进餐厅，却见满桌的盘盘碟碟全呈黑色，待我们来近桌旁，忽地一群群苍蝇盘旋飞起，此时，才见到了盘子里摆放的是明虾、濑尿虾、章鱼、牡蛎，还有鳗鱼等海味大餐。好在记者们都能入境随俗，也吃得个碗净盘光。

可下午问题就来了，先是两个台湾女记者肚子疼得不得了，接着又有人上吐下泻。大陆记者出状况的不多，中央人民广播电台的陈振东等纷纷拿出带来的黄连素等救急，居然，还颇有成效。

随后，有人提议去游泳，走入环状的海湾，空旷的沙滩上，黄澄澄的沙地细腻而柔软，踩在脚下极为舒服。畅游在清澈透明的海水中，能见度达好几米深。

据说，一般海滩的沙子多为石英砂，而这里的沙子却是由贝壳分解出来的贝壳砂形成，全世界只有两处这样的海滩，另一处在日本。

为欢迎两岸记者，平阳县在背对大海的海滩上搭起舞台，宽大的幕布上，串串灯饰烘托出"月到中秋圆"五个大字，舞台两侧的联幛上写道："一轮月照故园心　千顷波迎天际客"。

傍晚时分，演出开始，县平剧院的演员们浓妆淡抹，身着戏衣，挥动折扇，且歌且舞。台下的记者和围观的岛民，有的在沙滩上席地而坐，有的还在挖出的沙坑中点起篝火，看到演员们演到精彩处，大家一阵喝彩，掌声、笑声飘荡在无垠的夜空。之后，两岸记者又轮番上台表演，在同一个月亮照耀下，一直尽兴到午夜。

我望着眼前的一切，巨大的天幕深邃幽蓝，空中的月亮又大又圆，眼前的海水泛着蓝莹莹的光亮，一层层的向上涌动，持续不断地将浪花推上沙滩。令人难忘的南麂岛，上演着一出"海上生明月"的盛景。

三、西藏拉萨

第三次和台湾新闻同行一起过中秋，却是在西藏的拉萨。

2000年9月12日，中秋之夜。这里的月亮比任何地方都要圆都要亮，皎洁的月光在没有任何尘埃的遮挡下，倾洒在海拔5000多米的青藏高原上。

西藏宾馆里，来自两岸的记者们欢聚一堂，共庆中华民族这一传统节日。西藏自治区新闻办主任苟天林代表自治区政府讲话，他说，两岸记者今天虽然不能与家人团聚，但在拉萨过节可能更有一番意义。

记者们边品尝着从重庆运来的月饼，边欣赏藏族歌舞表演。应大家的要求，国台办新闻局副局长杨流昌展示了他的魔术绝活儿——绳技表演。随后，两岸记者手拉手围起一个大圆圈，跳起了欢快的舞蹈。

这次，两岸共有30多名记者来西藏采访。台湾记者来自《联合报》《中国时报》《工商时报》《劲报》《明日报》、"中央社""中国广播公司""中国电视公司""中华电视公司"、台湾电视公司、无线卫星电视、东森电视公司。大陆记者来自《人民日报》、新华社、《人民日报海外版》《光明日报》《经济日报》、中央人民广播电台、中央电视台、中国国际广播电台、中新社、《北京晚报》、海峡之声广播电台。

在藏行程包括拉萨、日喀则，访问地有大昭寺、西藏博物馆、布达拉宫、色拉寺、罗布林卡、扎什伦布寺、西藏大学、拉萨市师范学校、郎孜夏监狱、西藏啤酒厂、喜马拉雅矿泉水厂、西藏藏药厂、拉萨市地毯厂和两户藏民家庭。采访了热地、列确、徐明阳等自治区领导人。

西藏这次向记者们毫无保留地展示了那些颇具神秘感、很少对外开放的珍贵历史文物和资料，甚至在一些地方还打破惯例，让记者们可以近距离观察和拍摄。在大昭寺，尼玛次仁喇嘛详细介绍了藏民族历史、藏传佛教的由来和流派，介绍了藏民族英雄松赞干布和被尊为"白度母"的文成公主，以及由她带入西藏的释迦牟尼12岁"等身佛"像。

在举世闻名的布达拉宫，管理人员把记者领到了历代达赖喇嘛的灵塔前，甚至打开了不对外开放，存放着第十三世达赖灵塔等的殿堂，使我们亲眼看到了自宋朝以来所收藏的千尊佛像和浩如烟海的经书。

在去扎什伦布寺之前，我们起了个大早，为的是能亲眼目睹和聆听到密宗僧人的早课，以及西藏僧人独有的"辩经"活动，同时还参观了十世班禅大师的灵塔和寺中世界上最大的"强巴佛"像，也称"未来佛"或"弥勒佛"像。

这一切使记者们大开眼界，曾到过印度的达赖驻地并和达赖握过手的台湾TVBS电视公司记者汪国鼎对我说，他为他所看到的藏民族的宗教精神和文化传统而感动，西藏的宗教精神文化都在这里。他认为达赖应该回来。

对于这次西藏之旅，有记者亦称为喘息之旅。因为这里的氧气含量仅为平原地区的60%左右，对于来自北京和台北的记者，即使躺在床上休息时的氧气消耗，也相当于在平原百米冲刺时的消耗。我平日自诩身体不错，但到拉萨后的头天晚上，脑袋疼得像裂开似的，怎么也睡不着觉。到藏的头几天，几乎每走一步都要大口喘着粗气，尤其是上台阶时，而藏式建筑的台阶又特别的高和多。记者中不少人也出现头疼、腿脚发软、无法入眠等症状。

于是，两岸记者相互扶持，中国记协台港澳办公室主任李安不时帮着台湾电视台记者扛设备，台湾《明日报》记者吕庭华则把药品分给有需要的大陆记者。台湾《中国时报》记者林照真头晕起不来床，大陆记者就把饭菜端到她的床头。台湾《劲报》记者杜圣聪因高原反应牙疼，我就利用中医穴位疗法帮他止疼，招得台湾"中央社"记者刘正庆也跑来"求医"。在两岸记者交流如何减轻身体不适时，台湾《工商时报》记者李道成说出他的心得，每到头疼不已时，就会拿出他八个月大儿子的照片看看，声称会减轻症状。于是，新华社记者范丽青也拿出了自己儿子的照片来。

在藏期间，恰逢台湾"中华电视公司"记者张秀曼生日，大陆记者为她买来生日蛋糕，大家一起击掌唱起了"祝你生日快乐……"

9月16日，两岸记者顺利结束采访，乘飞机离开拉萨来到成都。国务院台办主任助理、新闻局长张铭清专程从北京赶来，为记者们举行了洗尘晚宴。

在这次采访过程中，我不禁说起了自己前两次与台湾记者共度中秋的情景，一些同行听说后纷纷约我采访。中央电视台的李晓奇、白玉山，中国国际广播电台的郭胜昔，海峡之声广播电台的魏文利和台湾"中国广播公司"的康子仁不断地围着我询长问短。

9月17日，新华社记者范丽青在她的"共祝西藏更美好——海峡两岸记者联合采访西藏活动侧记"一文中，是这样记述我的这段经历："来自北京《经济日报》的记者赵兹也受到了多位同行的争相采访，因为他的经历最特别，至今已经有三次中秋节是与台湾同行们一起度过的。他说，我对此终生难忘。一次是1992年首次赴台湾交流，恰遇中秋节，我们与台湾记者们联欢，开怀畅饮。第二次是两岸记者到南麂岛的采访活动，又再一次在海边共赏明月，倾听大海涛声。而这次我又再次和台湾同行们在高原度过这个传统节日，我深深地感到，两岸隔阂是暂时的，同胞之情是永恒的，我们的心一定会跳到一起的。"

这次难忘的西藏之旅后，我在《经济日报》上撰写了海峡两岸记者联合采访西藏纪实，题目就叫《同在世界屋脊的明月下》。

两岸新闻交流卅年之我的两岸婚姻路

杨　钊

杨钊：东森驻北京资深记者，东森电视台新闻部大陆中心副理。曾采访两岸大事件，如两岸包机、两会复谈协商（"陈江会"）、"胡连会"、两岸"三通"、两岸事务部门负责人会晤（"张王会"）、新加坡"习马会"。

不久前我回母校世新大学新闻系与大三学弟学妹演讲，讲的内容是两岸新闻交流这卅年的状况，不过这些年轻学子似乎对我因采访两岸新闻结下的两岸姻缘之路比新闻交流还感兴趣，提问环节中不少学生问我如何与太太结识，又如何最终走在一起，甚至一位来自东北沈阳的交换生（女同学），干脆直接举手问我，她如何能在台湾结婚生活等等，让我大感意外，也让我回忆起当年我与妻子那段往事……

2000 年开始，我服务的台湾新闻媒体——东森电视台指派我到北京驻点，从那时开始，春节包机直航、国共领导人会面、两岸全面"三通"、两会恢复协商、两岸事务主管部门负责人会面……一直到新加坡"习马会"。17 年来两岸交流关键时刻我基本上都参与采访，也亲身见证两岸关系起伏跌宕。

回忆当时，我始终认为在大陆采访只是我新闻工作生涯的一段插曲而已，压根没想到要在大陆"找对象"。2002 年我转战台湾 TVBS 电视台驻京记者，来年是我改变人生的一年，那年七月参加国台办和中国记协举办的两岸记者联合采访活动，在长江三峡，行程中看到一位大陆同行，中央人民广播电台对台部女记者，长发，鹅蛋脸，有一双大眼，态度优雅不多话，重点是很瘦，可以用仙风道骨来形容（现在当然不瘦啦）。当时觉得她很特别，因此开始注意她。活动中彼此都有好感，所以之后我开始追求，其实说我与妻子婚前交往过程就是当时两岸关系缩影一点也不为过，一开始交往我们很低调，因为我是 OK 啦，台湾媒体是民营企业，单位不会管记者私生活，但她不行。当时台湾正逢阿扁连任，两岸关系降到低点，她承受上级压力不小，有时一谈到她甚至会流泪，我安慰她说没关系，如果你认为这样交往影响你的工作生活，我们就分手吧，我不会怪你的。不过我太太自小个性逆反，越强迫她越是要对着干，一度她可能因为我而要调单位。到了 2005 年转机来了，那年四月国民党主席连战率团访问大陆进行"破冰之旅"，国共领导人再度握手。

"国民党主席都来了还有什么不可以呢？你来采吧！"这是当时我向一家北京餐馆申请采访时老板对我说的第一句话。2000 年陈水扁执政时期，与其说我们在大陆采访限制很多，倒不如说是大陆民众对我们充满戒心，2004 年陈再连任，我们在北京采访压力更大。

不过当连主席在人民大会堂与时任总书记胡锦涛握手之后，两岸关系又迈入新的篇章，而我跟我太太之间也有了微妙变化，首先她的单位不再干涉，再是小到地方台办，大到中央台办像是都知道这件事，也都希望促成我们这桩事儿，毕竟是两岸新闻媒体人第一对，但由于台湾时局态度不明朗，因此我们仍持续等待着。

2008 年 3 月马英九当选台湾新领导人，两岸关系正式稳定发展，我知道时机到了，那年 10 月我与我太太在北京正式登记成为夫妻，来年 11 月我们在台北登记并举行婚礼，由当时国民党主席吴伯雄证婚。我记得我请他老人家来主持婚礼时，他第一眼看到我之后就大笑，"原来是你啊，我认得你是东森驻北京记者。""当然啊，因为您首次以国民党主席身份到大陆进行'雨过天晴之旅'访问，我都在场啊。"所以伯公很爽快地答应了，只可惜当年开放力度没那么大，婚礼上岳父只能在北京透过手机扩音与台北婚礼宾客问好致意。

这些年两岸关系依旧高高低低起起伏伏，但两岸民间交流却是越加紧密，更多两岸婚姻是工作、旅游、学术访问，甚至网络交友各种跨越地域疆界互动模式所促成。

不过值得注意的是，两岸婚姻在 2001 年有 26516 对，2003 年达到 34991 对为最多。但到了马英九当选领导人的 2008 年却减为 12272 对，两

两岸联合采访牡丹江水库工作人员。

岸婚姻对数不因交流密切而增加反而递减。其中大陆新娘逐年递减，反而大陆新郎人数增加，以 2016 年为例，两岸婚姻中 9322 对新人，大陆新娘有 8528 人，大陆新郎 794 人，与上一年相比，大陆配偶新郎人数增加 67 人、新娘却减少 789 人。

其实这与大陆经济增长生活好转有很大关系。一位娶了陆配的上海台商告诉我："因为大陆的发展，我们这一代的两岸婚姻，双方经济状况较为匹配、年龄差距不会太大，以前靠中介娶老婆的情形会愈来愈少，对陆配的刻板印象也会改变。"

我的好朋友国台办新闻局局长马晓光曾在记者会上说过，早期的两岸婚姻多半是单向的，而且很多是为了生计。随着这些年两岸交流的扩大和深化，随着大陆经济发展、社会进步和生活水平的提高，今天的两岸婚姻是基于爱情基础之上的，充满了特殊韵味的爱。他还表示，希望两岸青年人在交流、创业、求学中进行更加广泛地接触和了解，不一定都能喜结连理，但是完全可以结下深厚的友谊。

由于生活习惯而出现的一些小分歧，通过不断磨合而进一步了解对方、逐渐适应对方。而由于两岸的思想和文化差异引起的分歧则需要更多的理解和包容。互爱、互信、互谅是所有家庭幸福的基础，体现在两岸婚姻的家庭中，更多的则应当是"互谅"。

　　我的故事说完了，也祝所有目前沉浸在两岸婚姻酸甜苦辣或是即将加入两岸婚姻这个大家庭的朋友就像两岸新闻交流一样有更好的未来与愿景。

两岸新闻交流工作大事记
（2008—2016）

2008 年：

7 月 4 日，由新华社、人民日报社、中央电视台、中央人民广播电台、北京电视台和北京日报等十几家媒体组成的 60 人记者团乘"周末包机"抵台，这是两岸开放媒体交流后规模最大的单一大陆记者团。

7 月 31 日，台湾当局"陆委会"宣布，继恢复新华社与人民日报社赴台驻点采访后，再开放大陆五家地方媒体赴台驻点申请，每次开放以三个月为限，如采访需要可以延长一次。

9 月 20 日至 26 日，应台北市记者公会邀请，由中国记协组织的，以吉林日报社社长毕政为团长的大陆新闻媒体负责人赴台访问团一行 13 人，对台湾进行为期六天的访问。

11 月，国务院台办公布《台湾记者在祖国大陆采访办法》，台湾记者可以通过有关部门指定的服务单位聘用大陆居民从事辅助工作，因采访报道需要在依法履行报批手续后，可以临时进口、设置和使用无线电通信设备。

12 月，福建日报社、福建省广播影视集团东南卫视各派两名记者抵台，成为首批赴台驻点采访的大陆地方媒体。

2009 年：

2 月 5 日至 14 日，由国务院台办、中国记协和台湾"中国新闻学会"共同组织的第八届海峡两岸大学生新闻营在台湾举办，来自海峡两岸 14 所院校的 62 名师生参加了活动。

3 月 19 日，应台湾"中国新闻学会"邀请，以人民日报社总编辑吴恒权为团长的中央媒体负责人访问团抵达台北进行为期 10 天的访问，这是自两岸交流以来大陆媒体赴台访问层级最高的代表团。

4 月中旬，应新华社邀请，以台湾联合报系总管理处总经理王文杉为团长的联合报系代表团一行 12 人启程赴北京、上海等城市访问主要媒体。

7月8日至17日，由国务院台办、中国记协和台湾"中国新闻学会"共同组织的第九届海峡两岸大学生新闻营在福建省举办，两岸共41位师生参加新闻营活动。

7月27日，由海协会专家、国台办新闻局局长杨毅率领的海协会新闻交流团一行16人搭机抵台，展开为期七天的访问交流，此次参访是两岸两会系列互访计划之一。

8月22日，首届海峡媒体峰会在福建福州举行，这是海峡两岸媒体首次在福建共同举办的最大规模、最高层次的新闻研讨会。《海峡媒体深化交流合作共同建议书》在本次会议上发表。

10月27日，台湾当局宣布放宽大陆媒体驻点采访限制。驻点媒体今后不需先行向台湾"新闻局"报备即可到台湾任何地点进行采访。每家媒体驻点记者人数将不再限于两人，最多可达五人。

10月28日至11月1日，海基会董事长江丙坤率领海基会新闻交流团前往北京、山西等地访问。

2010年：

2月3日，由国务院台办、中国记协和台湾"中国新闻学会"共同组织的第十届海峡两岸大学生新闻营在台湾顺利落幕。

2月14日，海峡之声电台开播《夜航船》，这是大陆首个两岸互动类的情感节目。

5月18日，台湾方面宣布同意厦门卫视、湖南卫视、深圳报业集团等三家媒体赴台驻点采访。

2010年的7月11日至20日，由国务院台办、中国记协和台湾"中国新闻学会"共同组织的第十一届海峡两岸大学生新闻营在上海和台湾举办，来自海峡两岸20所院校的75名师生参加了活动。

7月13日，2010海峡两岸广播交流研讨会在台北举行，来自海峡两岸的广播人共同探讨两岸广播电台交流合作之路以及广播如何面对网络和数字时代。

8月8日，大陆《经济日报》与台湾《经济日报》在重庆签署全面合作框架协议，标志着两岸两家最大的财经报社实现结盟。

9月15日，新闻出版总署副署长邬书林率百人团访台，出席第六届海峡两岸图书交易会。期间，邬书林会晤台湾"新闻局长"江启臣，成为两岸开放交流以来新闻出版主管负责人首次会面。

10月2日，《中国时报》举办创刊60周年社庆，国台办主任王毅致函，祝愿该报秉持民族大义，为增进同胞福祉，推动两岸关系和平发展做出更大贡献。

12月13日，由澳门文化传媒联合会主办、《澳门商报》承办的"2010首届（澳门）两岸四地文化传媒发展论坛"于澳门渔人码头会议展览中心举行。

2011 年：

1月20日至1月29日，由中国记协台港澳工作部与台湾"中国新闻学会"共同组织的第十二届海峡两岸大学生新闻营活动在台湾举办。来自海峡两岸15所院校的52名师生参加了新闻营活动。

4月上旬，应中国记协邀请，以台北市记者公会理事长、台湾"自由新闻社"社长袁天明先生为团长的台北市记者公会访问团一行11人访问山东、河北承德和北京。

4月25日，应台北市新闻记者公会邀请，以中国记协书记处书记祝寿臣为团长的大陆地方记协负责人一行九人访问台湾。

5月13日，海协会会长陈云林在上海会见了海基会董事长江丙坤率领的海基会媒体参访团一行。

5月24日，第三届海峡媒体峰会在江西庐山开幕。台湾《中国时报》《工商时报》、中天电视台等15家台湾主流媒体的高层和记者，以及大陆10省市省级报纸和江西省主要媒体的有关人员出席峰会。

6月，应台湾联合报系文化基金会邀请，中国记协书记处书记顾勇华率大陆网络媒体负责人访问团一行13人赴台湾访问。

6月12日，第三届海峡新闻出版业论坛在厦门举行。论坛上，新闻出版总署宣布惠及台湾同胞并在福建先行先试的五条政策，在两岸产生广泛影响。

6月13日，应海协会邀请，海基会副董事长兼秘书长高孔廉率海基会广电出版参访团一行14人赴北京、上海、江苏等地进行参观访问。

7月7日至7月17日，由国务院台办、中国记协和台湾"中国新闻学会"共同组织的第十三届海峡两岸大学生新闻营活动在山东、北京举办。来自海峡两岸28所院校的60名师生参加了活动。

7月10日至7月18日，由国务院台办和中国记协共同组织的海峡两岸记者"重走辛亥路"联合采访团一行43人赴广州、中山、武汉、南京、北京进行采访。

7月29日，由两岸多家网络媒体主办，央视、台湾"华视"、《旺报》等传统媒体协办的"两岸大交流你我共参与——网络作品征集大赛"在北京启动。活动首次以新媒体的形式展现了两岸青年参与两岸大交流、支持两岸关系和平发展的想法。

9月，应台湾《中国时报》邀请，中国记协组织以新华社副社长周锡生为团长的大陆中央媒体负责人访问团一行18人赴台湾访问，团员包括国新办副主任王国庆、《人民日报》副总编辑米博华，以及中宣部、国台办有关部门的负责人，是两岸开展新闻交流以来，大陆访台新闻团组中副部级以上领导最多的一次。

9月19日，中国互联网协会海峡两岸互联网交流委员会在北京成立。

10月28日，首届两岸及香港《经济日报》财经高峰论坛在人民大会堂举行。180余位来自大陆、台湾、香港的知名学者、企业家、媒体人士参加论坛，为三地经济交流合作与发展献计献策，该论坛确定将每年轮流在三地举办。

12月6日至12月9日，第十二届海峡两岸及港澳新闻研讨会在香港举行。来自两岸及港澳的近70位新闻业者、学者围绕"传媒面对新科技的挑战与机遇"的主题进行研讨。

2012年：

2月9日至18日，由国务院台办、中国记协和台湾"中国新闻学会"共同组织的第十四届海峡两岸大学生新闻营活动在台湾举办。来自海峡两岸22所新闻院校的64位师生参加了活动。

4月中旬，应中国记协邀请，台湾中华资深记者协会访问团一行18人对北京进行参观和访问。

4月下旬，应台湾"中国新闻学会"邀请，中国记协名誉主席邵华泽一行五人访问台湾，这是近年来大陆新闻界访问台湾层级最高的一个访问团，引起高度关注。

5月13日至21日，由国台办和中国记协联合主办的"海峡两岸记者海西行"联合采访活动首次在福建举行，两岸30家主流新闻媒体39名记者对海峡西岸经济区建设深入采访报道。

6月17日，第四届海峡论坛·海峡新闻出版业发展论坛在厦门举行。

8月2日至12日，由国务院台办、中国记协和台湾"中国新闻学会"

共同组织的第十五届海峡两岸大学生新闻营活动在内蒙古和北京举办。两岸共有 86 位师生参加了活动。

8 月 26 日，由福建日报报业集团与台湾旺旺中时媒体集团、联合报系联合主办的"第四届海峡媒体峰会"在福州开幕。

9 月 2 日至 12 日，应中国记协邀请，以台湾"中国新闻学会"理事长成嘉玲女士为团长的台湾媒体负责人大陆访问团一行 18 人经北京到青海、宁夏访问。

10 月 29 日，由全国台联、北京师范大学及台湾中华青年数位文创交流协会共同主办的"两岸大专院校新媒体青年交流周"在北京师范大学开幕。

11 月 20 日，由中国文联、香港艺术发展局主办的第四届海峡两岸暨港澳地区艺术论坛在香港开幕。

12 月 6 日至 12 日，由新华通讯社副社长周树春率领的新华社代表团一行六人赴台访问交流。

12 月中旬，中国记协与国务院台办共同组织以中央人民广播电台台长王求为团长的大陆中央媒体负责人访问团访问台湾。

12 月下旬，中国记协组织地方记协负责人访问台湾，与"中国新闻学会"等新闻社团以及岛内媒体负责人进行座谈交流。

2013 年：

1 月 23 日至 2 月 1 日，由国务院台办、中国记协和台湾"中国新闻学会"共同组织的第十六届海峡两岸大学生新闻营在台湾举办。来自海峡两岸院校的 39 名师生参加了活动。

5 月 21 日，中共中央台办、国务院台办主任张志军在北京会见了台湾联合报系董事长王文杉率领的联合报系访问团一行。

5 月 21 日至 28 日，中国记协邀请以台湾"全国广播公司"总经理林俊杰为团长的台湾中功率调频广播电台协会访问团一行 20 人对云南进行访问。

5 月 21 日至 28 日，应台湾"中国新闻学会"邀请，中国记协组织以中国广播电视协会秘书长张莉为团长的大陆交通广播媒体负责人访问团一行八人赴台访问。

5 月 22 日，中共中央政治局常委、全国政协主席俞正声在北京会见了王文杉董事长率领的台湾联合报系访问团一行。

5 月 23 日，中国记协党组书记、常务副主席翟惠生在中国记协会见以联合报系董事长王文杉为团长的台湾联合报系高层参访团一行 12 人并介绍相关情况。

7月24日至8月4日，国务院台办新闻局和中国记协台港澳工作部共同组织了"海峡两岸记者西北行"联合采访活动，共吸引13家台湾主要媒体20位记者。

7月25日至8月3日，由国务院台办、中国记协和台湾"中国新闻学会"共同组织的第十七届海峡两岸大学生新闻营在山西和北京举行，两岸20所院校的68位师生参加活动。

8月13日，海协会会长陈德铭在北京会见了海基会董事长林中森及其率领的台湾媒体高层大陆参访团。

8月14日，中共中央台办、国务院台办主任张志军在北京会见了海基会董事长林中森率领的台湾媒体高层大陆参访团。

8月15日，"第十届海峡两岸媒体来湘联合采访"活动正式启动，来自海峡两岸的24家媒体共38名记者在湖南进行为期六天的联合采访。

10月20日至24日，第十三届海峡两岸及港澳新闻研讨会在湖北武汉举行。

11月19日至27日，应台湾"中央通讯社"邀请，中国记协组织大陆记者"台湾社区营造"专题采访团一行16人赴台交流。

11月25日，由福建日报报业集团和台湾旺旺中时媒体集团共同主办的"第五届海峡媒体峰会"在台北举行。

12月22日，首届海峡两岸媒体前瞻论坛在北京举行。这次论坛是两岸新闻交流史上参与媒体最多、层次最高、代表性最广泛、影响最大的一次盛会。

2014年：

2月9日至18日，由国务院台办、中国记协和台湾"中国新闻学会"共同组织的第十八届海峡两岸大学生新闻营在台湾举办。来自海峡两岸22所院校的64位师生参加了活动。

5月21日至27日，国家体育总局组织大陆体育新闻媒体工作者访问团赴台交流。

6月13日至19日，以台湾"全国广播公司"总经理林俊杰为团长的台湾中功率调频广播电台协会大陆访问团一行22人赴陕西、河南参访。

7月30日至8月8日，由国务院台办、中国记协和台湾"中国新闻学会"共同组织的第十九届海峡两岸大学生新闻营在江西和北京举行，来自海峡两岸 26 所新闻院校的 74 位师生参加了活动。

8 月 7 日至 13 日，国务院台办新闻局和中国记协台港澳工作部共同组织"追忆中国远征军：海峡两岸记者联合采访活动"，来自海峡两岸暨香港、澳门 23 家媒体 32 位记者参加了本次活动。

12 月 9 日至 12 日，福建日报社（报业集团）与台湾中时媒体集团、联合报系在福建省平潭综合改革试验区共同举办第六届海峡媒体峰会。

2015 年：

1 月 25 日至 2 月 3 日，由国务院台办、中国记协和台湾"中国新闻学会"共同组织的第二十届海峡两岸大学生新闻营活动在台湾举办。来自两岸 16 所新闻院校的 60 名师生参加了此次活动。

4 月，大陆《经济日报》与台湾《经济日报》、香港《经济日报》在台湾合作举办了第五届两岸及香港《经济日报》财经高峰论坛。

7 月 4 日至 7 月 14 日，由国务院台办、中国记协和台湾"中国新闻学会"共同组织的第二十一届海峡两岸大学生新闻营在广西、北京举办。来自海峡两岸 24 所新闻院校的近百位师生参加了新闻营活动。

7 月 16 日，首届海峡两岸暨香港、澳门媒体论坛在厦门举办。

8 月 2 日至 8 月 9 日，由国务院台办和中国记协共同组织的海峡两岸记者"一带一路新疆行"联合采访团一行 40 人赴新疆进行采访。

9 月 7 日至 9 月 14 日，以中国广播电影电视社会组织联合会秘书长张莉为团长的大陆广播媒体负责人访问团赴台访问。

9 月 14 日至 9 月 21 日，以中国记协书记处书记王冬梅为团长的大陆代表团赴台参加第十四届海峡两岸及港澳新闻研讨会。

11 月 2 日，第七届海峡媒体峰会在台北举行，两岸近 60 家媒体负责人及学者百余人出席。

11 月 5 日至 11 月 11 日，以中国记协书记处书记潘岗为团长的大陆地方记协负责人访问团赴台访问。

11 月 6 日，首届两岸媒体人联席会北京座谈会在"习马会"前夕召开。

2016 年：

6 月 26 日至 7 月 3 日，中国记协邀请以名誉理事长牟宗灿先生为团长的台湾"中国新闻学会"四川访问团一行 18 人到四川访问。这是民进党再度在台执政后第一个到大陆来访的新闻交流团。

7 月 6 日至 15 日，由国务院台办、中国记协和台湾"中国新闻学会"

共同组织的第二十二届海峡两岸大学生新闻营活动在台湾举办，来自海峡两岸 11 所新闻院校的 50 余位师生参加了活动。

8 月 23 日至 9 月 3 日，由国务院台办、中国记协和台湾"中国新闻学会"共同组织的第二十三届海峡两岸大学生新闻营活动在山西、北京举办，来自海峡两岸 18 所院校的 62 名师生参加了活动。

10 月，由福建日报社（报业集团）主办的首届"海峡两岸新媒体创业大赛"在福州举办。

10 月 25 日，应台湾旺旺中时媒体集团邀请，由中国新闻社社长章新新率领参访团赴台展开为期五天的新闻交流。

11 月 18 日，由北京日报报业集团主办、台湾旺旺中时媒体集团协办的第二届两岸媒体人北京峰会在北京举行。

后　记

　　30 年前，两岸新闻交流作为嚆矢，冲破了两岸的隔绝状态。30 年后回望，不觉新闻已成青史。为了鉴往知来，两岸新闻交流的参与者都有一个强烈的愿望，即编撰出版一部纪念文集，作为告诉未来的独特方式。

　　本文集是众多心力凝结的产物。中国记协等有关部门运筹擘画，厦门大学新闻传播学院和中国记协港澳台办组织实施。除已有署名的作者和编者外，中国记协港澳台办沈毅兵和单珊戮力推动；厦门大学新闻传播学院吴思瑶、胡雍昭、文雯、刘珊、林余颖、冯琦婧、李美灵、刘露、乔贺等完成了《大事记》的初稿工作；黄勇和吴懋雯在文字和组织方面也费力甚多；张骊则承担了大量繁冗的编务工作。

阎立峰

2017 年 10 月